Incrivelmente Simples

Tradução
Cristina Yamagami

Ken Segall

Incrivelmente Simples

A obsessão que levou a Apple ao sucesso

ALTA BOOKS
EDITORA
Rio de Janeiro, 2018

Incrivelmente Simples — A obsessão que levou a Apple ao sucesso
 ISBN: 978-85-508-0211-4

Impresso no Brasil.

Obra disponível para venda corporativa e/ou personalizada. Para mais informações, fale com projetos@altabooks.com.br

---

Tradução
Cristina Yamagami

Copidesque
Shirley Lima da Silva Braz

Editoração Eletrônica
Estúdio Castellani

Revisão
Andréa Campos Bivar | Jussara Bivar

Produção Editorial
Elsevier Editora - CNPJ: 42.546.531./0001-24

CIP-Brasil. Catalogação-na-fonte
Sindicato Nacional dos Editores de Livros, RJ

S456i Segall, Ken
Incrivelmente simples : a obsessão que levou a apple ao sucesso / Ken Segall ; [tradução Cristina Yamagami]. – Rio de Janeiro : Alta Books, 2018.
23 cm

Tradução de: Insanely simple
ISBN 978-85-508-0211-4

1. Jobs, Steve, 1955-2011. 2. Apple Computer, Inc. 3. Criatividade nos negócios. 4. Marketing. I. Título.

12-3076. CDD: 658.4094
CDU: 65.012.4

ALTA BOOKS
EDITORA

Rua Viúva Cláudio, 291 — Bairro Industrial do Jacaré
CEP: 20970-031 — Rio de Janeiro - RJ
Tels.: (21) 3278-8069 / 3278-8419
www.altabooks.com.br — altabooks@altabooks.com.br
www.facebook.com/altabooks

Para Jeremy,

o melhor filho que um pai poderia ter.

Simplifique, simplifique.

Henry David Thoreau

Simplifique.

Apple

Agradecimentos

Este livro passou uma ou duas décadas sendo elaborado, mesmo sem eu saber. Sou grato a todas as pessoas que abriram as portas para mim e abriram meus olhos.

A primeira da minha lista é Steve Jobs. Sou extremamente grato a ele por não me chutar para fora da sala quando nos conhecemos, apesar de não ter tido a chance de me entrevistar antes. De outra forma, este livro seria sobre minhas aventuras na redação de anúncios de seguradoras.

Também sou muito grato a Lee Clow, o chief da TBWA\Chiat\Day, que me deu a oportunidade de atuar como diretor de criação de Steve. Aquela representou minha quarta missão na agência e, sem a confiança de Lee em mim, este livro também não existiria.

Mas eu não estaria aqui agradecendo a Steve Jobs nem a Lee Clow se não fosse por Steve Hayden. Ele foi o primeiro a me dar a chance de trabalhar na Apple quando a empresa passou da Chiat à BBDO no reinado de John Sculley. Anos mais tarde, ele me levou ao mundo da IBM, por meio da Ogilvy. Steve é a voz original da Apple e meu deus da redação publicitária.

As circunstâncias que levaram diretamente a este livro se concretizaram mais recentemente.

Podemos culpar Valerie Hausladen, minha ex-colega de Austin, por me pedir para ajudá-la a criar um blog – o que me inspirou a escrever meu próprio blog. Depois ela me perguntou se eu poderia editar seu livro, *Professional Destiny*, o que me inspirou a escrever meu próprio livro. E, como se tudo isso não bastasse, foi Valerie quem sugeriu que eu fosse à Book Expo em Nova York, onde a história começou a ficar interessante.

Minha maravilhosa e perspicaz vizinha, Sara Schneider, que na época trabalhava no ramo editorial (mas caiu na real e passou para o negócio de cupcakes), me disse para dar uma passada no estande de sua empresa na Book Expo. Por pura coincidência, ela acabou me apresentando ao especialista em livros de negócios Todd Sattersten, que se intrigou com a minha ideia e me deu alguns conselhos. Todd sabe tanto sobre a área que chega a ser assustador.

Todd também conhece agentes literários espetaculares – e me apresentou a Christy Fletcher, que tem me abastecido de entusiasmo e apoio desde o primeiro dia em que nos conhecemos (apesar de eu me lembrar pouco daquele encontro, devido ao ruído ensurdecedor das britadeiras diante da janela de sua sala).

Foi Christy que me apresentou à equipe da Portfolio, a começar pelo editor, Adrian Zackheim. Adrian gostou da minha ideia e fez com que eu sentisse imediatamente que a Portfolio seria a editora ideal para mim – o que se revelou uma grande verdade de todas as maneiras possíveis.

Devo enormes agradecimentos à minha editora de texto Courtney Young. Sua capacidade de esclarecer e requintar ideias é absolutamente notável. Além de seu brilhantismo, ela também conseguiu me salvar de mim mesmo.

Devo agradecimentos a toda a equipe da Portfolio, inclusive Amanda Pritzker, da publicidade, Eric Meyers e toda a equipe de design gráfico – muito obrigado por todo o apoio.

Também sou muito grato à agente publicitária insanamente entusiástica Angela Hayes e a seus associados da Goldberg McDuffie.

Além disso, sem a ajuda, a paciência e a orientação de muitas outras pessoas, este livro teria ido por água abaixo há muito tempo.

Michael Rylander e Tom Witt têm sido meus parceiros de criação, amigos íntimos e minha consciência por mais de 20 anos, desde a época em que trabalhamos juntos na NeXT. Michael foi providencial na elaboração de várias partes deste livro, enquanto Tom passou longos dias de sua vida lendo e me oferecendo sábios conselhos. Os dois ajudaram a reconstruir algumas das memórias mais obscuras que conto nestas páginas.

Stephen Sonnenfeld é meu colega de longa data e lutamos juntos nas trincheiras da IBM, da Intel e da Dell. Sou muito grato a ele por contribuir com suas memórias e pelas sugestões para melhorar este livro.

Minha irmã, Zita Segall Neto, especialista em linguística morando em Portugal, atuou como meu Disque-Emergência para Crises da Língua Inglesa, 24 horas por dia, 7 dias por semana. Sua ajuda foi de um valor verdadeiramente inestimável. Meu irmão, Norm, lidera a equipe jurídica deste livro e está de sobreaviso para me tirar da cadeia a qualquer hora.

Allen Olivo, chief marketer da Apple na época do *Pense diferente*, combateu ao meu lado naquele período desafiador e maravilhoso e se provou um excelente refrescador de memória.

Rob Kell, designer de Austin com alma de nativo de Los Angeles, atuou como uma grande fonte de opiniões e sugestões criativas, além de proporcionar um novo olhar para o livro e um ombro amigo.

Stan Slap, autor de *Comprometa-se de coração*, gentilmente me concedeu parte de seu tempo para me ajudar a entender a arte oculta de escrever e promover um livro.

Enfim, sou extremamente grato à minha esposa, Susan, e ao meu filho, Jeremy, que acreditaram que eu estava do outro lado de uma porta fechada apesar das poucas evidências disso durante praticamente o ano passado inteiro. Mas eles saíram de férias sem mim, então acho que estamos quites. Observação para os dois: vocês têm uma paciência incrível e aguardo ansiosamente a oportunidade de voltar a conhecê-los.

A lista de todas as pessoas que me ajudaram com apoio e feedback para possibilitar este livro não para por aqui e sou imensamente grato a todos.

Ken

Prefácio

A vida é uma combinação de habilidade e sorte. Não tenho a pretensão de ser a pessoa mais habilidosa da minha área, mas posso afirmar que definitivamente sou um dos mais sortudos. Entre a NeXT e a Apple, tive a oportunidade de passar mais de uma década trabalhando com Steve Jobs.

Nem sempre foi fácil. Pode nem ter sido muito saudável. Mas foi empolgante, e serei eternamente grato a Steve pelas lições que aprendi com ele.

Steve faleceu antes de eu concluir o livro. Apesar de sua morte ter sido esperada, uma parte de mim se recusava a aceitar a possibilidade. Em segredo, apeguei-me à esperança de que talvez, quem sabe, ele conseguiria se recuperar. Eu não queria imaginar um mundo sem ele.

Então, além de um livro de negócios, este livro também tem uma carga pessoal para mim. Com ele, gostaria de prestar uma homenagem a Steve – por todas as suas contribuições para o mundo e pelas oportunidades que me deu.

Não inventei os conceitos apresentados aqui, e me limitei a observá-los. Obrigado, Steve, por ter tornado as coisas tão simples.

Sumário

Introdução

O chicote da simplicidade

A equipe de design de embalagens da Apple acabara de voltar de uma apresentação a Steve Jobs e o semblante deles já contava a história toda. Não havia sinais visíveis de carnificina, e eles só tinham aquele olhar do tipo "a reunião não foi exatamente como planejamos".

Fiquei com pena deles, porque sabia que eles haviam passado várias semanas mergulhados de corpo e alma no projeto tentando resolver um problema cabeludo de embalagem. Eu trabalhava em outro projeto e fui convidado em várias ocasiões para participar de sessões de brainstorming na sala deles, hermeticamente lacrada, de acesso altamente restrito.

Enquanto a equipe liberava a tensão depois da reunião com Steve, topei com o líder do projeto na cozinha do grupo criativo.

"O suspense está me matando", ele me contou. "Como foi a apresentação?" "Bem", ele retrucou, "Steve nos açoitou com o Chicote da Simplicidade".

Tradução: Steve rejeitara o trabalho deles – não porque o resultado não fora satisfatório, mas por eles não terem conseguido destilar a essência da ideia. A equipe andou em círculos quando deveria ter avançado em linha reta.

Nesse caso, não foi o trabalho criativo que incomodou Steve, mas o projeto em si. O líder do projeto orientou a equipe a criar duas embalagens, uma para cada versão do mesmo produto. Steve considerou a proposta tola. "Basta combiná-los", ele instruiu. "Um produto, uma caixa." Não havia necessidade de explorar a ideia de uma segunda embalagem.

Ele tinha razão. Era mais simples, mais rápido, melhor. A conversa terminou em questão de minutos e deixou uma equipe extremamente competente e talentosa se perguntando como não haviam pensado naquilo antes.

O Chicote da Simplicidade simboliza um valor essencial da Apple. Algumas vezes, ele é usado para inspirar e, em outras ocasiões, é brandido como a clava de um homem das cavernas. De um jeito ou de outro, é utilizado como um lembrete do que diferencia a Apple de outras empresas de tecnologia e faz com que ela se sobressaia em um mundo complicado: uma crença profunda, quase religiosa, no poder da Simplicidade.

Como todas as pessoas que já trabalharam na Apple vão confirmar, o caminho mais simples nem sempre é o mais fácil, em geral demandando mais tempo, mais dinheiro e mais energia. A simplificação requer pisar em alguns calos, mas muitas vezes levará a resultados comprovadamente melhores.

A Simplicidade tem sido uma força impulsionadora na Apple desde as suas origens, a época dos dois Steves, Jobs e Wozniak. Essa atitude os inspirou a criar um computador que realmente pudesse ajudar um ser humano a realizar maravilhas – em oposição a meramente processar dados nos porões escuros de alguma corporação impessoal.

E, é claro, a Simplicidade foi o princípio norteador do Macintosh, responsável pelo maior salto evolucionário da história dos computadores: uma interface gráfica controlada por um mouse. (Bom, não vamos entrar nos detalhes técnicos de quem *realmente* foi o responsável pela invenção. Basta dizer que o Macintosh foi o primeiro computador a popularizar o conceito.) Quando Steve Jobs subiu ao palco para anunciar o Macintosh em 1984, usou palavras que continuariam a repercutir durante décadas – ele caracterizou o Macintosh como "insanamente grandioso". Foi o tipo de insanidade que levou as pessoas a formar filas quilométricas pela chance de dar uma olhada nesse verdadeiro marco tecnológico. Quando Steve retornou à Apple após 11 anos de exílio, trouxe consigo a insanidade de volta – e as filas voltaram a se formar. Ele começou rejuvenescendo os computadores (com o iMac), depois revolucionou a música (com o iPod e o iTunes), em seguida se voltou aos smartphones (com o iPhone) e, mais recentemente, reinventou os computadores (com o iPad).

Cada uma das revoluções da Apple foi fruto da devoção da empresa à Simplicidade. Cada novo dispositivo criou uma nova categoria ou virou uma categoria existente de cabeça para baixo – tudo porque, como declarava um antigo anúncio do iMac, a tecnologia era "simplesmente incrível e incrivelmente simples".

Tendo atuado em altas posições no marketing da Intel, da Dell e da IBM, bem como da Apple, posso garantir que o foco da Apple na Simplicidade é inigualável. Essa postura vai além do entusiasmo, além da paixão, até chegar à obsessão.

Apesar de o amor da Apple à Simplicidade ter se originado na mente de Steve Jobs, ele foi profundamente incorporado ao DNA da empresa, atuando como um princípio orientador para legiões de funcionários ao redor do mundo. A consequência é a satisfação resultante de uma revolução após a outra. Outro efeito dessa postura é mais tradicional: montanhas de dinheiro.

Para perceber isso, basta dar uma olhada no volume dos lucros da Apple em comparação com o de qualquer outro concorrente. Melhor ainda: analise o volume dos lucros da Apple em comparação com os lucros de todos os seus concorrentes combinados. No terceiro trimestre de 2011, os 4% da Apple no mercado de smartphones representaram mais da metade dos lucros do setor inteiro. No mercado de computadores pessoais, a pequena participação de mercado da Apple (cerca de 5% internacionalmente) também abocanha uma parcela enormemente desproporcional dos lucros totais do setor.

Não quero dizer com isso que a Simplicidade é o único fator por trás do sucesso das Apple. Liderança, visão, talento, imaginação e um enorme empenho também contribuem para o êxito da empresa. Mas todos esses fatores têm um elemento em comum: a Simplicidade. É isso que motiva a Apple a criar o que cria e a se comportar como se comporta. É a devoção da Apple à Simplicidade que forma um vínculo inviolável com seus clientes e os inspira a atuar como evangelizadores para colegas, amigos e parentes.

A Simplicidade não apenas capacita a Apple a revolucionar, como também a capacita a revolucionar *repetidamente*. Enquanto o mundo muda, a tecnologia muda e a própria empresa se adapta às mudanças, a religião da Simplicidade se mantém constante, preconizando o conjunto de valores que permite que a Apple transforme a tecnologia em dispositivos irresistíveis.

Não há nada de sutil no caso de amor da Apple com a Simplicidade, que pode ser visto por toda parte: nos produtos da empresa, em seus anúncios, sua organização interna, suas lojas e seus relacionamentos com os clientes. Na Apple, a Simplicidade é uma meta, um estilo de trabalho e um ponto de referência.

Mas tudo isso nos leva a uma excelente questão: se a obsessão da Apple pela Simplicidade é tão óbvia e os resultados financeiros são igualmente óbvios, por que diabos outras empresas de tecnologia não copiam os métodos da Apple para atingir o mesmo nível de sucesso?

Em resumo, a resposta é: não é tão fácil assim.

A Simplicidade não é meramente uma camada que pode ser enxertada em uma empresa. Ela não está disponível em uma versão genérica, que serve a todos, e não funciona como um interruptor do tipo liga/desliga. No entanto, qualquer um pode beneficiar-se dela se tiver determinação e conhecimento suficientes.

A Simplicidade não é gerada espontaneamente com a combinação certa de moléculas, água e luz do sol. Ela precisa de um paladino – alguém disposto a lutar pelos seus princípios e forte o suficiente para resistir aos ataques da perversa irmã gêmea da Simplicidade, a Complexidade. Ela precisa de alguém disposto a conduzir o processo tanto com a cabeça quanto com o coração.

Como você pode imaginar, é muito mais divertido brandir o Chicote da Simplicidade do que ser açoitado com ele. Ao adotar os valores da Simplicidade, você será a pessoa que promoverá a mudança, manterá os colegas no caminho certo e provará seu valor à empresa dia após dia.

A verdade inegável

Considerando que o tema deste livro é a Simplicidade, é importante salientar que praticamente tudo o que você lerá aqui tem origem em um único e simples fato: as pessoas preferem a Simplicidade.

Posso estar me adiantando ao tentar simplificar tanto as coisas, então segue uma versão ligeiramente mais elaborada: se tiver como escolher, qualquer pessoa mentalmente sã escolherá o caminho simples ao mais complicado.

Se isso ainda soar óbvio demais, você está pronto para reconhecer um dos atributos mais importantes da Simplicidade: sua aparência, comportamento e aspecto são perfeitamente naturais. Pode parecer óbvio, mas jamais subestime a extensão na qual as pessoas anseiam por esse tipo de clareza e reagem positivamente a ela. A maioria de nós vive em um mundo cada vez mais complicado, no qual não é mais tão fácil encontrar a Simplicidade. Tudo se resume aos fundamentos da oferta e demanda: à medida que a Simplicidade se torna mais rara, também passa a ser mais valiosa. Dessa forma, sua capacidade de manter as coisas simples e evitar a complicação também passa a ser mais valorizada.

Pessoas de todas as idades, religiões, culturas e tendências políticas preferem a Simplicidade. Na verdade, não são só os seres humanos que a preferem. Essa preferência está incorporada à configuração básica de todas as células vivas. Quando se trata de decisões comuns e cotidianas, a maioria das formas de vida concorda: o caminho mais simples é muito mais atraente.

Independentemente de ser uma pessoa, um cachorro, um peixe ou uma ameba, você reagirá mais positivamente à solução mais simples – mesmo que não seja uma reação consciente. No mundo dos negócios, as pessoas que compreendem, adotam e alavancam esse fato estão destinadas a ter mais sucesso do que as outras.

Agora, se tudo e todos possuem uma preferência inerente pela Simplicidade, por que as empresas – e a vida – continuam tão complicadas? Bem, a natureza tem essa coisa que chamamos de "equilíbrio". Apesar de existir essa maravilhosa ideia chamada Simplicidade, também existe uma nuvem escura chamada Complexidade. A Complexidade pode ser poderosa e sedutora, de forma que jamais deve ser subestimada.

Seus recrutas muitas vezes se parecem e se comportam exatamente como nós, e você depara com eles praticamente todos os dias. Essas pessoas acreditam ou foram levadas a acreditar que seu estilo complexo de fazer as coisas de alguma forma é mais engenhoso e astuto. Algumas vezes, é possível lhes mostrar a luz; outras vezes, tudo o que podemos fazer é tentar enfraquecê-las. Pode soar paradoxal, mas deveríamos ser gratos pela existência desses agentes da Complexidade, já que sua presença permite que a Simplicidade se destaque ainda mais.

Simplicidade é poder, independentemente de ser utilizada por indivíduos ou organizações. A questão é: Você tem o insight e as habilidades necessárias para beneficiar sua empresa utilizando esse poder?

Logo você terá.

Este é um livro de marketing?

Este é um livro sobre a obsessão que impulsiona o sucesso da Apple: a Simplicidade.

Mas, para de fato compreender a Simplicidade – para entender como ela é implementada, mantida e executada na Apple, para aprender como é possível utilizar seu poder para atingir as metas de sua empresa –, é necessário contextualizá-la. E, na organização criada por Steve Jobs, o marketing é o contexto para praticamente tudo. Não é exagero dizer que o marketing é tão decisivo para o sucesso da Apple quanto os dispositivos produzidos pela empresa.

Isso quer dizer que muitas das histórias que conto neste livro girarão em torno do marketing? Isso mesmo. Este livro será útil se você trabalhar na área de marketing? Eu me ofenderia se não fosse. Você precisa trabalhar no marketing para ter importantes insights de negócios ao ler este livro? De maneira alguma.

Este livro é sobre ideias e processos. Ele é sobre criar o melhor possível e proporcionar a essa criação as melhores chances de sobrevivência. Ele é sobre ir do ponto A ao ponto B com mais eficiência e com resultados muito melhores. Os princípios apresentados aqui se aplicam a uma grande variedade de empresas – e certamente não apenas a empresas de marketing.

Se você lida com clientes, gerencia uma equipe, corre para cumprir prazos ou coordena grupos para resolver problemas complexos, este livro lhe dará ideias e insights para aumentar o sucesso de sua empresa, independentemente de sua área de atuação.

Mesmo que não conheça a fundo os conceitos do marketing, pode confiar em mim, você dificilmente se sentirá intimidado com as situações descritas aqui. Como já deve ter visto no seriado *Mad Men* e em uma centena de filmes e programas da televisão sobre o mundo dos negócios, não é difícil entender esses conceitos. E, no mundo da Apple, as histórias verídicas são pelo menos tão divertidas quanto as versões de Hollywood.

Neste livro, você será uma mosca na parede de uma sala de reuniões com Steve Jobs e terá a chance de ouvir o que ele tem a dizer em seus telefonemas no meio da noite. Apesar de muitas das conversas que descrevo serem sobre as várias facetas do marketing, elas esclarecem o amor à Simplicidade que faz da Apple, a Apple – e que pode ajudar sua empresa a vencer, no estilo da Apple.

Seu humilde guia nesta jornada é um diretor de criação publicitária que passou 17 anos trabalhando nos mundo da Apple e da NeXT, conspirando para criar as campanhas de marketing que ajudaram a definir essas empresas. Meu trabalho foi transformar ideias complicadas em histórias interessantes e convincentes – um feito que tentarei replicar neste livro.

A *raison d'être* deste livro

À medida que a lenda da Apple crescia, o mesmo aconteceu com a montanha de livros publicados sobre a empresa. Muitos foram escritos por jornalistas ou outros outsiders que, em suas investigações, reuniram histórias discrepantes de variados insiders.

Este livro é diferente.

A principal teoria aqui é que, apesar de a Apple se destacar em grande parte do que faz – hardware, software, manufatura, estratégia, lançamentos de produtos, relações públicas, marketing, varejo e muito mais –, a Simplicidade é o elemento em comum que une todos esses fatores.

Se você entender como a Simplicidade ajudou a fazer da Apple a empresa mais valiosa do planeta, poderá aplicar esse conceito à sua própria empresa em uma centena de maneiras diferentes. Você pode usar a Simplicidade para destacar sua empresa das outras de modo similar a como a Apple utilizou o conceito para ofuscar seus concorrentes.

Na verdade, a Apple não foi a única inspiração para este livro. Acometido da febre tecnológica há muito tempo, passei muitos anos criando campanhas para outras empresas icônicas, inclusive a IBM, a Intel e a Dell. Foi o enorme contraste entre a cultura da Apple e as culturas das outras empresas que me fez perceber o poder da Simplicidade. Por um lado, vi uma empresa ascendendo pelas asas da Simplicidade; por outro, pude ver empresas padecendo em batalhas diárias contra a Complexidade. Em geral, vi empresas interessadas na Simplicidade – mas só uma que fez dela uma obsessão. E só uma se elevou a alturas tão astronômicas.

Não apenas tive a chance de comparar a Apple com outras empresas, como também pude comparar a Apple com o que ela era antes. Isso porque, além de atuar durante a administração de Steve Jobs, fui diretor de criação na agência da Apple na época sombria na qual John Sculley reinou como CEO. Também tive a oportunidade de trabalhar com duas versões diferentes de Steve Jobs: uma na NeXT e a outra na Apple.

Este livro inclui experiências de todos esses períodos e minha meta foi apresentar uma seleção diversificada de histórias que, juntas, demonstram a obsessão que leva ao sucesso da Apple. Espero que, com isso, você também possa impulsionar o sucesso de sua empresa.

O que motiva a Simplicidade

Para um conceito supostamente óbvio, pode ser difícil descrever a Simplicidade. Ela pode ser uma escolha, um sentimento ou um princípio norteador. Você pode até pensar na Simplicidade como um espírito, porque é possível dizer com relativa rapidez quando se está em um ambiente que acredita ou não no conceito.

A Simplicidade é o fruto das duas forças mais poderosas do mundo dos negócios: Cérebro e Bom Senso.

Como a maioria das pessoas possui ambos, seria de se esperar que a Simplicidade dominasse o mundo. Infelizmente, não é esse o caso. Por exemplo, o Bom Senso sugeriria que, quando a Microsoft criou a Zune Store para competir com o iTunes Store, eles cobrariam um preço fixo por música, como a Apple fez. Mas eles decidiram oferecer "Microsoft Points", exigindo que os clientes comprassem pontos às centenas e utilizassem uma taxa de conversão de 80 pontos por dólar para comprar uma música de 99 centavos. Parece que quem criou esse esquema nasceu sem o gene do Bom Senso – e quem aprovou a ideia deixou um pouco a desejar no departamento do Cérebro.

Mas o fato é que Cérebro e Bom Senso muitas vezes passam despercebidos neste mundo, mesmo em empresas fundadas por talentos brilhantes, como a Microsoft. Mais uma vez, isso acontece porque a Simplicidade tem a própria criptonita, representada pela Complexidade – uma força oposta e de mesma intensidade. A julgar pelo equilíbrio existente no mundo, seria possível argumentar que a Complexidade pode até estar vencendo.

É em virtude da existência da Complexidade e do porto seguro que ela encontra por toda parte ao nosso redor que até as pessoas com as melhores intenções – bem providas de Cérebro e Bom Senso – algumas vezes falham na busca pela Simplicidade.

A Simplicidade e a Complexidade se digladiam em um combate mortal desde o despontar da civilização. E, infelizmente, a Complexidade faz parte da condição humana. Ela vive dentro de todos nós – sim, inclusive em pessoas como Steve Jobs. Ao final deste livro, você verá que até Steve, o paladino da Simplicidade, foi perfeitamente capaz de esmorecer e deslizar, mesmo que por um instante, diante da Complexidade.

Diferentemente da Simplicidade, que, em geral, se apresenta com certa elegância, a Complexidade pode ser desagradável. E pior ainda: ela pode nunca morrer. Mas a boa notícia é que o mesmo pode ser dito da Simplicidade, que é capaz de vencer qualquer desafio vindo do lado negro – ela só precisa de alguém para lutar em seu nome.

Felizmente, você não precisa começar do zero, e pode aprender algumas lições da empresa que escreveu a Bíblia da Simplicidade. Como a

Apple, você pode usar o poder da Simplicidade para ser notado em um mundo complicado.

Seus concorrentes podem ser maiores ou ter mais capital – mas quem terá o Chicote da Simplicidade será você.

Prepare-se para a batalha

Depois de anos de reuniões com Steve Jobs e a equipe de marketing da Apple, ficou claro que eu estava trabalhando em um lugar especial. Dessa forma, criei o hábito de marcar minhas notas com um asterisco quando algo memorável acontecia ou quando uma decisão-chave era tomada. Eu queria mapear o que diferenciava a Apple das outras empresas nas quais trabalhei.

Ao rever minhas observações, vi asteriscos demais e me pareceu que nada daquilo fazia muito sentido. No entanto, mais tarde percebi que praticamente todos aqueles momentos refletiam de alguma forma a obsessão da Apple pela Simplicidade. Apesar de a Apple aplicar sua obsessão de muitas maneiras diferentes, os momentos que registrei formavam um padrão. Dez elementos essenciais da Simplicidade pareceram vir à tona.

Esses elementos não são de propriedade exclusiva da Apple ou de qualquer outra empresa; eles pertencem a todos nós. A Apple pode ser a maior adepta da Simplicidade no planeta, mas qualquer um pode adotar esses princípios.

Se você estiver preparado para encarar a Complexidade, não terá dificuldade de encontrar uma batalha. Possivelmente você já está cercado delas. A menos que atue no mais raro dos ambientes, a Complexidade está arraigada na hierarquia e nas metas de sua organização e provavelmente também na maioria de seus colegas. Se sua empresa vier a fracassar, pode ter certeza de que não será culpa da Simplicidade, mas sim o resultado de sua ausência.

Em cada capítulo deste livro, me concentrarei em um elemento essencial da Simplicidade e mostrarei como Steve Jobs e a profunda devoção da Apple ao conceito orientaram suas decisões. Quando terminar este livro, você saberá como todos esses elementos se encaixam e sairá munido de um poderoso instrumento para ajudar sua empresa a progredir.

Só mantenha em mente que a Simplicidade é mais que uma meta – é uma habilidade. Para conseguir alavancar seu poder, você precisa praticá-la, o que requer esforço e dedicação. É nesse ponto que as coisas podem se complicar um pouco. Porque a ironia é que não é tão simples desenvolver a habilidade da Simplicidade. Não é possível aprendê-la; é preciso fazer dela um hábito.

E, também de importância vital, você deve saber que a Simplicidade não é meramente um bufê de pratos variados em que você pode escolher à vontade. Você tem duas escolhas: levar o pacote completo ou ficar sem nada. Isso porque, se sua compreensão ou suas habilidades forem incompletas, você estará longe de ser um rival à altura da Complexidade, que domina todos os truques e ardis existentes.

Capítulo 1

Pense brutal

Steve Jobs estava esperando em uma sala de reuniões do outro lado do prédio e achei que ele quisesse me matar.

Não era culpa minha. Eu não tinha feito nada. Eu só havia me demitido de uma das posições mais ambicionadas da área da propaganda – diretor de criação da agência publicitária da Apple em Los Angeles – para assumir o cargo de diretor de criação na agência da nova empresa de computadores de Steve, a NeXT.

O único problema era que ninguém pensou que Steve deveria me entrevistar antes da minha contratação e ele, aparentemente, não estava muito contente com aquela situação.

Em vista disso, minha cabeça estava fervilhando de ideias nervosas enquanto eu cruzava o prédio para minha primeira reunião com Steve. Eu não estava aterrorizado a ponto de ver minha vida passar diante dos meus olhos. Mas estava aterrorizado o suficiente para pensar em um plano B caso o potencial de desastre da reunião fosse concretizado.

Minha nova agência publicitária era a Ammirati & Puris, famosa por sua criatividade e reconhecida e admirada pelo trabalho desenvolvido para a BMW. Fui recebido na agência pelo próprio Ralph Ammirati, que me alertou da pequena gafe que ele cometera com Steve. Ele estava certo de que conseguiríamos contornar o deslize, mas toda aquela confiança só me levou a crer que ele tinha um bom diretor de criação em mente para me substituir. Muita gente, sem dúvida, agarraria a oportunidade sem pensar duas vezes. Steve Jobs não estava mais na Apple, mas sua fama e carisma foram mantidos perfeitamente intactos.

Nunca trabalhei com Steve antes, mas sentia um vínculo com ele. Meu mentor e chefe na Apple em Los Angeles fora Steve Hayden, o homem responsável pelo lançamento do Macintosh na época em que trabalhou na agência publicitária Chiat/Day. Ele foi o autor do comercial *1984* da Apple, que transformou o Super Bowl em um grandioso evento publicitário e é considerado por muitos o comercial mais genial já concebido. Hayden me contou muitas histórias sobre suas interações com Steve Jobs e eu estava prestes a vivenciar algumas aventuras em primeira mão. Isso se eu conseguisse sobreviver à próxima hora.

Por mais estranho que pareça, eu me mudara de Los Angeles para Nova York para assumir o cargo, apesar de a NeXT ser sediada em uma cidade logo ao sul de São Francisco. Steve escolhera a Ammirati & Puris apenas por exigir o melhor. Ele se apaixonara pela publicidade tanto da BMW (com o slogan "The ultimate driving machine" – algo como "A máquina de dirigir definitiva") quanto da UPS ("We run the tightest ship in the shipping business" – um brilhante jogo de palavras que pode ser traduzido como "Temos o negócio mais bem administrado do negócio de entregas"), e instruiu seu pessoal de marketing a encontrar as agências que haviam criado esses slogans. Quando ficou sabendo que uma única agência tinha criado ambos os slogans, a Ammirati rapidamente se tornou a agência oficial da NeXT.

Então, com o coração querendo sair pela boca, percorri o longo corredor que levava à sala de reuniões, respirei fundo e abri a porta. Lá estava Steve, conversando descontraidamente com Ralph, que sinalizou para que eu me aproximasse para ser oficialmente apresentado a ele. Steve me recebeu com um sorriso. A conversa começou enquanto ainda apertávamos as mãos.

"Então, ouvi dizer que você é quem vem fazendo os anúncios da Apple", ele disse.

Interpretei a observação como um sinal de esperança. Talvez ele sentisse alguma afinidade comigo.

"Isso mesmo", retruquei orgulhoso. Afinal, ganhamos uma montanha de prêmios pelas nossas campanhas.

"Gosto muito do que você tem feito na televisão", Steve comentou, reforçando ainda mais minha confiança. Depois, ainda me olhando direto nos olhos e me dando seu sorriso mais cordial, ele acrescentou: "As campanhas impressas são uma merda."

Foi um daqueles momentos em que você fica sem saber exatamente o que fazer e só tem um segundo para descobrir. Até hoje não sei por que, mas usei toda a minha força de vontade para manter meu sorriso.

"Obrigado", foi tudo o que consegui balbuciar, enquanto percebi que havia acabado de agradecer àquele homem por me dizer que meu trabalho era uma porcaria. Mas de qualquer modo ficou tudo bem. Não havia indício algum de malícia nas palavras de Steve; ele só estava sendo autêntico e foi um alívio que pelo menos o gelo havia sido quebrado, apesar de parte do meu ego também ter ido por água abaixo. De repente, senti que finalmente teria minha chance de vencer ou falhar pelo meu próprio mérito.

Sinceramente, foi só anos mais tarde que, ponderando sobre aquele primeiro encontro, percebi como aquele evento constituiu um prenúncio perfeito de tantas reuniões futuras. Não penso em Steve em termos de alguém bondoso ou cruel, aprovador ou desaprovador. Ele estava apenas sendo honesto comigo e o relacionamento que tivemos ao longo dos anos que se seguiram àquela primeira interação sempre manteve a mesma Simplicidade. Steve não gostava de Complexidade em seus relacionamentos profissionais da mesma forma como rejeitava qualquer botão desnecessário em seu iPod.

Franqueza é Simplicidade. Pisar em ovos é Complexidade.

Nos meses que se seguiram, percebi que Steve era assim: ele dizia o que pensava, sem se importar com seus sentimentos.

Poucos de nós têm a disposição ou a capacidade de ser francos 100% das vezes. Não que sejamos desonestos ou evasivos, mas em certas circunstâncias tendemos a evitar indisposições ou desconforto. Podemos preferir poupar os sentimentos de alguém ou evitar ser a pessoa a destruir o clima positivo da sala. Steve não tinha esse tipo de preocupação. Você podia ser um amigo ou inimigo, mas a verdade era uma só, e a opinião dele não mudava. Não tinha nada a ver com o fato de ele gostar ou não de você ou de valorizar ou não sua contribuição e, certamente, não tinha nada a ver com o clima da sala.

Tendo trabalhado nas equipes de marketing da Intel e da Dell, só posso dizer que não é muito comum presenciar uma franqueza tão brutal. Muito mais frequente no mundo corporativo é a pílula dourada, seguida de perto de uma verdade esporádica.

Por exemplo, você pode ficar sabendo que o CEO considera que seu trabalho tem sérios problemas, quando na sua cara ele diz que não é tão grave assim. A informação que chega a você pode ser mais uma interpretação do mensageiro do que um feedback sincero. O intermediário – no caso, seu cliente – pode estar enxergando a situação do ponto de vista dos próprios interesses. Dessa forma, você fica sem saber toda a verdade, instrui sua equipe a repensar o projeto e, em um piscar de olhos, a Complexidade se imiscui no seu relacionamento profissional e começa a desgastá-lo.

Ao trabalhar com a Apple, você sabe exatamente onde está, quais são as metas e com que rapidez precisa entregar resultados. Você também sabe quais serão as consequências caso venha a pisar na bola.

A clareza impele uma organização. Não a clareza ocasional, mas uma clareza difundida, 24 horas por dia, sem papas na língua e preto no branco. A maioria das pessoas nunca percebe a falta de clareza na organização, mas 90% das vezes ela está ausente. Basta abrir alguns e-mails aleatórios, ativar o modo de "visão brutal" e começar a ler para perceber a predominância de mensagens vagas e obscuras. Se as pessoas fossem brutalmente francas nos e-mails, o tempo que somos obrigados a passar em nossas caixas de entrada sem dúvida cairia pela metade.

Steve Jobs exigia uma comunicação objetiva e direta dos outros da mesma forma como ele mesmo fazia. Ele não tinha paciência alguma para pessoas que pisavam em ovos, interrompendo sem dó quem não conseguia se expressar diretamente. Ele administrava a empresa visando minimizar ao máximo o desperdício de tempo precioso, o que refletia bem a realidade da Apple – como em qualquer empresa que leva a competição a sério.

Esse provavelmente é o elemento da Simplicidade mais fácil de instituir. Seja franco e não esconda nada. Exija o mesmo de seu pessoal. Nem todo mundo vai gostar, mas pelo menos todo mundo saberá em que pé está a situação e o que se espera deles. Com isso, 100% do tempo do seu grupo se concentrará em progredir – sem a necessidade de decodificar o que as pessoas de fato estão dizendo.

Muita gente acha que Steve Jobs foi um tirano detestável que exigia lealdade, dava ordens aos berros e espalhava terror por onde passava. Apesar de Steve, sem dúvida, ter exibido esse tipo de comportamento, o retrato é incompleto. O homem também sabia ser engraçado, amigável e até afetuoso. Há uma enorme diferença entre ser brutalmente franco e apenas brutal.

Ser direto com as pessoas não faz de você um canalha impiedoso nem o obriga a ser manipulador ou cruel. É apenas uma questão de dizer o que deve ser dito ou encorajar seu pessoal a entregar os melhores resultados possíveis.

Os padrões não podem ser flexíveis

Na qualidade de seres humanos, poucos de nós são imunes às necessidades emocionais das pessoas que nos cercam. Mesmo sem precisar dizer isso em voz alta, nós nos importamos com os outros. Pelo menos um pouco. Então, quando vemos colegas se empenhando ou sacrificando sua vida pessoal pelo bem da empresa, naturalmente torcemos para que eles tenham sucesso. Mas a Simplicidade tem um lado implacável – não existe "quase" no que diz respeito a simplificar as coisas.

A Chiat/Day, a agência de longa data da Apple, é tão famosa por suas inspiradas camisetas que chegou a publicar um livro com as melhores. Uma de suas camisetas mais famosas tentava combater o instinto humano de se conformar com menos que a perfeição, com os dizeres "Bom o suficiente não é o suficiente".

Para Steve Jobs, a mensagem precisava ser bem mais incisiva. Seus padrões não eram negociáveis. Apesar de deixar algumas pessoas pouco à vontade ou levá-las a dizer coisas nada lisonjeiras pelas suas costas, você não pode ser convencido a aceitar uma linha de ação se souber que ela pode ser melhor. Jamais. Conformar-se com a segunda melhor opção é uma violação direta às regras da Simplicidade e planta as sementes da decepção, do retrabalho e da multiplicação das reuniões. E ainda mais perturbador: essa atitude o coloca na pior posição possível: ser forçado a defender uma ideia na qual você nunca acreditou.

Seu desafio é ser inflexível no que diz respeito a garantir a execução de seus padrões. Implacavelmente inflexível. Se você só submeter um trabalho no qual acredita totalmente e só aprovar um trabalho no qual acredita integralmente, passa a ter algo que ninguém pode tirar de você: integridade.

Como ocorre com tanta frequência na vida, muitas vezes devemos sofrer as consequências de duvidar antes de acreditar. Não me orgulho disso, mas vou contar como aprendi minha lição sobre os padrões.

Depois de uma semana de trabalho duro por parte de várias equipes criativas, chegou a hora de escolher quais anúncios apresentaríamos a Steve Jobs no dia seguinte. Em momentos como esse, é necessário destilar todas as ideias até o ponto no qual qualquer anúncio escolhido deve ser digno de orgulho. É em momentos como esse que os padrões devem ser implacavelmente impostos.

Não sei o que aconteceu – fiquei com um parafuso solto, perdi o juízo –, mas, por alguma razão, minhas defesas caíram por terra. Uma equipe criativa tinha se matado para concluir um projeto e acreditava apaixonadamente no trabalho realizado. Não caí de amores pelo que eles tinham feito, mas eles praticamente imploraram para que eu incluísse os anúncios deles na apresentação e deixei que minha compaixão se colocasse entre mim e meus padrões. Decidi manter os anúncios deles.

Na reunião com Steve Jobs, coloquei os anúncios na mesa diante dele. Ele apontou diretamente para os anúncios suspeitos e disse: “Ah! Quer dizer que você pôs sua equipe classe B neste projeto, não é mesmo?”

Fui desmascarado. A verdade é que achei que aqueles anúncios eram “bons o suficiente” e os incluí com outra série de anúncios que acreditava serem muito melhores. Mas lá estavam eles, derrubando a qualidade do nosso show. O que fiz foi mais fácil, não mais esperto. Como resultado, eu me vi na posição de ter de trabalhar duro para reconquistar a credibilidade que acabara de perder com Steve, o que só serviu para complicar minha vida.

Levei a sério o comentário glacial de Steve. Eu sabia que meus instintos estavam originalmente corretos, mas me permiti fazer concessões. Boas ou más intenções, o efeito foi o mesmo. Aquilo bastou para que eu prometesse a mim mesmo que nunca mais me colocaria na posição de ter de defender algo em que não acreditava.

No mundo da Apple, cada gestor precisa garantir brutalmente que seus elevados padrões serão executados. Se estiver disposto a flexibilizar seus padrões de acordo com a situação, você e a Simplicidade terão um relacionamento tumultuado. Fazer concessões muitas vezes só levará a retrabalho e levantará questões sobre seu talento na mente de um cliente.

Brutalidade com estilo

Não faltam histórias sobre CEOs perversos que são implacáveis, exigentes e absolutamente insuportáveis. Um grande número dessas histórias pode ser encontrado na pasta intitulada "Jobs, Steve".

Sim, Steve foi absolutamente implacável e exigente, mas há controvérsias no que se refere ao adjetivo "insuportável". Eu mesmo testemunhei um bom número de pessoas sendo verbalmente atacadas, mas só algumas consideraram a agressão dura o suficiente para pedir demissão. A maioria das pessoas sabia que Steve as estava pressionando por alguma razão. Elas sabiam que uma bronca de Steve não significava necessariamente ser marcado para a guilhotina.

Era sempre reconfortante saber que Steve tinha o hábito de não guardar nenhum rancor de uma reunião à outra. Você podia ter uma discussão inflamada com ele num dia e, no dia seguinte, era como se nada tivesse acontecido. A menos, é claro, que decidisse tirá-lo do sério na nova reunião. Essa atitude garantia que toda situação era levada em consideração pelos próprios méritos. O fato de você ter sido chamado de burro ontem não significava que você seria rotulado de burro hoje. Para reconquistar o respeito de Steve, bastava demonstrar seu valor.

Qualquer pessoa que passou um bom tempo trabalhando com Steve tem inúmeras boas histórias para contar. Algumas são divertidas por si sós, enquanto outras só são engraçadas se você não foi uma vítima das ações de Steve.

Mas Steve era espirituoso e, muitas vezes, usava esse talento para expressar seu desdém por estruturas corporativas tradicionais. Contam que, no início do Macintosh, na época da Chiat/Day, um dos homens da agência se apresentou entusiasticamente a Steve num set de filmagem.

"O que você faz na agência?", Steve indagou.

"Trabalho no gerenciamento de contas", ele respondeu, orgulhoso.

"Ah, então você é uma despesa indireta", observou Steve.

Apesar de dizer isso como um gracejo, Steve não estava brincando. Ele não via problema algum em investir milhões em projetos nos quais acreditava. Ele não via problema algum em abandonar investimentos apenas por ter mudado de estratégia. (Em uma ocasião, ele abortou uma de nossas campanhas de televisão nas vésperas da produção por esse motivo, jogando no lixo mais de US$1 milhão no processo.) Ele só tinha uma enorme aversão a gastar dinheiro de forma insensata ou não obter retorno suficiente. Ele não respeitava muito os "intermediários", mas só as pessoas que realmente executavam o trabalho.

Outro bom momento de Steve ocorreu quando ele estava entrevistando um candidato da Chiat/Day para administrar seus negócios globais. Steve se impressionava com pessoas que realizavam um excelente trabalho para grandes clientes e, nesse sentido, as credenciais do candidato eram impecáveis. Ele era o principal gerente de contas do maior cliente de uma das agências criativas mais badaladas dos Estados Unidos. A Chiat/Day estava confiante de que as credenciais dele seriam aprovadas por Steve e enviaram o candidato para uma entrevista com ele.

"Então, o que você faz agora?", Steve inquiriu.

"Sou o diretor global de contas da Nike na Wieden & Kennedy", replicou o homem, ciente de que tinha a faca e o queijo na mão.

Steve fez uma pausa. Ele era um grande fã da marca Nike.

"Faz um bom tempo que a Nike é uma excelente marca", Steve observou.

"Obrigado", disse o candidato.

"Então... quer dizer que seu trabalho é tentar não pisar na bola", ele concluiu.

Steve acabou aprovando a contratação. Ele só queria se certificar de que o homem sabia a diferença entre trabalhar com um cliente desesperado por ajuda – como a Apple na época – e manter um negócio com um cliente que já estava avançando a pleno vapor. Esse era o tipo de franqueza que Steve mostrava a todos, independentemente de ser em uma entrevista ou se estivesse trabalhando ativamente com eles.

Com efeito, sou grato a Steve pela reunião absolutamente mais perturbadora da minha vida profissional, em um incidente ocorrido na época da NeXT. Foi um verdadeiro festival de franqueza brutal. Mas, para entender a reunião, você primeiro deve entender os eventos que levaram a ela.

Depois de passar vários anos construindo a NeXT do zero, Steve estava pronto para lançar o primeiro produto da empresa: o NeXT Computer. Dessa forma, tinha chegado a hora de criarmos a primeira campanha publicitária da empresa. Considerando a importância que Steve atribuía à propaganda e a importância daquele momento para o futuro da NeXT, aquela apresentação era mais do que decisiva.

Na época, o relacionamento entre a NeXT e a agência ainda estava se formando, de forma que nada impedia Steve de abandonar o navio se de repente decidisse que não éramos a agência certa para aquele trabalho. Considerando que morávamos e trabalhávamos a quase 5 mil quilômetros de distância da NeXT, o relacionamento tinha um grande potencial de desgaste.

Devido à importância do momento, o líder da agência, Ralph Ammirati, contratou um de seus designers freelancers preferidos para nos ajudar a desenvolver um design diferenciado para a campanha da NeXT, o que determinaria todos os materiais de marketing da NeXT no futuro. A escolha de Ralph foi uma mulher extremamente doce com uma longa história na Chiat/Day. Ela possuía um estilo requintado, uma parede repleta de prêmios de design e o ardente desejo de apresentar algo excelente a Steve. Na teoria, ela parecia perfeita.

No entanto, em um dos mais atordoantes equívocos da história da publicidade na área da tecnologia, essa designer – com o pleno apoio da agência – recomendou que Steve retrocedesse enquanto os outros avançavam. Ela teve a brilhante ideia de lançar essa empresa ansiosamente aguardada de altíssima tecnologia adotando um visual não tecnológico.

Ela projetou uma série de anúncios com longos textos distribuídos em torno de várias imagens exibindo as características do NeXT Computer. Mas em vez de usar recursos fotográficos modernos para ostentar o computador mais avançado do mundo, ela optou por adotar um estilo xilográfico, ilustrado à mão e em preto em branco. Em outras palavras, as imagens eram decididamente incomuns e antiquadas, mais apropriadas para um almanaque do século XIX.

Contando assim, fica claro que se tratou de uma mancada colossal. Mas, na ocasião, quando a agência estava determinada a fazer algo diferente, você se surpreenderia se soubesse quantas pessoas brilhantes da área da publicidade acharam que seria uma excelente ideia. Na matriz da NeXT, durante aquela primeira apresentação, Steve ficou atônito quando viu o trabalho e o rejeitou sem muita ponderação. Isso nos levou, na semana seguinte, àquela embaraçosa reunião.

Chegamos à matriz da NeXT com um novo trabalho e uma postura completamente nova. Tínhamos refeito nossos anúncios com um aspecto muito mais moderno e estávamos prontos para nos redimir. Hora da reunião. Quando começamos a tirar os anúncios das pastas, Steve declarou: "Ei, antes de vermos os novos anúncios, quero falar sobre o que aconteceu na semana passada."

Ele falou tranquilamente, sem nenhum indício do perigo que pairava adiante. Mas, à medida que falava, sua voz calma aos poucos foi ficando cada vez mais furiosa e agitada e ele ainda mais irado, até chegar ao abuso verbal (e estrondoso). A versão resumida seria algo como: "O trabalho que vocês me mostraram na semana passada foi uma merda. Eu sei que foi uma merda, *vocês* sabem que foi uma merda, mas, mesmo assim, vocês se deram ao trabalho de vir até aqui para me mostrar aquela merda. Isso é inaceitável e não quero que aconteça de novo. Nunca."

Steve definitivamente ganhou alguns pontos pela franqueza, mas, do ponto de vista da agência, o discurso não levou exatamente ao estado de espírito mais apropriado para iniciar uma nova apresentação elaborada a fim de conquistar seu amor. Felizmente, Steve acabou se entusiasmando com os novos anúncios, o que foi agradável, mesmo considerando que ainda dava para ouvir os ecos do ataque anterior ressoando pela sala. Aquela foi a campanha que veio a ser utilizada pela NeXT durante toda a sua vida: uma aparência moderna com títulos pretos em negrito e uma fotografia ousada – claramente inspirada nos anúncios da BMW que haviam atraído Steve à agência para começar.

Então, no nível profissional, tínhamos sobrevivido incólumes. Com a credibilidade recuperada, a agência estava pronta para passar à fase da produção. Mas este ainda não é o fim da história.

Da mesma forma como ocorrera no início da reunião, Steve sentiu o impulso de ter outra conversinha conosco. Aliviado com o trabalho apresentado, ele queria esclarecer o que dissera. Ele nos disse que estava se sentindo um pouco mal por ter se mostrado tão furioso no início da reunião e explicou que se sentia incomodado com nossa reunião anterior. Ele pensou em não dizer nada e esperar para ver a qualidade do nosso novo trabalho, mas achou que seria importante se expressar. Foi por isso que dissera aquilo tudo.

Em um estado de espírito mais ponderado e satisfeito com a nova apresentação, ele achou que seria útil nos dizer em que pé estávamos, passados alguns meses trabalhando juntos. Ele decidiu fazer isso dando notas ao nosso desempenho, um por vez. Eu estava sentado no lugar da sorte – o último lugar –, de forma que tive a chance de assistir ao show de camarote, enquanto Steve distribuía sua franqueza brutal em doses individuais cuidadosamente aplicadas.

A gerente de contas ganhou um A. Steve estava muito satisfeito com a forma como o lado dos negócios estava sendo administrado. O cara da mídia ganhou um B+. Ele era competente, mas Steve não estava exatamente impressionado. O próximo foi meu parceiro, o diretor de arte. Péssimas notícias para ele: recebeu um F. Steve o responsabilizou pelo fiasco da semana anterior, apesar de o trabalho ter sido realizado pela diretora de arte secreta. "Se você não conseguir melhorar, precisará dar o lugar a outra pessoa", Steve advertiu.

Finalmente chegou minha vez. É um prazer informar que ganhei um A–. "Você está indo muito bem, mas ainda precisa livrar-se de algumas teias de aranha da Chiat/Day", ele explicou.

Aquela explicação foi interessante por duas razões, cobrindo duas décadas diferentes. A primeira razão foi que a Chiat/Day fora a responsável pelo trabalho mais notável que a Apple – e toda a indústria publicitária

– jamais vira e desempenhou significativo papel no sucesso do Macintosh original. O esperado seria que ele se mostrasse muito interessado em ter algumas daquelas teias de aranha por perto. A segunda razão foi que, 10 anos depois dessa conversa, e com enorme entusiasmo, Steve viria a contratar a Chiat/Day – incluindo as teias de aranha – para voltar a ser a agência da Apple quando ele foi reinstituído como líder da empresa.

Com os boletins escolares nas mãos, várias pessoas relativamente felizes e um diretor de arte deprimido fizeram as malas e embarcaram no avião de volta a Nova York. Finalmente conseguimos dar a Steve uma campanha que o empolgou e, graças à franqueza dele, todos nós sabíamos exatamente em que pé estávamos com ele.

Pode nem sempre ser agradável, mas há um enorme valor em saber em que pé está o relacionamento – plenamente ciente do que acertou, onde errou e o que deve ser feito para garantir um futuro feliz. Por mais desagradável que pudesse ter sido em algumas ocasiões, Steve nos proporcionou isso, e todo mundo saiu ganhando. É quando os problemas são varridos para baixo do tapete que as pessoas passam tempo demais ansiosas com o que pode estar acontecendo, em vez de olhar para a frente e seguir adiante. É assim que a Complexidade se imiscui. No mundo simplificado de Steve, as pessoas não tinham muito tempo para se distrair com questões irrelevantes desse tipo.

A torre de artilharia

Havia certa teatralidade na Apple. As regras eram conhecidas e muitos dramas se desenrolavam com previsibilidade.

Todo mundo sabia que Steve Jobs tinha tolerância zero para a estupidez. Ele não era nada cortês quando a estupidez levantava sua repugnante cabeça e odiava empregar a estupidez, de forma que, se você trabalhasse para a Apple e desejasse manter esse status, era recomendável não revelar sua inteligência abaixo da média em uma reunião com ele. Ele explodiria e colocaria um alvo bem no meio da sua testa.

Um ex-executivo sênior da Apple recorda uma rotina que presenciou sendo representada muitas vezes na época em que ele se reportava diretamente a Steve. Ele a chama de "torre de artilharia" – aquela arma montada em uma plataforma giratória em um tanque e que pode ser apontada e disparada em várias direções. Não havia como prever quando aconteceria, já que dependia da situação. Mas, em alguma reunião, em algum momento aleatório, alguma pobre alma dizia algo que todo mundo sabia ser o pavio que detonaria o barril de pólvora de Steve.

Primeiro vinha a pausa constrangedora. O comentário ofensivo reverberava no ar e parecia que o mundo inteiro entrava em câmera lenta enquanto os sensores internos de Steve se fixavam na origem da onda sonora. Quase dava para ouvir o funcionamento das engrenagens enquanto a "torre de artilharia" de Steve se voltava lentamente para a direção do culpado. Todo mundo sabia o que esperar – mas não tinha como impedir.

Finalmente, a torre de artilharia de Steve parava, apontada para o alvo. Em uma fração de segundo, ele ativava o mecanismo e, sem pensar duas vezes, disparava toda a sua munição. Era um espetáculo perturbador de ver e ainda mais perturbador de vivenciar, mas, na Apple, era apenas uma realidade.

Aprenda a receber um golpe

Com um CEO tão desenfreado e decidido a informá-lo de sua situação, você pensaria que os corredores da Apple estariam cobertos de cadáveres. Mas em grande parte era o pessoal sênior que precisava lidar diretamente com Steve, e o simples fato de você ter sido atacado não significava que seria demitido. Se saísse empregado da sala, você provavelmente se fortaleceria com a experiência. Com isso, você seria um sobrevivente e desenvolveria uma imunidade cada vez maior a ataques, frontais ou não.

Como nunca é uma boa ideia ter crises emocionais no escritório, desenvolver maior resistência a críticas é, sem dúvida, uma vantagem. Eu me orgulho de dizer que, em mais de uma década trabalhando diretamente com Steve, entre a NeXT e a Apple, fui alvo de um ataque aterrorizante em apenas duas ocasiões – e as duas ficarão eternamente gravadas na minha memória. Em uma dessas situações, precisei literalmente viajar 12 mil quilômetros para ser golpeado em um paraíso havaiano, ao lado da casa de praia da família de Jobs. A outra explosão foi por telefone, na minha agência. Você pensaria que a experiência por telefone seria menos amedrontadora, mas não foi.

Apesar de essas experiências terem sido chocantes na ocasião, hoje eu as ostento como um distintivo de coragem. Se você trabalhasse no mundo de Steve sem ter experiências desse tipo, poderia até se sentir negligenciado.

Centenas de pessoas conhecem a sensação de ser alvo de uma altercação por parte de Steve. Mas e o que dizer do próprio Steve? Como ele recebia um furioso ataque verbal dos outros? Ele desenvolveu sua resistência a críticas já no início da carreira. Nos idos de 1997, quando a Apple jazia em seu leito de morte, e muitos consideravam Steve o herói que finalmente retornara montado em seu cavalo branco para salvar a situação, uma de suas primeiras decisões foi dar um fim aos clones do Mac. A administração anterior havia licenciado outros fabricantes a vender desktops compatíveis com o Mac. A ideia era que isso poderia ajudar a abrir as portas a novos usuários e ajudaria a salvar uma plataforma que se encontrava à beira da morte.

Steve odiou a ideia. Ele queria que a Apple controlasse o hardware e o software, e ponto final. Mesmo naquela época, Steve falava da necessidade de controlar a experiência completa e nunca colocar os clientes da Apple em uma posição na qual eles poderiam usufruir dos benefícios do Mac OS, mas sofrer com as deficiências de um hardware de outro fabricante. No entanto, muitos membros da comunidade da Apple receberam os clones de braços abertos e acreditavam que essa expansão do Mac OS era necessária para a sobrevivência da empresa. Quando Steve vetou a ideia, essas pessoas o crucificaram. Muitos se preocupavam com a possibilidade de ele não ter aprendido a lição no exílio e ainda tender a manobras radicais que poderiam pôr a empresa em risco.

Eu me surpreendi com a ferocidade dos ataques. Os negativistas atacaram Steve tanto do lado profissional quanto pessoal, mas Steve não lhes deu muita atenção. Não era a primeira vez que ele era criticado e ele sabia que não seria a última. Ele era capaz de compartimentalizar facilmente as notícias, absorvendo o que queria e bloqueando o resto.

Passei a entender melhor a resistência de Steve a críticas quando a rede TBS transmitiu o filme *Piratas da informática* em 1999. Steve se entusiasmou quando o projeto foi anunciado. Como um adolescente, ele não parava de falar com entusiasmo quando ficou sabendo que seria interpretado por Noah Wyle, que ficara famoso por seu papel na popular série *Plantão médico*.

Uma semana antes da transmissão do filme, Steven nos contou que ofereceria um jantar em casa aos amigos para assistir à grande estreia. Pelo fato de termos gastado pequenas fortunas na TBS em nome da Apple e de outros clientes, a agência teve acesso antecipado a uma cópia, no início da semana. Dessa forma, convidei o grupo de criação para uma combinação de pizza com cinema. A pizza estava espetacular; o filme, por sua vez, nos fez estremecer. Não era exatamente uma produção de alta qualidade e também ficou claro que a história havia sido exagerada e a cronologia fora alterada para intensificar o efeito dramático.

O que mais nos preocupou foi o fato de Steve ter sido retratado como um personagem tão imperfeito. No filme (e na vida real), ele se recusara a reconhecer a paternidade de sua filha e não ofereceu nenhum centavo para ajudar a criá-la, apesar de, na época, já possuir um império de milhões de dólares. Não era uma representação muito lisonjeira. (Observação: Como quase todo mundo já sabe, Steve acabou assumindo a paternidade, aproximou-se da filha e contribuiu para sua criação.)

A primeira coisa que me veio à cabeça foi: "Hmm, Steve pode querer repensar a ideia do jantar."

Contei a Steve que o filme mostrava uma imagem negativa dele, mas ele não se abalou. E não se surpreendeu com o fato de o filme ter se transformado em ficção; era de se esperar que isso acontecesse.

A próxima vez que vi Steve foi na segunda-feira imediatamente após o fim de semana de estreia do filme. Eu não sabia ao certo se deveria mencionar o assunto, mas não precisei me preocupar. Antes do início da nossa reunião, Steve perguntou à equipe inteira se tínhamos visto o filme. Ele abriu um enorme sorriso e parecia incrivelmente empolgado, enquanto eu me perguntava se tínhamos assistido ao mesmo filme. Ele parecia adotar a ideia de que qualquer publicidade é uma boa publicidade e deixou que os aspectos negativos da situação passassem despercebidos.

Capítulo 2

Pense pequeno

A Apple encoraja um pensamento grandioso e, ao mesmo tempo, minimiza todo o resto. Em outras palavras, se você sentir o impulso de falar ou agir de maneira que lembre qualquer coisa que aprendeu em uma grande empresa, é melhor fazer isso na privacidade do seu próprio lar.

O tamanho das reuniões é um bom exemplo disso. Quando a Chiat/Day foi contratada como a agência oficial da Apple e começamos a trabalhar juntos, reuníamo-nos periodicamente com Steve Jobs a cada duas semanas, às segundas-feiras.

Em geral, não havia uma pauta formal. Relatávamos o andamento do trabalho a Steve e ele nos informava das novidades e era assim que os dois lados se mantinham atualizados. A lista de convocados para essas reuniões era curta, incluindo, do lado da agência, o pessoal de criação, o diretor de contas e o diretor de mídia; e, do lado da Apple, Steve, Phil Schiller (marketing de produtos), Jony Ive (design), Allen Olivo (comunicações de marketing) e Hiroki Asai (da equipe interna de criação da Apple). Convidados especiais eram convocados de acordo com a necessidade.

Um dia, uma mulher da Apple que não conhecíamos compareceu à reunião. Não me lembro do nome dela, já que ela nunca mais ressurgiu no nosso mundo, de forma que, para os propósitos desta história, eu a chamarei de Lorrie. Ela se sentou à mesa conosco enquanto Steve entrava rápido na sala, absolutamente pontual.

Steve estava se sentindo sociável, então batemos papo por alguns minutos e demos início à reunião. "Antes de começarmos, quero atualizá-los sobre algumas coisas", Steve anunciou, percorrendo a sala com os olhos. "Antes de mais nada, vamos falar sobre o iMac..."

Ele parou no meio da frase. Seus olhos se fixaram na única coisa na sala que não pertencia ao conjunto. Apontando para Lorrie, ele perguntou: "Quem é você?"

Lorrie ficou um pouco espantada por ser interpelada daquele jeito, mas explicou tranquilamente que lhe fora solicitado o comparecimento devido a seu envolvimento em alguns dos projetos de marketing que discutiríamos naquele dia. Steve ouviu. Processou a informação. E a atacou com o Chicote da Simplicidade.

"Não acho que precisamos de você nesta reunião, Lorrie. Obrigado", ele declarou. Então, como se nada daquilo tivesse acontecido – como se Lorrie não existisse –, ele continuou o que estava dizendo.

Assim, no início da reunião, diante de mais ou menos oito pessoas que Steve *de fato* queria ver na sala, a pobre Lorrie foi forçada a pegar suas coisas, se levantar e cruzar a sala inteira até chegar à porta.

Seu crime: ela não era necessária.

O melhor amigo da Simplicidade: pequenos grupos de pessoas talentosas

O que Lorrie vivenciou foi a rigorosa aplicação de uma das regras mais importantes da Simplicidade: comece com pequenos grupos de pessoas talentosas – e mantenha-os assim. A cada vez que a contagem aumentar, você está literalmente convidando a Complexidade a se sentar à mesa.

O princípio do pequeno grupo deve ser profundamente imbuído na religião da Simplicidade. Ele é fundamental para a continuidade do sucesso da Apple e para qualquer organização que deseje cultivar um pensamento de qualidade. A ideia é bem simples: cada pessoa na sala deve estar lá por uma razão. Não há espaço para "convites por compaixão". Ou você é essencial para a reunião ou não é. Não é nada pessoal; é só uma questão de negócios.

Steve Jobs resistia ativamente a qualquer comportamento que acreditava ser representante da maneira como as grandes corporações pensam – apesar de a Apple ser uma grande empresa há muitos anos. Ele sabia que pequenos grupos compostos do pessoal mais talentoso e criativo foi o que impulsionou o incrível sucesso da Apple – e não tinha intenção alguma de mudar isso. Quando convocava uma reunião ou comparecia a uma reunião, ele esperava que cada pessoa na sala fosse um participante essencial. Espectadores não eram bem-vindos.

Isso se baseava na ideia de certa forma óbvia de que um grupo menor seria mais focado e motivado que um grande grupo e que pessoas talentosas seriam capazes de elevar a qualidade do trabalho.

Para um princípio que pareceria ser uma simples questão de Bom Senso, é surpreendente notar quantas organizações deixam de praticá-lo. De quantas reuniões superpovoadas você participa no decorrer de um ano? Quantas dessas reuniões perdem o foco ou se desviam do assunto de uma maneira que jamais aconteceria se o grupo fosse a metade do tamanho? É necessário manter-se sempre fiscalizando o cumprimento da regra do pequeno grupo, mas isso vale a pena.

Lembre-se de que a Complexidade normalmente propõe o caminho mais fácil. É mais fácil não fazer nada e permitir que as Lorries do mundo participem das reuniões, e a maioria de nós é polida demais para expulsar uma pessoa em público. Mas, se você não agir para manter o grupo pequeno, estará criando uma exceção à regra – e a Simplicidade nunca é atingida por meio de exceções. É verdade que é possível fazer a coisa brutal sem ser brutal. Basta explicar suas razões: manter o grupo pequeno.

Antes de trabalhar com Steve Jobs, atuei em uma série de outras grandes empresas, mais tradicionais, de forma que foi um choque para mim (no bom sentido) quando entrei no mundo da Simplicidade de Steve. Na cultura da Apple, era muito mais fácil avançar. Também foi um choque para mim (no mau sentido) quando saí do mundo de Steve e, mais uma vez, me vi em organizações mais tradicionais, sofrendo com os mesmos problemas.

Um dia, nos primórdios da NeXT, quando a empresa tinha todo o futuro pela frente, ouvi Steve discursar para os funcionários, sugerindo que eles usufruíssem daquele momento. Ele lhes disse que, quando a NeXT crescesse e fosse um sucesso, eles se lembrariam, saudosos, daquela época como "os bons e velhos tempos". As coisas sem dúvida ficariam mais caóticas. (Não foi a melhor das previsões de Steve, considerando as constantes dificuldades da NeXT, mas acho que deu para entender o que quero dizer.) Nos anos que se seguiram, quando me vi participando de reuniões cada vez maiores e menos produtivas em complexas organizações, essas palavras viriam a ecoar na minha cabeça. De fato, senti falta dos bons e velhos tempos – não porque eles eram mais tranquilos, mas por serem mais eficazes.

No mundo real, quando falo sobre pequenos grupos de pessoas talentosas, raramente ouço objeções à ideia. Isso ocorre porque o Bom Senso nos diz que é assim que deve ser. A maioria das pessoas sabe, por experiência própria, que o jeito mais rápido de perder o foco, desperdiçar tempo precioso e diluir excelentes ideias é incumbi-las a um grupo maior. Também sabemos que é igualmente perigoso deixar as ideias à mercê de um grande grupo de tomadores de decisão.

Uma razão pela qual grandes e morosos grupos tendem a ser criados em muitas empresas é que a cultura de uma empresa é maior que a de qualquer pessoa individual. É difícil mudar "o jeito como as coisas são feitas aqui". É nesse ponto que os paladinos da Simplicidade devem se apresentar para combater a inércia.

É necessário ser criterioso e realista na aplicação do princípio do pequeno grupo. Limitar-se a reduzir o tamanho dos grupos obviamente não resolverá todos os problemas, e "pequeno" é um termo relativo. Só você conhece o seu negócio e a natureza de seus projetos, de forma que só você pode estabelecer o limite entre pessoas de menos e pessoas demais. Cabe a você assegurar a execução do princípio e se preparar para açoitar o processo com o Chicote da Simplicidade quando o grupo se vir ameaçado com uma expansão desnecessária.

Ao longo dos anos, o grupo de marketing da Apple desenvolveu meticulosamente um processo que foi replicado com sucesso, em uma revolução após a outra. As equipes de projeto eram mantidas pequenas, com pessoas talentosas recebendo responsabilidades reais – o que as leva a trabalhar muito e produzir ideias de alta qualidade. Como a qualidade é preferível à quantidade, as reuniões são informais e o progresso é visível de uma semana à outra (se não de um dia ao outro).

Toda empresa deseja maximizar a produtividade e reduzir as reuniões desnecessárias. Mas a maneira como elas fazem isso pode variar muito. Na Apple, é natural formar grupos pequenos de pessoas talentosas, porque esse é "o jeito como as coisas são feitas" lá, e a prática já foi incorporada à sua cultura. Algumas vezes, as empresas tentam "legislar" a produtividade por meio de diretrizes corporativas.

Em uma icônica empresa de tecnologia na qual trabalhei, eles penduraram uma mensagem emoldurada em todas as salas de reuniões para persuadir os funcionários a buscar maior produtividade. O título da mensagem era: "Como conduzir uma boa reunião." O conteúdo parecia saído de um manual corporativo, o que provavelmente era o caso, e incluía uma lista de recomendações como "Apresente a pauta no início da reunião", "Incentive a participação de todos" e "Conclua a reunião estipulando os próximos passos acordados".

Na verdade, o que aquelas mensagens realmente diziam era: "Bem-vindo a uma corporação enorme! Basta seguir as orientações e você não terá problemas." Não é difícil imaginar Steve Jobs, que combatia ativamente o comportamento de grandes corporações, arrancando, jubiloso, as mensagens da parede e substituindo-as por reproduções de fotos de Ansel Adams objetivando proporcionar um momento de reflexão ou inspiração – como as fotos que ele mandou pendurar nos corredores da NeXT.

Se você tiver qualquer ambição de trabalhar na Apple, sinto dizer que não haverá mensagens na parede ensinando como conduzir uma reunião. De forma similar, não haverá mensagens lhe dizendo como amarrar os sapatos ou encher um copo de água. Ser contratado na Apple presume que você já venha equipado com Cérebro e Bom Senso e que seja um adulto plenamente capaz. Se você ainda não for um discípulo da Simplicidade, logo se tornará um. Ou isso ou você decidirá que se encaixaria melhor em alguma outra empresa, o que também é uma opção. A Simplicidade prefere não perder tempo adestrando cavalos selvagens.

Se as grandes empresas ainda se sentirem impelidas a pendurar mensagens nas paredes, uma alternativa melhor seria algo como:

Como ter uma excelente reunião

1. Expulse a pessoa menos necessária.
2. Saia da reunião se ela levar mais de 30 minutos.
3. Faça algo produtivo hoje para compensar o tempo que passou aqui.

Estou exagerando, é claro. As reuniões são necessárias e importantes para o progresso colaborativo. Mas todos nós sabemos que reuniões desnecessárias ou superpovoadas podem drenar a energia criativa até das pessoas mais brilhantes.

Mais do que ser uma diretriz para reuniões, contudo, o princípio do pequeno grupo é obrigatório para grupos de projeto.

Muitas empresas seguem um princípio instintivo porém equivocado: quanto mais decisivo for o projeto, mais pessoas devem ser envolvidas. A ideia que fundamenta esse princípio é que mais cérebros equivalem a mais ideias. É difícil argumentar contra isso – com a exceção do fato de que mais cérebro só ocasionalmente significa ideias *melhores*.

Quanto maior for o número de pessoas envolvidas na iniciativa, mais complicados serão os briefings, mais orientação será necessária para manter as pessoas no caminho certo e mais tempo será gasto revendo o trabalho dos participantes e dando feedbacks proveitosos. Um grupo menor é a maneira mais eficiente de progredir – presumindo que o grupo também seja talentoso. (Por favor, prometa que jamais se esquecerá dessa parte.) Dizer que alocar mais pessoas a um projeto melhorará os resultados é basicamente o mesmo que dizer que você não confia muito no grupo original. Ou isso ou você só está atrás de algum tipo de garantia – o que *também* significa que você não confia muito no grupo original. Independentemente de sua motivação, o que você realmente está dizendo é que não alocou as pessoas certas no projeto. Então, resolva esse problema. Com as pessoas mais talentosas, os pequenos grupos proporcionarão à gestão mais, e não menos, confiança.

Quando a regra dos pequenos grupos de pessoas talentosas é aplicada, todo mundo sai ganhando. A empresa se beneficia de ideias melhores. O grupo se sente mais valorizado e é incentivado a se empenhar mais. Uma organização desse tipo encoraja a produtividade em todos os projetos.

O sucesso da agência publicitária da Apple, originalmente conhecida como Chiat/Day, se fundamentou na mesma filosofia. Liderado pelo renomado diretor de criação Lee Clow, nosso pequeno grupo se encaixava muito bem no pequeno grupo da Apple. Restringir o tamanho do nosso grupo nos ajudou a produzir com agilidade, obter informações rapidamente e reagir prontamente a eventos inesperados.

O fundador da agência, o finado Jay Chiat, instituíra um tom similar décadas antes. Jay e Steve tinham um relacionamento ímpar na época do Macintosh original e, em certo sentido – no bom sentido –, eram farinha do mesmo saco. Tive o prazer de ser expulso de uma reunião pelo próprio Jay durante um dos vários bicos que fiz na Chiat/Day. Foi bem parecido com a expulsão de Lorrie por Steve, só que, no meu caso, fui chutado para fora junto com um colega. Passando os olhos pela sala antes do início de uma reunião, Jay fixou o olhar em mim e no meu colega, o diretor de arte, e indagou: "O que vocês estão fazendo aqui?"

"Boa pergunta", respondi. "Só estamos participando porque fomos convidados."

"Você não deveria estar aqui falando essa merda", replicou Jay. "Saiam daqui e vão criar alguma coisa." Pelo menos pudemos sair da sala com um sorriso no rosto. Lorrie não teve essa opção.

Os estilos de trabalho tanto de Jay quanto de Steve me acompanharam ao longo dos anos. Não consigo pensar em melhores líderes com maior talento para manter suas equipes focadas na missão e concentradas em produzir excelentes resultados. E os dois construíram empresas estrondosamente bem-sucedidas. Não é coincidência.

Até hoje, tenho uma fantasia recorrente quando me vejo preso em uma grande reunião que não vai a lugar algum. Imagino o que Steve Jobs diria e faria se estivesse naquela sala, vivendo aquela situação. Na minha fantasia, é como estar sentado em um excelente lugar em uma matinê no Coliseu Romano. Quem Steve escolheria para arrasar verbalmente ou expulsar da reunião? Em que momento ele interromperia o apresentador no meio de uma frase e diria que tudo aquilo não passava de uma grande baboseira? Com todas as histórias sobre como Steve pode ser cruel, é necessário reconhecer que, em geral, ele só estava fazendo o que muitos de nós desejaríamos poder fazer. Steve não via razão alguma para ser delicado quando percebia que seu tempo e o de todas as pessoas na sala estavam sendo desperdiçados.

Essa é a parte do desafio que nós, os não Steves, devemos encarar de frente. A maioria de nós não gosta da ideia de se transformar em maníacos implacáveis por controle, mas também sabemos que algumas vezes precisamos ser duros se quisermos manter os projetos no rumo certo.

A boa notícia é que ser brutal e ser respeitado não são mutuamente excludentes. Na verdade, exibir um pouco dessa franqueza brutal na hora certa é uma excelente maneira de conquistar respeito – e manter pequenos os grupos de talentos.

Pense grande, aja pequeno

Em uma palestra na conferência All Things Digital em 2010, Steve Jobs revelou um pouco do funcionamento da Apple:

Querem saber quantos comitês temos na Apple? Zero. Somos organizados como uma startup. Somos a maior startup do planeta.

A devoção de Steve à Simplicidade era tamanha que ele era incapaz de tolerar uma hierarquia complicada. Ele acreditava com todas as forças que era possível conduzir uma empresa global ao sucesso sem cair nas garras perversas da Complexidade. Mais especificamente, ele acreditava que a nova Apple teria sucesso se permanecesse fiel aos valores da antiga Apple. Nas palavras dele:

Não vejo por que seria necessário mudar à medida que se cresce.

Parece uma proposta infundada. Afinal, como uma empresa pode *não* mudar à medida que cresce, à medida que passa de atender a milhares para atender a dezenas de milhões? Mas Steve raramente acreditava que algo não podia ser feito, de forma que só fazia o que considerava certo – o que incluía assegurar a adoção da mentalidade de uma pequena empresa. Ele era motivado por um senso de idealismo, de como as coisas realmente deveriam funcionar, mesmo quando isso desacatava o comportamento corporativo tradicional.

John Sculley, o tão difamado CEO que maquinou a expulsão de Steve da Apple em 1985, explicou os princípios organizacionais de Steve em uma entrevista concedida em 2010:

> *Steve tinha uma regra de que a equipe do Mac jamais deveria ter mais de 100 membros. Então, se você quisesse incluir uma pessoa, teria de excluir outra. E essa mentalidade se refletia em uma observação típica de Steve: "Sou incapaz de me lembrar de mais de 100 nomes e só quero por perto pessoas que conheço pessoalmente. Então, se a equipe tiver mais de 100 pessoas, isso nos forçará a adotar uma estrutura organizacional diferente e não consigo trabalhar assim. Só consigo trabalhar num lugar em que posso tocar em tudo." Durante todo o tempo em que trabalhei com ele na Apple, foi exatamente assim que ele liderou sua divisão.*

Isso mudou muito pouco desde a época em que a Apple lançou o Macintosh até os últimos dias de Steve no trabalho. Uma das práticas instituídas por Steve foi o encontro anual dos executivos globais da Apple, chamado Top 100. Steve esperava que esses executivos entendessem a visão da Apple e se certificassem de sua adoção pelos subordinados diretos. No encontro Top 100, Steve e sua equipe executiva elaboravam estratégias para o ano seguinte e apresentavam uma ideia de como seriam os próximos anos. Seria seguro dizer que Steve conhecia todos os 100 executivos de nome.

Na garagem em que a Apple Computer, Inc. nasceu, Jobs, Wozniak e seus associados constituíram o exemplo definitivo de um pequeno grupo de pessoas talentosas. Foram as raízes empreendedoras e menores da Apple que fizeram de Steve um adepto desse estilo de trabalho.

O surpreendente é que isso não apenas impeliu o crescimento da Apple, transformando-a em uma empresa maior, como também impulsionou um crescimento suficiente para fazer da Apple a empresa mais valiosa do planeta. (Ou a segunda mais valiosa, dependendo da flutuação diária do preço das ações da Apple em comparação com a ExxonMobil.)

As leis da pequenez

Vamos presumir que você já tenha assegurado a metade do "talento" dos "pequenos grupos de pessoas talentosas". (Meus parabéns!) Feito isso, vamos nos concentrar no elemento da "pequenez". Ao longo da minha carreira na publicidade, consegui reduzir esse conceito ao princípio científico a seguir:

> **A qualidade do trabalho resultante de um projeto é inversamente proporcional ao número de pessoas envolvidas no projeto.**

Em outras palavras, quanto mais pessoas você incluir na sala, menores serão suas chances de obter um bom resultado. No entanto, a composição de um grupo não é meramente uma questão de controle de multidões. Há uma pessoa em particular cujo envolvimento no grupo é de importância crítica. Na verdade, esse ponto é tão essencial que merece o próprio princípio:

> **A qualidade do trabalho resultante de um projeto é diretamente proporcional ao grau de envolvimento da pessoa que toma as decisões.**

Esse tomador definitivo de decisões não precisa ser o CEO – pode ser o gestor responsável pelo projeto. Mas alguém tem a autoridade para tomar as decisões e essa pessoa deve necessariamente se envolver no projeto. É contraproducente – e absolutamente frustrante – para qualquer grupo passar semanas ou meses trabalhando em um projeto sem receber feedback da autoridade responsável. Essa pessoa deve se envolver no briefing e manter o maior grau de envolvimento possível ao longo do processo.

Na maioria das grandes empresas, acredita-se que não é sensato para um chief executive se envolver demais no marketing. É por essa razão que a Apple se beneficiou de contar com uma pessoa insensata como Steve Jobs por perto. Ele se empolgava em participar de uma reunião tanto de marketing quanto de design de produto. Ele sabia que ambas as áreas eram vitais para o sucesso da Apple. Ele sabia que, se participasse do processo de marketing, orientando um pequeno grupo de pessoas talentosas, a Apple seria capaz de manter a liderança em relação aos concorrentes.

Steve não acreditava em delegar importantes decisões de marketing aos outros. Ele comparecia a todas as apresentações e se mantinha informado sobre o andamento de todos os projetos. Durante os anos do *Pense diferente*, posso atestar que ele se envolveu pessoalmente na escolha de todas as imagens e de todas as palavras. Não como um tirano, mas como um ávido participante. Perdi as contas do número de telefonemas de madrugada para decidir o texto de um anúncio prestes a ser lançado.

Steve adotava uma política que nunca vi implementada em nenhuma outra empresa. Não me surpreenderia se ele fosse o único CEO de uma grande empresa a trabalhar dessa forma: ele não permitia que ninguém visse as ideias criativas da agência antes dele. Ele não queria que ninguém, nem o vice-presidente de marketing, alterasse ou vetasse o trabalho antes de ele ter a oportunidade de vê-lo. "Não quero ninguém tentando adivinhar o que vou gostar ou não", Steve explicou em mais de uma ocasião. "Posso enxergar uma fagulha onde ninguém mais enxerga."

A maioria dos CEOs não tem a mesma paixão de Steve por marketing. Muitos, justificadamente, diriam que não têm tempo para isso. O mais incrível é Steve ter conseguido encontrar tempo quando atuava como CEO tanto da Apple quanto da Pixar. Moral da história: se você achar que é importante, encontrará tempo para isso. Se você realmente for tão ocupado a ponto de não poder se ocupar disso ou se o marketing não constituir uma de suas habilidades centrais, deve delegar o trabalho a alguém – e lhe atribuir verdadeira autoridade.

Pequenos grupos = relacionamentos melhores

As célebres variações de humor de Steve Jobs nos levariam a crer que o relacionamento entre a Apple e sua agência teria sido constantemente pressionado até o ponto de ruptura. Pressionado, sim. Até o ponto de ruptura, não. Pelo contrário, Steve e a Chiat/Day tiveram uma das parcerias mais longas e de maior sucesso da história do marketing.

E qual foi a razão para isso? Surpresa! Pequenos grupos de pessoas talentosas. Foi isso que possibilitou que a Chiat/Day mantivesse o estreito relacionamento com Steve Jobs e a Apple. Foi isso que permitiu que a agência continuasse realizando um excelente trabalho. E foi isso que lhe possibilitou preservar o relacionamento quando as coisas ficavam tensas. Em muitos aspectos, esses tipos de relacionamentos são como um casamento – e um bom casamento sempre dá um jeito de sobreviver.

A Chiat/Day trabalhou com a Apple por cinco anos, a partir de 1980; as duas voltaram a unir forças em 1997 e continuam trabalhando juntas até hoje. Trata-se de uma parceria extraordinariamente longa para o setor. Lee Clow, líder da Chiat/Day, e Steve Jobs forjaram um estreito relacionamento na época do lançamento do Macintosh original e poucos se surpreenderam quando Steve contratou a Chiat/Day quando retornou à Apple, em 1997. Na ocasião, a agência, devido a uma fusão, já se tornara a TBWA\Chiat\Day. (A partir deste ponto, abandonarei as formalidades e me referirei à agência como "Chiat", como é chamada pela maioria das pessoas. Isso também evita o uso dessas chatas barras invertidas.)

É interessante notar que, quando a Chiat trabalhava para a divisão de PCs da IBM, na época em que a Apple contratou a agência publicitária BBDO, uma das maiores preocupações da IBM em relação à Chiat era sua reputação de manter relações do tipo fogo de palha com os clientes. A IBM queria encontrar o amor eterno, mas o destino quis que a Apple não apenas voltasse aos braços da Chiat, como também permanecesse com a agência por muito mais tempo que a IBM se manteria fabricando PCs.

Pequenos grupos de pessoas talentosas constituem uma parte importante da cultura de ambos os lados da equação Chiat-Apple. As duas organizações eram internamente configuradas dessa forma e os pequenos grupos de ambas se encaixavam perfeitamente bem quando se reuniam.

É verdade que em alguns momentos Steve ameaçou demitir a agência, mas também houve momentos nos quais ele nos disse, com os olhos marejados de lágrimas, o quanto gostara de algo que fizemos. O mais importante era que, no fim do dia, os dois lados sempre sabiam em que pé estavam. Eles tinham uma paixão em comum. E também contavam com a franqueza – por vezes brutal, mas, em geral, apenas aquela franqueza à moda antiga, do tipo "jamais esconder nada do parceiro". Quando surgiam problemas, eram rapidamente solucionados. O relacionamento da Apple com a Chiat tinha raízes profundas, o que dava aos dois lados senso de segurança e responsabilidade.

Se precisasse de alguma prova de que o relacionamento entre a Apple e a Chiat era especial, eu a encontraria no momento em que saí da Chiat para trabalhar para a Intel na agência Euro NY.

Muito antes de a Euro ser contratada, a Intel já era conhecida por ser um cliente "difícil". Essa, naturalmente, era uma descrição cortês usada por pessoas que, na época, se encontravam *no* relacionamento. Ex-colegas que trabalharam com a Intel no passado usavam adjetivos consideravelmente menos gentis.

Diferentemente da Apple, a Intel era uma grande empresa que se comportava como tal. Enquanto na Apple nada era mais importante que o trabalho, na Intel isso não era tão claro. Muitas vezes havia distrações, análise excessiva, críticas tardias – várias coisas que tendiam a distrair as pessoas da tarefa de criar excelência. O relacionamento entre agência e cliente era marcado tanto pelo atrito quanto pela formalidade resultante do trabalho colaborativo de dois grandes grupos de pessoas.

Alguns desgastes no relacionamento eram claros. A cada trimestre, visando melhorar nossas interações, a Intel faria para nós o que qualquer parceiro amoroso faria por sua alma gêmea: disponibilizar um "relatório" apontando os pontos altos e baixos do nosso relacionamento e detalhando quais deficiências precisavam ser corrigidas. Eles também solicitavam um relatório de nossa parte, que nós, zelosamente, fornecíamos. Esse ritual marcava uma diferença notável entre a forma como esses grandes grupos trabalhavam e o estilo de trabalho dos pequenos grupos da Apple. Nunca passaria pela cabeça de Steve desperdiçar um tempo valioso elaborando e processando relatórios. Ele preferia a franqueza em tempo real. Se alguma coisa o incomodasse, ele nos dizia. Esse era o nosso relatório.

O grande grupo da Euro foi organizado para espelhar a hierarquia do grande grupo da equipe de marketing da Intel. Para manter a ordem, o tom era mais formal. As reuniões com nossos clientes da Intel eram mais encenadas e coreografadas do que nossas reuniões na Apple, que eram praticamente irrestritas em comparação.

Eu seria capaz de passar semanas inteiras descrevendo as diferenças entre a produtividade de pequenos grupos no relacionamento Chiat--Apple e a dos grandes grupos no relacionamento Euro-Intel. Mas um incidente resume tudo isso melhor do que eu jamais seria capaz de fazer.

Diante de um problema legal resultante da nossa propaganda, o vice-presidente de marketing da Intel perguntou à agência o que achávamos que eles deveriam fazer. Em uma reunião interna, a equipe foi unânime em sua recomendação. Quando enviei a sugestão ao diretor de contas da agência e sugeri que a enviasse imediatamente ao cliente, recebi um e-mail de volta que começava com a seguinte frase clássica:

Não podemos ter uma opinião antes de sabermos qual é a opinião da Intel.

Esse tipo de atitude reflete perfeitamente a dificuldade de se lidar com grandes grupos quando o relacionamento milionário com um cliente se vê em risco. Se não tomar cuidado, a franqueza pode ser substituída por maquinações e os relacionamentos podem ser "administrados" em vez de cultivados. Desnecessário dizer que, se a Chiat ousasse se comportar dessa forma com Steve Jobs, a agência jamais teria tido um relacionamento tão duradouro com a Apple. No fim das contas, a Intel também não estava tão feliz, já que substituiu a Euro por outra agência não muito tempo depois do incidente.

É a Simplicidade que mantém a solidez do relacionamento da Apple com a Chiat, criando um sentimento de verdadeira parceria, com cada lado se beneficiando do sucesso do outro. Pequenos grupos de pessoas talentosas criam um relacionamento mais estreito, capaz de resistir ao teste do tempo, promovendo um sentimento de propósito em comum e valores em comum.

Reduzindo o tamanho pela otimização

Há uma montanha de criatividade entre a Apple e sua agência. No entanto, essas duas organizações não têm o monopólio de ideias inovadoras, empolgantes e instigantes. Existem incontáveis empresas brilhantes por aí, muitas trabalhando com agências talentosas que, por sua vez, contam com algumas mentes maravilhosamente criativas.

Então, por que apenas um pequeno punhado de empresas é capaz de produzir campanhas de marketing verdadeiramente espetaculares? Por que o cenário do marketing em grande parte se limita a produzir disparates?

Uma grande razão para isso é que muitas grandes organizações são terríveis no princípio de pensar pequeno. Elas são incapazes de agilizar processos complicados. Mesmo quando conseguem identificar seus problemas, desenvolver estratégias e realizar um excelente trabalho para concretizar as estratégias elaboradas, seus processos drenam a vida desse trabalho. Essas organizações impõem incontáveis reuniões e inúmeras aprovações no que deveria ser um jeito mais simples de trabalhar.

A Intel é um exemplo interessante disso. Em termos de capacidade mental, a Intel provavelmente é a empresa mais incrível do planeta. O que a empresa faz está quase além da capacidade de compreensão dos meros mortais. Como me descreveu um executivo da Intel, o investimento e o empenho necessários para desenvolver um processador, construir fábricas e produzir esse processador em massa são semelhantes ao investimento e ao empenho necessários para a NASA construir toda uma frota de ônibus espaciais. A Intel é capaz de produzir coisas que outras empresas não conseguem nem imaginar.

Dito isso, seus anúncios são em geral patéticos.

Por quê? Vamos culpar suas raízes. A Intel é uma empresa de engenheiros, que tomam decisões com base em evidências frias, quantificáveis e científicas – mesmo quando tomam decisões em áreas que incluem um componente emocional, como marketing. Paul Otellini, CEO da Intel, deixou isso absolutamente claro em um evento interno de marketing no qual se dirigiu a toda a equipe global. "Na Intel, fazemos produtos com zero defeito", ele proclamou. "O que quero deste grupo é uma propaganda com zero defeito."

Quando essas palavras foram pronunciadas, uma dor intensa foi sentida por todos os pensadores criativos presentes. Eles sabiam que até os maiores diretores cinematográficos do mundo não conseguem trabalhar sob a orientação de produzir filmes com zero defeito. Grandes ideias vêm acompanhadas de grande risco. É provável que o produto do trabalho criativo inclua um ou dois "defeitos", que, por sorte, serão mais do que compensados pelo brilhantismo da ideia. Mas a advertência de Otellini transmitia à perfeição a mentalidade da Intel, incentivando os responsáveis a redobrar suas tentativas de se certificar de que todos os processos funcionassem à perfeição e talvez até implementar alguns novos processos se puderem ajudar a garantir uma propaganda de defeito zero. No mundo hipereficiente da Intel, o risco é um defeito.

Infelizmente, a cautela em excesso não é a melhor tática para ajudar a Simplicidade a prosperar. Pelo contrário, as coisas são simplificadas para fazer uma grande corporação funcionar como uma pequena empresa. Isso envolve analisar os processos existentes e descobrir como reduzi-los – e não aumentá-los.

O irônico é que, na Intel (e na maioria das empresas com as quais trabalhei), as pessoas nunca param de usar a Apple como um exemplo para melhorar seus métodos. Elas acreditam, otimistas, que poderão solucionar seus problemas imitando pelo menos uma parte do pacote da Apple.

Infelizmente, isso raramente dá certo. Lembre-se de que a Simplicidade é uma proposta do tipo "tudo ou nada". Não é permitido escolher alguns elementos e descartar outros. Se você só for capaz de reunir a energia necessária para adotar parte do princípio, vai acabar se prejudicando.

Amor ao processo *versus* amor à Simplicidade

É sempre interessante refletir sobre sua primeira reunião com um novo cliente. Não estou falando de todas as reuniões que você teve durante o namoro; estou falando daquela primeira reunião depois do casamento oficial.

Com alguns clientes, é possível relembrar aquela reunião e notar um prenúncio perfeito do futuro da parceria. Com outros, você pode perceber que deixou de observar os sinais ou se enganou completamente em sua interpretação.

Minha primeira reunião com a Apple após o retorno de Steve, em 1999, foi o prenúncio perfeito do futuro nos anos que se seguiriam. O encontro foi divertido, interessante, promissor, energizante e tudo mais que eu esperava que fosse. A reunião foi totalmente desestruturada e, mesmo assim, fizemos enormes avanços. Eu já trabalhara com Steve durante muitos anos, mas aquela foi a primeira vez que o vi como parte de uma nova equipe. Ele não foi passivo e reagiu bem ao nosso trabalho.

Minhas primeiras reuniões com a Dell e com a Intel também foram indicadores precisos do futuro que nos aguardava. A melhor palavra para descrevê-las seria "sóbrias". O que é uma pena, porque, como qualquer outra pessoa no marketing, entro nas minhas primeiras reuniões com grandes esperanças, decidido a ver os bons aspectos e a me deleitar com o potencial. Mas, com esses dois clientes, dava para dizer que o processo prevaleceria sobre a criatividade. O que é lastimável, considerando que no mundo da Apple realizamos grandes avanços, muitas vezes de forma espontânea, porque a ideia sempre recebeu prioridade.

Por exemplo, poderíamos estar no meio da produção de um anúncio que fora aprovado por Steve Jobs, mas nos ocorria uma ideia melhor nas filmagens ou na edição. Não havia problema algum em voltar e levar a nova ideia a Steve. Na verdade, ele passou a esperar que fizéssemos isso e se empolgava com reuniões nas quais novos anúncios seriam apresentados. Havia boas chances de ele concordar com nosso novo direcionamento e, mesmo que não concordasse, ficaria satisfeito ao saber que nos importávamos o suficiente para tentar (e contente com a oportunidade ocasional de destruir implacavelmente nossa nova ideia, mas era o jeito dele).

Por outro lado, esse tipo de espontaneidade não existia no mundo da Intel. Uma vez que o anúncio fosse distribuído entre vários stakeholders e o conceito fosse meticulosamente pesquisado, revisto e aprovado, o processo não permitia alterações substanciais – mesmo que isso implicasse grande melhoria. Todos devem se curvar ao processo.

A Apple não lida com absolutos dessa forma. Uma ideia melhor é uma ideia melhor – e ponto final.

Se alguém ousasse pensar em colocar o processo antes da criatividade, essa pessoa correria o risco de ser excomungada da Igreja da Simplicidade. O grande valor das ideias é um dos elementos que Steve incorporou à cultura da Apple e provavelmente continuará a orientar a empresa no futuro.

Como também trabalhei para a agência da Apple quando John Sculley foi o CEO, posso atestar que a Apple liderada por Sculley, pelo menos no âmbito do marketing, se tornara quase tão orientada ao processo quanto outras grandes empresas. A diferença entre trabalhar na agência de Sculley e trabalhar na agência de Steve era como a diferença entre noite e dia.

Steve entendia e valorizava o processo criativo – que, em certos aspectos, implica a relativa ausência de processo. Sua experiência com a Apple, a Pixar e a Disney lhe deu uma perspectiva que muitos CEOs jamais desenvolverão. Ele sabia que as ideias precisavam ser cultivadas e protegidas. Ele sabia que uma análise maquinal não resultaria, em um passe de mágica, no brilhantismo criativo. Ele sabia que, se capacitasse pequenos grupos de pessoas talentosas, o resultado seria bom – mesmo que não fosse totalmente previsível.

Muitos acreditam que Steve Jobs foi um gênio criativo. Acho que seria mais justo dizer que ele foi um gênio que adorava criatividade. Vi Steve apresentar algumas excelentes ideias e também o vi sugerir ideias que deveriam ter ido direto para o lixo (o que, naturalmente, todos nós fazemos de vez em quando). Mas nunca vi um CEO que tivesse a mesma paixão pela criatividade que Steve.

Na Pixar, chegaram a pedir que Steve se abstivesse de participar das reuniões criativas, sob a ameaça de motim por parte dos roteiristas e artistas. Sua liderança e visão eram extremamente valorizadas, mas seu talento cinematográfico nem tanto.

Esse fato deveria encorajar a todos. Steve foi uma prova de que não é necessário ter habilidades criativas espetaculares para mudar o mundo por meio do pensamento criativo. É possível criar uma organização que reconheça as necessidades da criatividade. Você pode ser um direcionador do pensamento criativo e se tornar seu maior defensor. Você pode aprender a reconhecer quando um processo tem mais chances de matar uma boa ideia do que promovê-la.

Steve foi um brilhante cultivador da criatividade. Ele era verdadeiramente excelente na identificação, contratação e retenção de talentos e na promoção de um ambiente que possibilitasse o surgimento da magia. O fato de ele ter sido um amante da arte e do design também lhe deu enorme vantagem. Porém, o mais importante é que Steve foi um grande inimigo de processos assassinos de ideias. Era objetivando cultivar e proteger grandes ideias que ele insistia em manter pequenos os processos da Apple.

As empresas que não possuem um líder com a paixão de Steve tendem a ver o marketing em termos mais clínicos. Para elas, o marketing não passa de mais uma engrenagem do mecanismo, uma organização dentro da organização. Os diretores de marketing dessas empresas normalmente exigem uma criatividade brilhante ao mesmo tempo que instituem processos que dificultam o cumprimento dessa exigência. Eles parecem acreditar que, se exigirem a excelência, ela, de certa forma, se materializará em suas mesas. Eles tendem a vislumbrar uma bela máquina na qual os briefings entram em uma extremidade e um grande trabalho criativo sai pela outra. Infelizmente, grandes ideias normalmente não são tão "certinhas".

Durante minha primeira semana trabalhando com um grande cliente da área da tecnologia, fui jantar com a vice-presidente de marketing do novo cliente. Ela era uma grande fã do trabalho que a Chiat havia desenvolvido para a Apple e estava ansiosa para descobrir o máximo sobre como seria viável melhorar os processos de sua empresa para atingir uma qualidade desse calibre.

"Não estou pedindo que você revele nenhum segredo", ela disse, "mas adoraria saber, só em termos gerais, se a Apple faz alguma coisa especial para produzir resultados tão excelentes vez após vez".

Contei que uma das coisas mais importantes que a Apple faz é confiar em si mesma. No tempo que passei na Chiat, não testamos nenhum anúncio, em nenhuma mídia – impressa, televisiva, outdoors, Internet, varejo, nada.

"É mesmo?", ela comentou. "Nenhum teste. Interessante..." Ela claramente se surpreendeu com essa ideia, de forma que fez uma pausa para pensar antes de prosseguir: "Bem, não temos como implementar isso. Tem mais alguma dica para me dar?"

Esse é o problema da maior parte das grandes empresas. Seus processos se tornaram tão institucionalizados que elas são incapazes de alterar o próprio comportamento – mesmo que os benefícios da mudança estejam debaixo de seu nariz.

Em resumo: quando o processo reina, as ideias jamais reinarão. Basta uma dose de Bom Senso para reconhecer que, quanto mais camadas forem acrescentadas ao processo, mais diluído será o trabalho final.

O pequeno é a maior eficiência

Trabalhando com o grupo de marketing da Intel, entendi as razões para a complexidade de suas operações. Tudo aquilo fazia parte de uma busca interminável pela eficiência. E é bom ter eficiência, certo?

Bem, sim e não. A eficiência é maravilhosa quando você grava milhões de transistores microscópicos em uma pastilha de silício. Mas planos de marketing brilhantes – e anúncios brilhantes – não são criados por máquinas. Eles resultam de muitas decisões subjetivas e não tecnológicas tomadas por pessoas que (espera-se) têm algum conhecimento do comportamento humano. Criar uma conexão emocional com os clientes não é o mesmo que programar um robô de linha de montagem.

A Apple é uma empresa excepcional por ser implacável em garantir a eficiência das operações (graças a Tim Cook) sem jamais perder de vista sua humanidade. O vínculo da empresa com as pessoas é essencial para os negócios.

A Intel, por sua vez, é uma empresa que se fundamenta na excelência da engenharia, de forma que também é implacável no que diz respeito à eficiência. Mas seu produto – microprocessadores – não é tão amigável e empolgante quanto um iPad, de forma que a obsessão da Intel pela eficiência permeia todas as áreas da empresa – incluindo o marketing.

Enquanto a Apple se dispunha a transmitir anúncios com base em grande parte no instinto, a Intel exigia provas científicas frias, quantificáveis e convincentes.

Em termos organizacionais, a diferença era que a Apple assumia a abordagem do "pequeno", deixando seu destino de marketing nas mãos de um pequeno grupo de pessoas talentosas. A abordagem da Intel era grande, envolvendo pessoas e processos no mundo todo.

Ironicamente, era a própria busca pela eficiência da Intel que tornava seu processo de marketing tão ineficiente. A Intel levava muito mais tempo do que a Apple e consumia muito mais recursos só para garantir que seu produto fosse absolutamente perfeito. Essa abordagem só apresentava um pequeno problema: não funcionava.

Como prova disso, direciono sua atenção aos últimos 15 anos de anúncios da Intel. Apesar de, eventualmente, a Intel ter conseguido produzir alguns momentos interessantes – como a campanha inicial "Sponsors of Tomorrow" criada pela agência Venables Bell & Partners de San Francisco –, em geral a busca da empresa por eficiência produziu resultados que variam do constrangedor ao nada memorável.

Sua campanha de 2005 para processadores de laptops que ofereciam melhores "experiências no seu colo" acabou sendo vista como engraçada, mostrando várias celebridades sentadas no colo das pessoas. Outra série de anúncios apresentava processadores cantantes prestes a sair da fábrica. Aquela implacável eficiência claramente não conseguiu impedir campanhas tão desastrosas.

No mesmo período, a Apple produziu uma campanha premiada após a outra. E nenhum minuto ou centavo foi desperdiçado em análises científicas antes do lançamento das campanhas.

E eis que deparamos com um dos argumentos mais poderosos da Simplicidade. Apesar de algumas empresas gastarem literalmente milhões de dólares em nome da eficiência, a verdade é que a maior eficiência se encontra na Simplicidade.

Presumindo que sua organização tenha o talento necessário, respeitar as regras da Simplicidade resulta em custos reduzidos e em um trabalho mais rápido e melhor – e, o mais importante, mais eficaz.

Mantendo a hierarquia a distância

Eu adoraria poder dizer que, quando você trabalha numa organização que acredita na Simplicidade, a vida fica mais fácil, você trabalha menos e volta para casa à noite totalmente livre de estresse. Mas não posso dizer isso.

A verdade é que, se considerarmos o número de horas de trabalho duro, provavelmente não há diferença alguma entre trabalhar para a Apple e para uma empresa como a IBM. É duro trabalhar – é por isso que chamamos trabalho, labor, labuta. A Simplicidade pode ser muitas coisas, mas não garante uma vida de ócio.

No entanto, no que se refere ao estado de espírito com o qual você realiza seu trabalho – e o estado de espírito com que sai do escritório –, a diferença é da água para o vinho. No mundo da Apple, a maioria das pessoas pelo menos acorda todos os dias com uma ideia do que precisa ser feito e por quê. Em ambientes mais complicados, pode ser um desafio decodificar pontos de vista distintos e percorrer um verdadeiro labirinto de aprovações que pode consumir semanas ou meses.

As hierarquias não só são mentalmente esgotantes para quem precisa lidar com elas, como também tendem a minar a qualidade do trabalho à medida que ele vai e volta de uma reunião a outra.

Minha experiência com a Apple foi em uma organização horizontal a ponto de ser energizante, especialmente em comparação com outras grandes empresas da área da tecnologia. No nível mais elevado, era descomplicado lidar diretamente com Steve – "Steve gostou ou não?" Mas, mesmo em projetos de níveis mais baixos, a hierarquia era imbuída de uma sensatez providencial. Você basicamente lidaria com as mesmas pessoas toda semana e, se o projeto exigisse o envolvimento de um vice-presidente ou outro executivo, ele compareceria em checkpoints periódicos.

Se tivéssemos novas ideias para apresentar em uma de nossas reuniões habituais com Steve, obtínhamos instantaneamente sua opinião e saberíamos com clareza quais eram os próximos passos. Se fosse necessário realizar mudanças, normalmente sabíamos a razão.

Muitas coisas podiam mudar uma reunião com Steve e a próxima – condições de mercado, eventos internacionais ou uma mera mudança de opinião por parte de Steve –, mas sempre era fácil acompanhar o processo. O processo era um diálogo contínuo com um pequeno grupo de pessoas talentosas. E isso não quer dizer que Steve se mantivesse ausente entre as reuniões. Ele era um membro ativo do nosso pequeno bando e telefonava ou enviava e-mails sempre que tinha algo a dizer. Em outras palavras, ele foi um CEO como poucos.

Trabalhando com a Intel, a agência praticava a rotina tradicional de apresentação e discussão, seguidas da revisão. A grande diferença em relação ao trabalho com a Apple era que, na Intel, o sucesso de uma reunião normalmente só significava que você poderia apresentar a ideia a alguém de posição mais elevada em outra reunião – e essa pessoa não estaria necessariamente informada do que fora discutido na reunião anterior. Um verdadeiro caos. Nesse tipo de organização, as pessoas de nível mais baixo tendem a exigir maior quantidade de trabalho, só para se certificar de que os chefes encontrarão algo de que gostem na enorme montanha de ideias e que elas ganharão pontos com isso. Elas se mostram menos dispostas a apoiar posicionamentos que não se alinham perfeitamente às orientações dos superiores, mesmo que isso represente um caminho mais eficiente.

Em organizações complexas, de várias camadas, é difícil defender o pensamento criativo – porque quem faz isso arrisca ter a cabeça cortada. Já na Apple, que conta com uma organização mais horizontal, é mais fácil "pensar diferente".

Capítulo 3

Pense mínimo

Para se ter uma boa ideia da capacidade de minimização da Apple, basta visitar uma Apple Store. O espaço de compras foi reduzido aos elementos essenciais, bem como os produtos que podem ser comprados lá. A Apple se livra do irrelevante.

Todo mundo sabe por quê. Steve Jobs discorreu muitas vezes sobre a pureza da mentalidade da Apple, que se concentra em um único fator e não permite distrações.

Em uma ocasião, na época anterior ao Mac OS X, presenciei uma comprovação interessante dessa filosofia. Tudo começou quando o assistente de Steve Jobs ligou com um convite incomum para uma reunião. Steve queria que Lee Clow e eu participássemos de um briefing especial na Apple, que não tinha relação alguma com nossas reuniões habituais de marketing. Nossa participação era obrigatória. Nós sabíamos que nos reuniríamos com Steve e sua equipe sênior de software.

Quando chegou o dia, vimo-nos na sala de conselho da Apple com um elenco de personagens com os quais nunca nos reuníramos antes: além de Steve, estavam presentes Avie Tevanian (então vice-presidente sênior de software) e vários outros responsáveis pelo software da Apple.

Ainda não fazíamos ideia do que seria discutido na reunião, mas certamente estávamos intrigados.

Descobrimos que o tema em pauta era o Mac OS 9, que, na ocasião, estava a poucos meses de ser lançado. Steve gostava muito das novas versões de marketing do sistema operacional Mac e, a cada novo lançamento, elaborávamos maneiras de convencer mais pessoas a fazer a atualização. Uma das razões pelas quais ele ansiava tanto vender mais era o enorme potencial de lucro do software. "É assim que a Microsoft faz", Steve disse em mais de uma ocasião. "É como imprimir dinheiro."

Ele se referia ao fato de que, passada a fase de desenvolvimento, produzir o "produto" de software era muito mais simples – e muito menos custoso – do que produzir um computador. "Imprimir dinheiro" era uma analogia bastante adequada.

A razão para aquela reunião era que Steve estava levando em consideração uma abordagem radicalmente nova para o próximo update do Mac OS. Em vez de cobrar o preço normal da atualização, que na época era de $99, ele estava pensando em distribuir uma segunda versão do Mac OS 9 gratuitamente – porém paga por anunciantes. A teoria era que isso atrairia uma multidão de pessoas que, em geral, não faziam a atualização devido ao preço, mas a Apple continuaria gerando receita por meio da propaganda. Se o proprietário da nova versão gratuita quisesse livrar-se dos anúncios, poderia pagar pela versão livre de anúncios a qualquer momento. A equipe de Steve tinha calculado as projeções preliminares e o conceito parecia financeiramente seguro.

Eu e Lee nos chocamos com a proposta, mas o pessoal de software presente na reunião claramente já estava acostumado com a ideia. Steve nos deu alguns detalhes sobre como o sistema funcionaria. Na inicialização do sistema, o usuário veria um comercial de 60 segundos, que seria alterado regularmente por meio de atualizações dos servidores da Apple. Espalhados pelo sistema operacional, anúncios seriam exibidos em locais relevantes. Por exemplo, se uma janela de impressão se abrisse indicando que a tinta de sua impressora está acabando, um anúncio da Epson poderia ser exibido, com um link para a loja – e você poderia comprar imediatamente o cartucho de tinta.

O estado de espírito dos participantes da reunião soava muito positivo e Steve parecia bastante intrigado com a ideia. Falando sobre o comercial que seria apresentado na inicialização, o consenso era que só empresas de alto calibre seriam convidadas e seriam obrigadas a apresentar anúncios de altíssima qualidade. Lee Clow começou a imaginar em voz alta os tipos de anunciantes com os quais poderíamos firmar parceria, como a Nike e a BMW. Muitas pessoas na sala concordaram.

Eu pessoalmente achei que a ideia nada tinha a ver com a natureza da Apple. Não pude deixar de pensar em todas as vezes que Steve exibiu orgulhosamente os designs perfeitos de vários produtos da Apple, fazendo questão de observar como eles haviam sido reduzidos ao essencial. A ideia de incluir anúncios no ambiente simples e minimalista do Mac OS 9 parecia trair todo esse conceito.

Quando saímos da reunião, Lee e eu tivemos a impressão de que a inclusão dos anunciantes realmente seria levada adiante. Mas, felizmente, não foi o que aconteceu. Parece que um número muito grande de aspectos negativos começou a vir à tona e Steve abortou a ideia.

Apesar de ser estranho pensar que Steve inicialmente se sentira tentado pela abordagem, foi reconfortante saber que, no fim das contas, seu amor à Simplicidade saiu vitorioso. Anos antes desse incidente, na Conferência Mundial de Desenvolvedores da Apple de 1997, Steve antecipara à perfeição esse momento:

> *As pessoas acham que foco significa dizer sim ao objeto do foco. Mas isso está muito longe da verdade. Foco significa dizer não a centenas de outras boas ideias. Você precisa escolher com cuidado. Na verdade, eu me orgulho tanto de tudo que não fizemos quanto de tudo que fizemos. Inovação é dizer não a mil coisas.*

Estou certo de que muitas pessoas gostaram do fato de Steve acabar rejeitando a ideia.

A Lei da Redução de 1998

Quando Steve Jobs voltou à Apple, após 11 anos de exílio, a empresa estava em uma situação extremamente precária. Dizer que a Apple estava no leito de morte seria amenizar as coisas. Ela não apenas estava moribunda, como também vinha sendo duramente golpeada pelos críticos e abandonada pelos próprios fãs.

A empresa se encontrava nesse estado lastimável devido à atuação de três CEOs anteriores, culpados de dois crimes imperdoáveis:

1. Eles não eram Steve Jobs.
2. Eles não conseguiram alavancar os elementos verdadeiramente especiais da Apple.

Sob a liderança de John Sculley, Mike Spindler e Gil Amelio, a Apple perdeu sua magia – e, com ela, a participação de mercado. A situação se transformara praticamente em um jogo para os jornalistas, que previam regularmente o tenebroso destino que aguardava o anjo caído que a Apple se tornara. Para a maioria, só faltava um parágrafo para fechar a história da Apple. Os sinais vitais estavam cada vez mais fracos.

Dizia-se nos círculos da Apple, em tom de amarga brincadeira, que o nome da empresa só aparecia na imprensa acompanhada das palavras "em dificuldades". A empresa tinha praticamente inventado o computador pessoal e não conseguira impedir a ascensão dos PCs. Uma nuvem negra pairava sobre o reinado.

Ironicamente, foi o fracassado CEO Gil Amelio quem salvou a Apple e, com isso, acabou ao mesmo tempo perdendo o emprego. Para desenvolver um sistema operacional de próxima geração viável para os computadores Macintosh, Amelio adquiriu a empresa de Steve Jobs, a NeXT, trazendo Steve de volta à Apple como seu consultor pessoal.

Pobre Gil. Ele não viu a cobra escondida no cesto de maçãs.

Nos bastidores, Steve se empenhou para seduzir o conselho de administração e ficou claro que só ele tinha a visão e o carisma necessários para levar a empresa de volta à excelência. Ele era a essência da Apple, e a empresa nunca conseguiu preencher o vazio que ficou com sua partida.

O Conselho de Administração da Apple solicitou que Gil abdicasse do cargo de CEO e instituiu Steve como CEO interino.

Steve não se permitiu sentar para usufruir dos louros da vitória. Ele assumiu o cargo e imediatamente se pôs a promover grandes mudanças na estrutura e direção da Apple. Ele começou a se livrar dos bobos da corte (uma multidão deles tinha invadido a empresa), a trazer pessoas ousadas e brilhantes, a reestruturar a empresa, e também voltou a inspirar as pessoas das quais a genialidade da Apple dependeria. É sempre divertido lembrar as aventuras de Steve, mas não se sabia se alguém – incluindo Steve –realmente seria capaz de salvar a Apple.

Lembre-se de que Steve fora expulso da Apple por uma razão: ele estava consumindo a empresa e a transformando em pó. E a empresa que ele criou no exílio – a NeXT – estava longe de ser um grande exemplo de lucratividade. No entanto, Steve estava prestes a provar que, ao aplicar o conceito da minimização nos lugares certos, seria capaz de concentrar a Apple nos elementos que viriam a recuperar a saúde da empresa.

Steve herdou uma linha de produtos complexa demais – especialmente para uma empresa do porte da Apple. As tentativas da administração de agradar a todos resultaram em uma variedade atordoante de modelos de computadores, incluindo o Quadra, o Performa, o Macintosh LC, o PowerBook e o Power Macintosh. As ofertas da empresa eram incolores e enfadonhas, e a necessidade de oferecer suporte técnico para tantos modelos diferentes consumia com voracidade os recursos da empresa, desde pesquisa e desenvolvimento até marketing. E o pior de tudo: o enorme número de opções estava criando confusão tanto para os clientes quanto para os funcionários da Apple. Parecia que todas as decisões de negócios haviam sido equivocadas.

Em um evento especial realizado no Flint Center for the Performing Arts em Cupertino, em maio de 1998, Steve subiu ao palco para fazer dois anúncios que afetariam profundamente o futuro da Apple. O mais lembrado foi o lançamento do iMac. Mas foi o segundo anúncio que criou um direcionamento fundamentalmente novo para a empresa. Não foi um computador, mas um simples diagrama contendo quatro quadrantes e representando a nova estratégia de produtos da Apple.

Basicamente, Steve açoitou em um único golpe a linha de produtos inteira da Apple com o Chicote da Simplicidade. Ele estava prestes a conduzir a Apple de uma profusão de modelos de computadores a apenas quatro tipos: laptops para consumidores e profissionais e desktops para consumidores e profissionais. Foi uma das mais dramáticas minimizações de uma linha de produtos na história da tecnologia.

O simples diagrama de Steve foi ao mesmo tempo um exemplo da Simplicidade e um mapa corporativo a ser seguido no futuro, esclarecendo a todos os funcionários da Apple o destino da empresa. Com uma única e simples imagem, Steve conduziu a Apple de uma montanha a um punhado de modelos. E, com isso, deu início a uma grande onda inventiva na empresa, proporcionando inspiração para os engenheiros e expectativas para os clientes. E a manobra poupou milhões de dólares que a empresa gastava para oferecer suporte técnico a tantos modelos.

Naturalmente, a Apple cresceu muitas ordens de magnitude desde aquele dia e sua linha de produtos se expandiu no processo. Observe que eu disse "se expandiu", e não "se complicou". A linha de produtos da Apple, que atualmente inclui dispositivos voltados ao consumidor, como o iPod, o iPhone e o iPad, permanece a anos-luz de distância da montanha de modelos sobrepostos que as empresas de PCs tentam promover. Cada produto da Apple tem a própria razão para existir que os clientes não têm dificuldade alguma de entender. E cada produto vendido pela Apple é da mais elevada qualidade. Sem tentar encher linguiça com elementos não essenciais.

Muitos anos mais tarde, Mark Parker, presidente e CEO da Nike, perguntou a Steve se teria algum conselho para dar. Steve opinou:

> *A Nike produz alguns dos melhores produtos do mundo – produtos desejados, absolutamente belos, produtos estonteantes. Mas vocês também fazem um monte de lixo. Basta se livrar do lixo e se concentrar no que vocês fazem melhor.*

Era exatamente o que ele mesmo estava fazendo, exceto que a verdade brutal era que grande parte da linha de produtos da Apple se tornara "um monte de lixo". Ele não demoraria a preencher seu diagrama, quadrante por quadrante, com novos e revolucionários produtos.

O planejamento de produtos de Steve formou as bases de um novo modelo de negócios para a Apple que viria a abalar o mundo. Ao se concentrar em menos produtos, de maior visibilidade, e ao se recusar a fazer concessões em termos de qualidade, a Apple foi capaz de atingir maior eficiência, ao mesmo tempo que cobrava um preço *premium*. Considerando que a Apple vinha perdendo dinheiro há um bom tempo, poucos observadores teriam previsto o tamanho do impacto da nova abordagem de Steve.

Como Steve costumava dizer, a Apple é muito boa em dizer não, resistindo ativamente à tentação de fazer novos produtos porque pode. A julgar pelas linhas de produtos de outras empresas de tecnologia, não é nada fácil ser tão disciplinado.

Enquanto Steve se ocupava da minimização, o resto da indústria seguia na direção oposta.

Os perigos da proliferação

Imagine que você queira comprar um laptop hoje mesmo. Seu computador acabou de pifar, sua carteira está cheia, você não vê a hora de clicar no botão "comprar" e está pronto para mergulhar de cabeça na primeira boa oferta que encontrar.

Visite o site da Apple e você pode escolher entre dois modelos: o MacBook Air e o MacBook Pro. Para cada um desses modelos, você pode escolher o tamanho da tela que deseja, e customizar a velocidade, a memória e o tamanho do disco rígido. Tudo muito simples.

Agora, dê uma olhada nos sites da HP e da Dell. As linhas de produtos deles estão sempre mudando, mas, em novembro de 2011, a HP oferecia mais de 24 modelos diferentes de laptop, enquanto a Dell oferecia 18. Esses computadores têm uma variedade de recursos sobrepostos, e muitos se encontram espalhados em diferentes páginas. Ainda estou para conhecer um ser humano capaz de me explicar por que tantos modelos diferentes são necessários.

Isso é chamado de proliferação de produtos. Muitas empresas são incapazes de reagir a todas as oportunidades que se apresentam, tentando agradar todos os clientes e fechar todas as vendas – quando, na verdade, se beneficiariam mais de uma linha de produtos lógica e de fácil navegação. Elas parecem se esquecer de que tentar agradar a todos é um bom jeito de acabar não agradando ninguém. Ao escolher o caminho da Simplicidade, a Apple prefere fazer apenas algumas coisas, mas as faz incrivelmente bem. Ela desenvolve um grande e fiel grupo de seguidores, não devido aos produtos que *pode* fazer, mas devido aos produtos que *escolhe* fazer. Ela só faz produtos *premium* e não se importa de abrir mão do mercado de produtos de baixa qualidade para qualquer um disposto a ocupar esse espaço.

Poucos compradores na Dell.com entendem por que um modelo seria perfeito para usar no trabalho, mas não tão perfeito para usar em casa. Deixando de lado toda a questão da "facilidade de uso", que muitas vezes leva a acaloradas discussões entre os defensores do Mac e do PC, qual fabricante representa um exemplo melhor de "facilidade de compra"?

A Complexidade adora um mar de escolhas. Isso basta para estender seu tempo de decisão de uns poucos minutos a horas a fio. E basta para levá-lo correndo ao telefone e ligar para aquele seu amigo especialista em computadores ou entrar no Google em busca de guias de compra só para ter um pouco de confiança e paz de espírito.

A HP e a Dell explicam que fazem todos esses diferentes modelos porque seus clientes exigem "opções". A estratégia da Apple é oferecer modelos distintos com diferenças claras (ultrafinos e ultraleves *versus* plenamente equipados) e permitir que os clientes customizem as ofertas como quiserem.

Os clientes dificilmente sairão do site da Apple sentindo que não receberam opções suficientes. Em vez disso, eles sentem que a linha de produtos da Apple lhes foi apresentada de forma a simplificar a compra. A experiência de comprar um Mac reforça a imagem da Apple como a empresa que torna mais fácil comprar e ter computadores avançados.

Aqueles que acreditam que um mar de modelos leva a clientes mais satisfeitos se beneficiariam de uma análise das evidências concretas.

Durante oito anos consecutivos (até 2011), a Apple se manteve à frente dos outros fabricantes de PC no American Customer Satisfaction Index, o índice americano de satisfação do cliente. A "falta de opções" nunca foi um grande problema. No mínimo, a linha de produtos de fácil compreensão da Apple contribuiu para o alto índice de satisfação da empresa ano após ano. Em vez de ver menos opções, os clientes da Apple veem menos confusão. Eles se apegam a uma empresa que lhes proporciona uma experiência de compra mais simples.

É verdade que os clientes exigem e apreciam opções – é a overdose que passa a ser prejudicial. Quando as escolhas se tornam atordoantes, deixam de ser um benefício e começam a se transformar em uma desvantagem. O excesso de opções constitui uma distração desnecessária para as pessoas que visitam um site decididas a gastar dinheiro. Chega um ponto em que a profusão de escolhas só reduz a capacidade de uma pessoa tomar uma decisão confiante. Para muitos, isso chega a provocar a angústia pós-compra, enquanto se perguntam se realmente tomaram a decisão certa.

É impressionante notar que até mesmo parte do próprio pessoal da Dell é incapaz de explicar a diferença entre os modelos oferecidos. Para entender melhor como a Dell ajuda os clientes a tomar decisões, iniciei algumas compras com representantes de vendas da empresa, tanto on-line quanto por telefone. Começo com um problema relativamente básico: "Quero um laptop fino e leve, mas estou confuso com os vários modelos diferentes do site. Você pode me ajudar a entender as diferenças?"

A Dell ganha pontos por ter representantes em geral muito agradáveis. Mas perde pontos em termos de representantes capazes de esclarecer qualquer coisa. A abordagem deles parece ser similar à abordagem da empresa em seu site: eles apresentam um monte de modelos e esperam que você goste de algum. Quando, depois de explicar novamente minhas prioridades, eu tentava realizar algum progresso dizendo "Então, qual deles você acha que é melhor para mim?", eles me recomendavam um modelo – o problema foi que diferentes representantes me recomendaram modelos diferentes. Apesar de eu ter representado um cliente incapaz de diferenciar um modelo do outro, não foi difícil incorporar o personagem. É tudo muito confuso.

A regra básica do e-commerce não é diferente das lojas físicas. Quanto mais você puder agilizar e simplificar a experiência de compra, mais vendas fechará. Uma das metas de todos os varejistas on-line é reduzir os obstáculos entre os clientes e o botão "comprar". Ao incorporar a Simplicidade, fica muito mais fácil para o cliente tomar a decisão e sacar o cartão de crédito.

Clientes habituais da HP e da Dell já estão acostumados com o site das fabricantes de PCs, de modo que a experiência pode não ser negativa. No entanto, também pode não ser muito positiva. Impressões positivas é o que motiva as pessoas a contar sua experiência a amigos, parentes e colegas. Para prosperar em um mundo competitivo, não basta atingir neutralidade jubilosa; é necessário destacar-se na multidão e oferecer aos clientes uma experiência que eles não encontrariam em outro lugar.

Esse é o poder de atração da Simplicidade.

Fazer compras na Apple Store on-line ou em uma loja física está longe de ser uma experiência neutra. As pessoas compram produtos da Apple por serem inovadores e simples, mas também são levadas a comprar porque a *experiência* de compra é inovadora e simples. A Apple minimiza as escolhas, de forma que é fácil encontrar o melhor produto para você, mesmo que ainda não saiba qual é esse produto ao chegar à loja. A customização é simples. A compra é simples.

Para a Apple, reforçar a marca é simples.

Quanto menos, melhor

A ideia de Simplicidade da Apple evoluiu ao longo dos anos, como praticamente tudo neste planeta.

Quando olhamos para as linhas elegantes, minimalistas e metálicas de um iMac hoje, é difícil nos imaginar trabalhando no iMac original, de plástico, que representou um marco da Simplicidade na época.

No design da tecnologia concebido por Jony Ive e na parceria com Steve Jobs, cada detalhe era importante e valia a pena levar o tempo necessário para encontrar a melhor maneira de apresentar cada detalhe. Quando Steve entrou na agência para nos apresentar o primeiro protótipo da segunda geração do iMac, parecia um pai orgulhoso.

Ele direcionou nossa atenção aos cantos inferiores do iMac, onde a parte da frente se encontrava com as laterais. Ele explicou como, no iMac original, três peças separadas de plástico moldado se encontravam naquele canto, com uma linha fina visível entre as peças. Na nova versão, os cantos eram feitos de uma peça única, sem nenhum encaixe. Nenhum cliente no planeta teria notado essa melhoria. Mas ele contou a história como Michelangelo descreveria a pintura de um detalhe da Capela Sistina.

Ele adorava o fato de eles terem conseguido minimizar com tanta inventividade. Hoje em dia, todo produto da Apple serve tanto como um exemplo de Simplicidade quanto como um guia para a Simplicidade, embora poucos sejam capazes de decifrar esse guia. Quando o iPad foi lançado, por exemplo, os críticos reclamaram que o aparelho tinha recursos insuficientes. Quando os tablets concorrentes começaram a surgir, incluíram tudo o que o iPad não tinha visando aumentar a atratividade para os clientes: mais portas de conexão, slots para cartão de memória etc. Mas os acréscimos não convenceram. Foram as reduções realizadas pela Apple durante o estágio de design que os clientes consideraram mais atraentes.

Se você já sentiu o impulso de comprar um iPod pela sua elegância e beleza, ou se sentiu impelido a comprar um iPod Touch devido à precisão e à fluidez com que o aparelho reage ao seu toque ou se o novo iPhone do seu amigo de repente fez seu celular parecer menos interessante, já sentiu na pele o poder da Simplicidade.

Em todos esses momentos, você talvez não tenha imaginado que seus sentimentos poderiam ser relevantes ao seu próprio negócio. Mas a verdade é que eles são relevantes para todos os negócios do planeta.

A regra a seguir deveria ser considerada a lei fundamental do comércio: a Simplicidade atrai.

Simplificando o alvo

A Complexidade se orgulha muito de suas façanhas no mundo dos PCs. A profusão de ofertas de PCs da Dell, HP, Acer, Samsung e de outras fabricantes constitui uma verdadeira obra-prima de confusão cobrindo vários continentes.

As fabricantes de PCs despejam em profusão modelos diferentes de computadores para microempresas, grandes organizações, para a área da educação, para o setor público e para todo tipo de consumidor. Elas estão oferecendo mais opções do que nunca – e lucrando muito pouco com cada uma delas.

A Apple, ancorada em sua crença na Simplicidade, evoluiu em um caminho bastante diferente. Em vez de diluir suas iniciativas de marketing entre tipos diferentes de clientes, a empresa se concentra em apenas um: ela vê seus clientes como pessoas. Dessa forma, a Apple promove seus produtos com base na crença de que seus clientes não estão em busca de um excelente computador para usar em casa ou um excelente computador para usar no trabalho – eles querem um excelente computador, e ponto final.

Trata-se de uma maneira muito mais simples de vender um produto – e muito mais econômica. A mensagem de marketing única da Apple se aplica a todos e acredita que os clientes sejam espertos o suficiente para escolher eles mesmos o modelo mais adequado às suas necessidades. Alguns usuários domésticos podem ter necessidade de um computador “Pro”, mais avançado, ao passo que alguns usuários talvez prefiram o modelo básico para trabalhar. Tudo bem.

Considerando o enorme definhamento das margens de lucro de empresas como a Dell, é impossível entender por que elas continuam a oferecer tantos modelos de computadores para o público pessoal e profissional. Na verdade, elas não têm como evitar. Diferentemente da Apple, que tem uma área unificada de lucros e perdas, a Dell é segmentada em divisões que operam de forma independente umas das outras. As duas maiores divisões são Consumidor e Empresarial – cada qual com a própria administração, as próprias metas, a própria expertise e a própria linha de computadores. Os executivos não se importam com o que acontece com as outras divisões.

É no lado Empresarial que a Dell ganha a maior parte dos lucros. Os clientes empresariais compram PCs e servidores aos milhares, de forma que a Dell projeta animadamente seus computadores voltados a empresas de acordo com as demandas dos gestores da área de tecnologia da informação, que controlam milhões de dólares em orçamentos corporativos de TI. No lado do Consumidor, a empresa tenta ser mais extravagante e orientada ao estilo, oferecendo recursos como capas removíveis de laptop (algo que só complicaria a vida de um gerente de TI, tentando agradar tantas pessoas diferentes).

Mas o mercado atual de computadores é muito diferente do mercado que se formou décadas atrás. Os profissionais querem o computador descolado para trabalhar tanto quanto querem o computador descolado para usar em casa. E os consumidores estão exigindo os computadores mais potentes para usufruir as mais recentes opções de entretenimento, editar seus vídeos caseiros etc.

A Apple vê essa interseção de necessidades como uma carta branca para oferecer um número menor de computadores de alta qualidade. Mas a Dell prossegue diluindo seus recursos entre diferentes divisões, cada qual oferecendo a própria crescente família de produtos. É irônico verificar que, em uma época na qual as empresas de PCs sofrem com margens de lucro microscópicas, elas continuam a se organizar e vender computadores de modo tão ineficiente. No caso da Dell, a fabricante produz laptops com especificações bastante similares oferecidas tanto pela divisão Consumidor quanto pela Empresarial, que competem entre si.

Trabalhando com a Dell, descobri que muitos de seus gestores entendem e valorizam as recompensas resultantes da abordagem mais simples da Apple para o marketing e as famílias de produto. Eles expressam abertamente sua admiração pelas conquistas da Apple e oferecem algumas ideias para ajudar a colocar a Dell em um caminho mais simples. Mas a Dell, como muitas outras empresas (dentro e fora da área da tecnologia), tornou-se imune à Simplicidade. Sua estrutura interna ganhou vida própria ao longo de vários anos e só uma imensa iniciativa englobando a empresa inteira seria capaz de produzir mudança significativa.

Lembre-se de que é fácil ser complicado. É a Simplicidade que requer empenho. Minimizar linhas de produtos e consolidar públicos-alvo são atitudes que requerem uma organização disposta a dar uma longa e séria olhada no espelho.

E isso nunca acontece por conta própria. A Simplicidade requer um defensor.

O heroísmo imaginário de Michael Dell

Há muito tempo, quando eu ainda estava começando a aprender os truques de um redator publicitário, desenvolvi uma estranha doença.

Ela só me acometia quando eu estava trabalhando em um projeto para uma empresa diante de algum terrível problema que parecia ameaçar sua existência. Sem razão aparente, eu começava a imaginar a maneira mais espetacular – e, portanto, a menos provável – na qual meu cliente conseguiria milagrosamente se recuperar e conquistar o mundo.

Desnecessário dizer, a época em que trabalhei na agência da Dell levou a incontáveis momentos como esses. Refletindo sobre o caso grave de proliferação de produtos que acometia a Dell, considerando as tendências em constante mudança dos compradores de computadores, imaginando como as estrelas poderiam alinhar-se de forma mágica se a Dell fosse capaz de simplificar e minimizar, sabendo que só Michael Dell teria o poder necessário para mudar as coisas e percebendo que Michael tinha 1.001 coisas melhores para fazer do que desperdiçar seu tempo com uma modesta agência publicitária, uma lâmpada se acendeu na minha cabeça.

A coisa mais implausível que *jamais* poderia acontecer com a Dell seria Michael Dell retomar a *persona* do revolucionário que costumava ser e contrariar todas as expectativas em relação a como uma empresa de PCs deve agir. Nas minhas fantasias, Michael Dell se tornaria o "rei da minimização". No meu sonho maluco, a história se desenrolaria da seguinte forma: um dia, Michael convocaria a imprensa internacional para um importante evento – de maneira parecida com o que a Apple faz – e os jornalistas viajariam avidamente de todos os cantos do mundo para ouvir o que ele tinha a dizer. Ah, tudo bem, talvez ele tivesse de promover alguma espécie de sorteio de prêmios para convencer as pessoas a comparecerem. Mas é só uma fantasia, então vamos fingir que tudo é possível.

O evento contaria com cobertura televisiva ao vivo. Do mesmo modo como o presidente dos Estados Unidos discursa a todo o povo americano, detalhando os sérios problemas enfrentados pelo país e sugerindo um plano ousado para recuperar a grandeza da nação, Michael Dell se apresentaria com heroísmo similar. Com duas bandeiras atrás dele – a bandeira americana e alguma bandeira da Dell criada especialmente para a ocasião –, Michael exporia sua arrojada visão, sustentada por fatos maravilhosamente convincentes.

Ele contaria a história inspiradora de como, quando ainda estava na faculdade, abrira a Dell com nada além de uma ideia – desenvolvendo a empresa para se tornar uma das marcas mais populares do planeta. Ele a descreveria como uma empresa impulsionada por inteligência e talento, uma empresa que atingiu sua meta de colocar uma tecnologia avançada nas mãos de pessoas comuns, capacitando-as a realizar feitos maravilhosos e, sim, até mudar o mundo.

Ele descreveria como, em sua busca para ser a melhor empresa de computadores do mundo, a Dell expandiu sua linha de produtos 50 vezes desde a sua fundação, atendendo a todo tipo de clientes no planeta, de cineastas, professores e donos de restaurante a corporações gigantescas que compram dezenas de milhares de PCs.

Ele descreveria como as empresas e as pessoas hoje em dia são tão mais sofisticadas e como a tecnologia se ramificou em tantas novas e empolgantes direções, inclusive smartphones e tablets.

Ele diria que nenhuma outra empresa se encontra em melhor posição que a Dell para ajudar todos os tipos de pessoas, levando o incrível poder da tecnologia a esse público tão distinto. Então, ele faria uma pausa. Nesse exato momento, a música nacionalista tocando ao fundo também seria silenciada. Em silêncio sepulcral, com a plateia extasiada prendendo a respiração, Michael olharia diretamente para a câmera para fazer o anúncio mais grandioso da história. Ele diria que a Dell estava prestes a promover as mudanças verdadeiramente radicais para garantir que a empresa fosse capaz de conduzir o mundo desta era dourada da tecnologia a uma era de platina, infinitamente mais capacitadora. Talvez até titânio.

A partir de hoje, ele proclamaria, a Dell reduziria radicalmente o número de modelos de desktops e laptops de 50 a apenas seis. Ao concentrar os esforços da empresa inteira em um número reduzido de modelos, a Dell seria capaz de oferecer os computadores mais rápidos e de mais elevada qualidade e os novos dispositivos móveis mais incríveis a preços verdadeiramente acessíveis. Ele explicaria como a nova linha otimizada de produtos possibilitaria à Dell satisfazer as necessidades de todos os seus clientes e assegurar a melhor experiência possível para todos os usuários.

Ele faria uma pausa para mostrar exemplos de tablets e laptops superelegantes, finos e leves que ele também estaria anunciando naquele evento e a plateia aplaudiria de pé. O vídeo exibido atrás de Michael seria absolutamente fantástico. Veríamos imagens de usuários corporativos, mães e pais, crianças e microempresas por todo o mundo realizando façanhas que não lhes seriam possíveis antes. A Dell e seus clientes, avançando lado a lado na descoberta de novos mundos.

Michael proclamaria bravamente que se tratava de uma Dell completamente nova em um mundo completamente novo, dedicada a surpreender seus clientes com uma nova forma de pensar, capaz de conectar melhor os amigos, parentes, empresas e todo tipo de organização.

Ele diria que a nova Dell seria mais focada no cliente do que nunca – oferecendo escolhas simples, computadores de fácil utilização e suporte técnico de resposta ultrarrápida.

(Em sua cabeça, Michael já podia imaginar as maravilhosas planilhas eletrônicas resultantes dessa nova estratégia, porque saberia que tudo isso cortaria suas despesas operacionais em pelo menos um terço, ao mesmo tempo que impulsionaria as vendas.)

A apresentação de Michael renderia manchetes em todos os países do mundo. A imprensa aclamaria a sabedoria da surpreendente transformação da Dell. Como aconteceu com Steve Jobs quando voltou à Apple, em 1997, alguns atacariam Michael por deixar de perceber que ele próprio era o problema e que a empresa se beneficiaria mais com sua ausência. Outros elogiariam Michael, afirmando que ele era a única pessoa capaz de restaurar a magia imbuída na Dell quando ela era uma empresa mais jovem, mais enérgica e abastada. E o mais importante: a Dell seria notícia. Ela não estaria tentando ser "relevante", mas sim tentando fazer parte da história.

Da noite para o dia, a Dell seria vista como uma força revolucionária na área de tecnologia, desafiando a tendência de décadas que arrastou os PCs para um buraco escuro do qual parece não haver escapatória.

Ah, e um desfile comemorativo seria organizado na Broadway, seguido do Congresso americano cancelando as próximas eleições para nomear por unanimidade Michael Dell o novo presidente dos Estados Unidos.

• • •

Agora, de volta à realidade. O objetivo dessa fantasia não é mostrar que Michael Dell realmente deveria fazer essas coisas. Mas sim que a minimização pode ser um instrumento incrivelmente poderoso – mas que muitas vezes requer enorme audácia. É necessário tomar uma decisão, mesmo que essa decisão desagrade muitas pessoas.

Infelizmente, o desejo de minimizar não vem necessariamente acompanhado de inteligência. Algumas das pessoas mais brilhantes do planeta não conseguem evitar complicar em excesso seu estilo de fazer negócios.

Muitos acreditam que expandir a oferta de produtos é a melhor maneira de conquistar o coração dos clientes. Mas a realidade é que proporcionar escolhas demais não passa de um jeito rápido de confundir as pessoas.

Minimizar é uma questão de inteligência e clareza. Em algumas ocasiões, é necessário impor-se vigorosamente para assegurar as mudanças necessárias, mas no fim das contas isso acaba criando empresas mais eficazes – e líderes mais eficazes.

Morte por mil cortes

Imagino que você não tenha os mesmos problemas que Michael Dell. Você provavelmente não precisa se preocupar em fabricar dezenas de milhões de computadores. Mais provavelmente, sua empresa se ocupa em gerar ideias e algumas ideias realmente boas lhe renderão um belo lucro. Você não precisa minimizar uma linha de produtos, mas sim os seus processos.

Dessa forma, vamos agradecer à Dell por demonstrar como atravancar um portfólio de produtos e recorrer à Intel para nos mostrar como atravancar uma boa ideia.

Não é minha intenção ser irônico, mas de fato acho que devemos ser gratos a essas empresas. Pelo fato de operarem em uma escala tão grande, elas facilitam ver o que pode acontecer quando se permite que a Complexidade crie raízes. E, quanto mais você se conscientizar dos métodos sorrateiros da Complexidade, mais estará equipado para combatê-los.

Minha experiência na Intel foi um enorme choque, já que cheguei à agência da Intel diretamente do mundo tão mais simples da Apple. Durante todo o tempo em que trabalhei com a Apple, a aprovação de uma ideia significava que a agência tinha carta branca para começar a produção. Steve Jobs confiava que a agência seria capaz de dar conta do trabalho. Ele normalmente só voltaria a nos encontrar para ver os anúncios acabados. Steve minimizara os processos envolvidos no desenvolvimento criativo.

Contudo, uma minimização dessa natureza era absolutamente inexistente no mundo da Intel, e a aprovação de uma ideia era apenas o primeiro passo de um longo e tortuoso caminho. O sistema da Intel revelava falta de confiança, envolvendo uma série de controles e verificações com a intenção de assegurar o sucesso. Na verdade, a Intel não confiava nem nas próprias decisões, tendo instituído um elaborado sistema global de grupos de foco para realizar duplas e triplas verificações, com vistas a criar o melhor anúncio possível.

Parte desse modo de agir resultava da perspectiva global da Intel, que realmente se preocupava com a necessidade de seus anúncios serem eficazes em diferentes culturas. A Apple tem preocupações similares, mas escolheu um caminho mais simples para garantir isso. Em vez de se consumir em grupos de foco internacionais e longas e exaustivas análises, a empresa coletava opiniões do pessoal da própria Apple em diferentes países. Se algum problema fosse notado, nós poderíamos resolvê-lo.

A dependência da Intel em testes de grupos de foco era similar à de outras grandes empresas e os resultados também eram similares – em geral, a empresa acabava com anúncios maçantes e indiferenciados. Isso muitas vezes é o que acontece quando o trabalho é homogeneizado na tentativa de criar "o anúncio perfeito" – o anúncio que inclui todos os argumentos de vendas importantes sem ofender ninguém. Anúncios desse tipo podem produzir o feedback desejado em grupos de foco, mas muitas vezes não conseguem formar um vínculo emocional com o cliente.

Na Apple, a seleção dos melhores anúncios era um processo lógico, mesmo que envolvesse um bom número de debates acalorados. Adultos inteligentes se encontravam em uma sala de reuniões para discutir os méritos dos anúncios. (Exceto uma vez, quando o filho de 9 anos de Steve foi convidado a dar sua opinião sobre uma nova campanha do iMac. Ele gostou.)

Quando digo que a Intel gostava de grupos de foco, estou abrandando a dependência da empresa nessa ferramenta. Quando embarcávamos em uma nova campanha no mundo da Intel, o processo de desenvolvimento normalmente se desenrolava da seguinte forma:

- Escolha as três melhores campanhas.
- Organize grupos de foco em várias cidades para testar as três (internacionalmente, quando necessário).
- Produza a campanha preferida (e, algumas vezes, produza também a segunda mais favorecida, como uma forma de backup).
- Volte a testar as versões acabadas de todos os anúncios com mais grupos de foco.
- Altere os anúncios conforme o necessário, com base no resultado da pesquisa.
- Transmita os anúncios na televisão.
- Teste mais uma vez os anúncios transmitidos, realizando alterações se necessário.

A prática dos testes era religião na Intel, da mesma forma que a Simplicidade era religião na Apple. A dependência em relação a grupos de foco estava incorporada ao sistema, do começo ao fim. Pesquisas desse tipo constituíam parte obrigatória de todo projeto de marketing – e atravancavam enormemente o progresso do trabalho.

A Intel incluiu um grupo completo de pesquisa global em sua organização, testando continuamente campanhas ao redor do mundo. Em pontos decisivos do processo, éramos convocados para uma reunião com executivos de marketing da Intel para receber o relatório completo.

O pessoal de pesquisa apresentava com orgulho o resultado dos testes realizados. Em um dos testes, eles reduziram um comercial de 30 segundos a 30 quadros, um para cada segundo. Depois que os participantes do teste viram o comercial, os pesquisadores apresentavam cada quadro para verificar de quais deles os participantes se lembravam. O resultado foi um gráfico mostrando, segundo por segundo, em que extensão o anúncio era memorável. Isso lhes permitia identificar exatamente onde o anúncio precisava ser "reforçado". Esse tipo de teste parece implicar que o melhor anúncio é aquele que se mantém no auge por todos os 30 segundos de sua duração, mas, naturalmente, não é assim que uma boa história é contada. Mas esse tipo de análise estava profundamente imbuído no DNA de engenharia da Intel e essas reuniões eram parte obrigatória do processo. Ninguém notava que uma microanálise dessa natureza só consumia tempo e dinheiro, ao mesmo tempo que o trabalho era empurrado na direção da mediocridade.

E a Intel nunca percebeu que, não muito longe dali, na matriz da Apple, esses processos eram inexistentes e, mesmo assim, a Apple gerava continuamente anúncios premiados e altamente eficazes.

A abordagem da Intel parecia baseada na premissa de que uma única ideia ruim seria capaz de derrubar todo o império. A Apple, por outro lado, não se desesperava com um erro cometido e adotava a postura de que é melhor mirar alto e ocasionalmente errar o alvo do que se enterrar em processos que drenam a criatividade de seus anúncios.

A diferença entre os processos das duas empresas era a capacidade de minimizar. A Apple tinha essa capacidade; a Intel não.

Steve Jobs via praticamente tudo através das lentes de reduzir as coisas, seja um novo produto ou um novo anúncio, à sua essência. Ele tinha uma reação alérgica instantânea a qualquer sugestão que pudesse acrescentar uma camada de complicação – como um grupo de foco.

A Chiat teve a sorte de contar com Steve Jobs como um cliente, um homem cujo amor à Simplicidade não permitia que outsiders influenciassem os anúncios da empresa. Para agências forçadas a percorrer o processo do grupo de foco, contar com um parceiro no lado do cliente que compartilha seus valores é a melhor maneira de impedir que grandes ideias se percam em meio à complexidade desnecessária.

A agência Goodby, Silverstein & Partners, de São Francisco, teve um famoso "momento de grupo de foco" quando assumiu a propaganda da fabricante de automóveis Saturn e criou um anúncio revolucionário intitulado *Sheet Metal*. O comercial inteiro mostrava seres humanos percorrendo ruas e estradas no lugar de carros. Um carro de verdade só seria mostrado no fim do anúncio, quando o locutor dizia: "Quando projetamos nossos carros, não vemos chapas metálicas. Vemos as pessoas que um dia podem dirigi-los." Foi um anúncio cativante e memorável – e um enorme fracasso nos grupos de foco. A maioria das empresas provavelmente teria abortado a ideia. Felizmente, a agência nunca perdeu a fé e teve a sorte de contar com um cliente disposto a rejeitar a pesquisa. Com isso, o anúncio pôde viver para atingir seu extraordinário sucesso.

Os defensores da Simplicidade acreditam que boas ideias precisam ser protegidas de possíveis danos. A melhor maneira de fazer isso é minimizar os processos que essas ideias devem percorrer.

Não enterre seu fato em fatos

Os seres humanos são estranhos. Dê a eles uma ideia e eles concordarão automaticamente. Dê a eles cinco ideias e eles coçarão a cabeça, pasmos. Ou, pior ainda, meramente se esquecerão das ideias mencionadas.

A minimização é a chave para tornar memorável uma ideia. Apesar de isso não passar de Bom Senso, também pode ser o princípio mais transgredido do marketing ou de qualquer outra área. Sua ideia será mais rapidamente compreendida e mais facilmente lembrada se você não atravancá-la com outras ideias.

Estranhamente, algumas das pessoas mais brilhante da face da Terra algumas vezes precisam ser lembradas desse princípio. Até mesmo certa pessoa que abriu do nada um negócio de tecnologia em Cupertino.

Em uma reunião da agência com Steve Jobs, estávamos revendo o conteúdo de um comercial proposto para o iMac quando começamos a discutir o quanto deveria ser dito no comercial. A equipe de criação argumentou que o comercial seria mais eficaz se o anúncio todo fosse dedicado a descrever uma característica-chave daquele iMac em particular. Steve, contudo, achava que as quatro ou cinco especificações mais importantes deveriam ser mencionadas. De alguma forma, ele acreditava que todos aqueles pontos poderiam encaixar-se confortavelmente em um anúncio de 30 segundos.

Passados alguns minutos debatendo a questão, parecia que Steve não recuaria. Foi quando uma vozinha começou a se fazer ouvir dentro da cabeça de Lee Clow, líder da equipe da Chiat. Ele decidiu que seria um bom momento para apresentar a Steve uma demonstração ao vivo.

Lee arrancou cinco folhas do seu bloco de notas (isso mesmo, um bloco de notas – Lee resistia a laptops na época) e as amassou em cinco bolas de papel. Feito isso, ele deu início à sua demonstração.

“Aqui, Steve, pegue!”, ele disse, jogando uma bola de papel para o outro lado da mesa. Steve pegou, sem dificuldade, e jogou a bola de volta.

“Isso foi um bom anúncio”, Lee explicou.

“Agora pegue isso”, ele disse lançando todas as cinco bolas de papel na direção de Steve. Steve não conseguiu pegar nenhuma e elas caíram na mesa e depois no chão.

“Isso foi um anúncio ruim”, Lee declarou.

Eu nunca tinha visto aquele truque antes, e adorei o que vi. E foi uma prova bastante convincente: quanto maior for o número de pontos em que você requer que o público se concentre, menos as pessoas se lembrarão. O argumento de Lee era que, se quiséssemos dar às pessoas um bom motivo para saber mais sobre o iMac, deveríamos escolher a característica mais atraente e apresentá-la da maneira mais atraente possível.

Steve não entrou em crise nem jurou nunca mais nos questionar. Mas entendeu o argumento. A demonstração de Lee acalmou o tom da discussão, ao mesmo tempo que puxou a sardinha para o nosso lado. Saímos da sala com a carta branca para um anúncio muito mais simples do que Steve tinha em mente no início da reunião.

Imagens daquela reunião relampejaram involuntariamente na minha memória quando me vi trabalhando na agência da Intel vários anos mais tarde. Em uma sala de edição assistindo à versão final do primeiro comercial de nossa nova campanha, tive uma sensação horrível na boca do estômago quando contei todos os pontos do anúncio que estávamos propondo que nosso público absorvesse. O anúncio tinha quatro títulos espalhados por toda parte, cada qual apresentando uma característica do produto. Então, ao final do comercial, não um nem dois, mas *quatro* quadros foram apresentados contendo títulos e gráficos resumindo todo o conteúdo do anúncio.

Naquele momento, desejei que Lee Clow surgisse do nada para jogar suas bolas de papel ou, ainda melhor, que Steve Jobs aparecesse para demitir alguém – foi só então que percebi que a pessoa demitida seria eu. Steve não teria se importado com o fato de eu haver tentado todos os argumentos possíveis para simplificar o comercial. Para ele, isso só significava que havíamos fracassado.

Mas não havia nenhum Lee nem Steve presentes na sala. Em vez disso, a sala estava cheia de especialistas em marketing, do cliente e da agência, e a maioria aplaudiu entusiasticamente o anúncio. O que era compreensível. O anúncio incluía pelo menos um elemento para agradar a todos os stakeholders – cada um deles precisava ver determinada mensagem ou logo apresentado na tela.

Infelizmente, a Simplicidade não pode limitar-se a entrar em cena como Han Solo e salvar a situação no último instante do segundo tempo. A sua mensagem deve ser minimizada desde o início.

As pessoas sempre reagirão melhor a uma única ideia expressa com clareza e ignorarão a mensagem quando a Complexidade dá as caras.

O inexplicável impulso de confundir as coisas

A minimização é uma boa maneira de transformar algo complicado em algo simples. Não é difícil entender por que uma empresa faria de tudo para realizar isso.

O difícil é entender por que uma grande empresa, supostamente contando com funcionários talentosos e um pessoal brilhante de marketing, decidiria seguir na direção oposta, transformando uma ideia simples em algo desconcertante.

Sim, estou falando de você, Microsoft.

Em 2007, tive o prazer de me envolver no marketing do Mac OS X Leopard, lançado cerca de 10 meses depois do Microsoft Vista. O timing foi excelente para a Apple, porque o Vista foi um fracasso e os usuários de PC estavam abandonando a Microsoft aos bandos. Parecia o momento perfeito para sugerir aos usuários de PC que sua melhor opção de upgrade seria comprar um Mac. Mas, para poder criar um anúncio eficaz, tive de mergulhar no mundo do Vista.

Meu argumento de comparação era a facilidade do upgrade do Leopard. A Apple oferecia apenas uma versão do Leopard, a $129, que rodava em todos os Macs e disponibilizava todos os recursos avançados.

O Vista, por outro lado, era um caos, com quatro versões cobrindo uma variedade de recursos e várias faixas de preços, de $200 a $400. A versão mais básica era mais 50% mais cara que o Leopard e a versão mais avançada era mais que o triplo do preço.

O Leopard simplificava ao máximo o processo de upgrade para facilitar a vida do cliente, enquanto o processo de upgrade do Vista era complicado – aparentemente para facilitar a vida da Microsoft.

Mas isso foi naquela época. A Microsoft, sem dúvida, aprendeu com sua experiência do Vista e criou um processo diferente para os compradores do Windows 7, certo? Bem, o Windows 7 de fato foi reduzido de quatro versões a três, com o preço variando de $200 a $300. O usuário ainda precisa decidir pela versão mais adequada e ainda paga mais que o Mac OS X Lion, que sai por apenas $30. Em resumo, a versão mais avançada do Windows 7 agora custa mais de 10 vezes o preço do Lion.

Minimizar as escolhas proporciona aos clientes um caminho mais simples, um valor mais elevado e mais tranquilidade e satisfação. Não é fácil cortar as camadas da Complexidade e, algumas vezes, isso é quase impossível – mas, como a Apple bem sabe, as recompensas são um relacionamento mais honesto e de confiança com os clientes. Esse tipo de relacionamento tem valor duradouro. Por outro lado, cobrar preços excessivos e oferecer escolhas confusas são atitudes que fazem os clientes se sentirem roubados: uma péssima receita para desenvolver relacionamentos de longo prazo com os clientes.

Naturalmente, a Microsoft deveria ter feito isso lá atrás, no começo do estágio de planejamento. Dá para imaginar como seria difícil colocar a casa em ordem agora.

Moral da história: na dúvida, minimize.

Capítulo 4

Pense movimento

Quando Steve Jobs voltou à Apple em 1997, a empresa estava em uma péssima situação. Como Steve contaria em uma entrevista, de acordo com suas estimativas na ocasião, "a Apple estava a cerca de 90 dias da falência".

Claramente, na cabeça de Steve, a verdade era que a Apple, nos 11 anos de sua ausência, não foi tão boa assim. Felizmente, aquilo tudo eram águas passadas – com a exceção de uma decisão questionável de Gil Amelio que ainda paira no ar.

Como muitas empresas fazem quando se veem diante de dificuldades, Gil autorizou que seu pessoal de marketing saísse em busca de uma nova agência publicitária. Como se os problemas da Apple fossem culpa da agência!

Então, quando Steve estava no processo de assumir suas novas responsabilidades, descobriu que a Apple estava em meio a uma "revisão de agência publicitária". Naquele momento, mais de 20 agências haviam submetido propostas e a lista fora reduzida a 12. A partir daquele ponto, o plano era se reunir com cada agência, reduzir a lista a cinco e deixar que elas lutassem entre si pelo grande prêmio. O processo levaria uma eternidade.

Steve jamais toleraria um processo tão típico de uma grande corporação. E a Apple não tinha tempo a perder, de forma que ele açoitou o processo com o Chicote da Simplicidade, abortando-o instantaneamente. Mas Steve concordava com a necessidade de se livrar da agência atual da Apple, a BBDO Los Angeles. Afinal, a BBDO fora a agência trazida por Sculley – depois de afastar a agência de Steve, a Chiat.

Steve queria manter o processo extremamente simples. Ele queria trabalhar com uma pequena equipe de marqueteiros talentosos na qual pudesse confiar. E, em conformidade com o espírito da Simplicidade, ele queria colocar o plano em ação. Imediatamente.

A Simplicidade nunca para

Steve ligou para seu velho amigo Lee Clow, da Chiat, e o convidou para uma reunião. Lee me chamou para participar, já que nos conhecíamos bem e eu tinha oito anos de experiência trabalhando para Steve na NeXT.

É possível dizer que aquela primeira reunião foi histórica, porque Steve e Lee tinham se tornado uma das duplas mais famosas do mundo da publicidade quando lançaram o Macintosh original – e lá estavam eles, prontos para voltar a unir forças. Eles se cumprimentaram com um abraço e a reunião começou. Basicamente, Steve resumiu a situação da Apple e falou sobre recuperar a empresa um passo por vez. O maior problema, é claro, era a linha de produtos. Ele nos contou basicamente o que disse em uma entrevista para a *BusinessWeek* pouco antes de concordar em voltar à Apple:

Os produtos são uma merda! Eles não são mais sexy!

Steve não fechou imediatamente com a Chiat. Ele queria que nos empenhássemos pela parceria. Ele tinha recebido uma proposta interessante, através da FedEx, da Arnold, uma agência de criação de Boston, e ainda não havia desconsiderado a oferta. Ele queria que seu pessoal de marketing também se sentisse confortável com a escolha, de forma que nos pediu para pensarmos no desafio diante da Apple e voltássemos com soluções.

O relacionamento foi acelerado naquele dia e nunca mais parou de avançar.

A possibilidade de reconquistar a Apple empolgou o pessoal da Chiat. A agência fora afastada anos antes, quando Steve saiu da Apple, e muitas pessoas da indústria da publicidade consideraram aquilo uma grande injustiça, pensando no trabalho espetacular que a Chiat realizara ao longo dos anos. E agora a agência tinha a chance de consertar as coisas.

Lee montou uma equipe talentosa incluindo Rob Siltanen, que na época era a principal mente criativa da agência que trabalhava com a Nissan. Eu respeitava Rob enormemente, já que tínhamos trabalhado juntos na Apple na BBDO, na época de Sculley.

A equipe da Chiat criou alguns vídeos para explorar possíveis direcionamentos para um anúncio da marca Apple. Considerando que a própria sobrevivência da Apple estava em risco, um dos vídeos imaginava como o mundo seria se a empresa desaparecesse. As imagens mostravam pessoas removendo outdoors da Apple, fechando lojas etc., após a morte imaginária da empresa. A mensagem era que, sem a Apple, o mundo perderia um poderoso aliado da criatividade. Era verdade, mas nada inspirador. Outro vídeo era uma versão preliminar do comercial *Pense diferente*, sobre os "malucos" que mudam o mundo, com a canção "Crazy", do Seal, tocando ao fundo.

Aquilo bastou para que Steve e seu grupo de marketing sentissem o afeto que tínhamos pela Apple. Como resultado, a agência foi contratada como o parceiro oficial de marketing da Apple. A proposta apresentada se tornou o ponto de partida para a campanha *Pense diferente*, que viria a exercer um papel tão importante na ressurreição da Apple.

O mais louco (no bom sentido) é que absolutamente nada disso teria acontecido se Steve não tivesse dado um fim à longa e tortuosa busca por uma nova agência quando assumiu a liderança. Ele acelerou o processo e, num momento em que o pessoal de Amelio ainda estaria na fase de se reunir com as agências candidatas, Steve já estava lançando a campanha que queria.

A Simplicidade é uma grande fã do contexto. Mesmo que Steve acreditasse que um processo tradicional de busca por uma agência fosse uma maneira válida de fazer negócios (o que não era o caso), jamais teria aceitado um método tão demorado considerando a urgência da situação. O Bom Senso ditava que era hora de acelerar o processo de decisão e contar com a melhor ferramenta disponível: um pequeno grupo de pessoas talentosas.

O cronograma inteligente

Existem inúmeras variedades de cronogramas de projeto – eles podem ser lentos, acelerados, tranquilos ou impossíveis.

Embora possa soar um contrassenso, o jeito mais fácil de pisar na bola em um projeto é lhe dar tempo demais – tempo suficiente para que as pessoas repensem, revejam, voltem atrás, convidem outras pessoas para participar do projeto, coletem mais opiniões, conduzam testes etc.

Leonard Bernstein resumiu à perfeição essa ideia quando disse:

Para atingir a excelência, dois elementos são necessários: planejamento e tempo insuficiente.

Não é de surpreender, portanto, que cada setor tenha o próprio cronograma "perfeito" que possibilite os melhores resultados com o máximo de eficiência. Pela minha experiência, descobri que, na área da tecnologia, o prazo ideal para um projeto é de aproximadamente três meses. Esse era o tempo que levávamos para partir do briefing original até a distribuição final do trabalho acabado. Dentro desse prazo, desenvolvíamos ideias, apresentávamos ao cliente, reagíamos aos comentários ou preocupações e passávamos para a etapa de produção. Menos tempo que isso forçaria concessões na qualidade. Mais tempo que isso seria um convite para a "paralisia da análise". Descobri que isso se aplica independentemente de trabalharmos com clientes difíceis, que não eram os avaliadores mais brilhantes do trabalho criativo, ou diretamente com alguém tão conhecedor do marketing quanto Steve Jobs.

A citação de Bernstein menciona dois elementos essenciais para se atingir a excelência. Esses elementos se aplicam bem ao mundo da Apple, com dois adendos.

1. **Mire de forma realista o alto.** Quando a Apple criou o primeiro iPod, eles não pensavam em criar um player portátil capaz de reproduzir música, filmes, podcasts e exibir fotos. Eles criaram um player de música. O resto viria mais tarde. Em outras palavras, não tente dar um passo maior que as pernas – é importante atingir a excelência, mas seu projeto deve ser concluído a tempo e cumprir o que prometeu. (Naturalmente, você também não deve dar um passo menor que as pernas. Você não deve ser "realista" demais a ponto de produzir algo medíocre e sem brilho.)

2. **Mantenha-se sempre em movimento.** O projeto tem início no primeiro dia e deve envolver profundamente as pessoas desde o início. Não são permitidos intervalos ou pausas. Só quando as pessoas são mantidas em constante movimento é que se mantêm focadas no tipo certo de intensidade. O trabalho não deve ser fácil; deve ser gratificante – e isso só é obtido mantendo a equipe em movimento.

A Apple cresceu ao ponto no qual deve envolver-se em uma profusão de atividades ao mesmo tempo, e isso levou a uma das maiores e melhores apresentações de malabarismo do mundo. A Apple vive em constante movimento – a empresa nunca para de empolgar sua plateia e nunca se permite ficar obsoleta. Por mais fantásticas que suas invenções possam ser, só ocasionalmente a Apple coloca a carroça na frente dos bois.

A refinada capacidade de estabelecer prazos, desenvolvida ao longo de muitos anos, é que torna tudo isso possível.

Concentrar-se em desenvolver o melhor produto versão 1.0 possível proporciona à Apple inúmeras vantagens que vão além da boa capacidade de programação. Isso normalmente permite que a empresa crie um produto não apenas revolucionário, mas também capaz de iluminar um caminho ainda mais empolgante adiante. A primeira revolução moderna da Apple foi o iPod, cuja versão 1.0 era (olhando para trás agora) extremamente limitada. Mas aquela primeira versão claramente indicou o caminho na direção de diferentes tipos de mídia e um novo mundo de acessibilidade.

Outro bom exemplo é o iPhone. A versão 1.0 do iPhone nem chegava a suportar apps, que rapidamente se tornaram um dos elementos mais revolucionários da plataforma. A ideia original era suportar apenas apps da web desenvolvidos no Safari.

Essa orientação na criação de produtos proporciona à Apple a capacidade de "reciclar" sua liderança. A Apple cria a revolução e – enquanto os concorrentes correm para imitar a versão 1.0 – já se põe rapidamente a trabalhar na versão 2.0. Os recursos cortados da ideia original são incorporados ao ponto de partida para a próxima iteração. Dessa forma, ano após ano, enquanto a Apple continuar a inovar, tem a oportunidade de renovar sua liderança.

A Apple também obtém interessante vantagem de marketing com esses ciclos. Como cabe aos concorrentes da Apple provar que criaram um dispositivo melhor, eles normalmente tendem a uma propaganda carregada de especificações técnicas e características do produto.

Eles se sentem obrigados a apontar para o fato de oferecer mais megapixels, mais portas USB, seja o que for. Enquanto isso, a Apple continua a promover seus produtos como sempre, de modo emocional e humano, salientando os benefícios, e não as especificações técnicas. Enquanto contar com uma tecnologia revolucionária, a Apple pode se retirar do jogo da comparação de especificações técnicas e se voltar a desenvolver um vínculo mais significativo com seus clientes.

Naturalmente, na medida em que a Apple continua a dominar em uma categoria como players de música ou tablets, a empresa pode contar com o tempo como um aliado. Quanto mais tempo as pessoas passarem usando seu iPad, por exemplo, mais se comprometem com o ecossistema do iPad, com seus apps e acessórios.

É difícil deixar a Simplicidade para trás.

Pensar diferente *versus* pensar loucuras

A melhor maneira de comprovar o poder da Simplicidade é sair pelo mundo e conduzir um pequeno experimento utilizando o método científico a seguir:

1. Escolha duas empresas do mesmo setor, uma dedicada à Simplicidade e a outra sobrecarregada pela Complexidade.
2. Dê a elas o mesmo projeto.
3. Relaxe e divirta-se assistindo.

Por ironia do destino, acabei participando de um experimento exatamente como esse, embora não soubesse disso na época. Em duas agências diferentes, em duas ocasiões diferentes, trabalhando com dois clientes diferentes – a Apple e a Dell –, participei de duas equipes encarregadas de missões idênticas. Fomos solicitados a criar uma nova campanha de marca.

A marca, como você já sabe, é o ativo mais valioso de uma empresa. Se você tiver uma marca forte, posiciona-se no alto da lista de opções quando os clientes decidem comprar. Além disso, seus clientes voltam para comprar mais e tendem a elogiar sua empresa a amigos e parentes. No entanto, se *não* tiver uma marca forte... bem, você é apenas mais um na multidão que se arrasta atrás de clientes dia após dia. As pessoas podem valorizar seus produtos agora, mas o descartarão em um nanossegundo se encontrarem uma oferta melhor de outra empresa.

E o mais importante: uma marca forte é como dinheiro no banco. Quando as pessoas confiam em uma marca e veem verdadeiro valor nela, elas se dispõem a pagar mais por isso. Se você tiver uma marca forte, como a Apple tem hoje, pode cobrar um preço premium e as pessoas farão filas para pagar – as margens de lucro serão altas. Por outro lado, se tiver uma marca medíocre, só conseguirá atrair clientes reduzindo os preços – as margens de lucro serão baixas.

Isso, é claro, levanta uma questão: Se é tão importante desenvolver uma marca forte e se as grandes empresas dispõem dos recursos necessários para investir na marca, por que algumas conseguem desenvolver uma marca amada e respeitada enquanto outras parecem fazer de tudo e nunca progredir nesse sentido?

Naturalmente, centenas de fatores podem estar envolvidos. Mas alguns fundamentos básicos devem estar presentes, tanto em termos organizacionais quanto filosóficos, para que uma empresa tenha qualquer esperança de sucesso. Você pode escolher o caminho direto da Simplicidade ou o caminho obscuro e tortuoso da Complexidade.

Veja uma comparação das minhas duas aventuras similares no branding da Apple e da Dell:

A **Apple** decidiu criar uma campanha de marca em 1997.
A **Dell** decidiu criar uma campanha de marca em 2008.

A **Apple** queria começar imediatamente sua campanha.
A **Dell** estabeleceu um cronograma com meses de duração.

A equipe de branding da **Apple** foi liderada por seu CEO.
A equipe de branding da **Dell** foi liderada por um comitê.

A **Apple** confiou em um pequeno grupo de pessoas talentosas.
A **Dell** confiou em um pequeno grupo de pessoas incompatíveis.

A **Apple** sabia exatamente quem era.
A **Dell** ainda precisava descobrir quem era.

Steve Jobs foi um participante ativo do processo.
Michael Dell deu uma olhada na conclusão do projeto.

A equipe de branding da **Apple** só precisava da aprovação do CEO.
A equipe de branding da **Dell** precisava da aprovação de cada divisão.

A **Apple** levou um mês para conceber e criar uma campanha.
A **Dell** precisou de um mês só para discutir as possíveis estratégias.

A **Apple** acabou com a campanha *Pense diferente*.
A **Dell** acabou com uma pilha de painéis de apresentação armazenados impecavelmente em um armário escuro.

A Dell merece elogios pela coragem de tomar uma medida tão ousada. Sua marca vinha enfraquecendo ao longo dos anos e não fazia parte da natureza da empresa embarcar em qualquer plano que não rendesse retorno imediato sobre o investimento. Aquela seria a primeira campanha de marca da história da Dell.

Infelizmente, a Dell abrira as portas da organização à Complexidade muitos anos antes. As duas maiores divisões, Consumidor e Empresarial, haviam se transformado em reinados distintos. Cada uma tinha o próprio informe de lucros e perdas, as próprias prioridades e até o próprio logo da Dell. (Uma das metas da iniciativa de branding era criar um logo que fosse aceito por ambas as divisões.)

A Dell formou um comitê para administrar a criação de sua campanha de marca. Não é comum associar a palavra "comitê" a empreitadas criativas de sucesso, e esse projeto não fez nada para mudar isso. As duas divisões foram representadas no comitê por dois inimigos mortais. (A rivalidade entre eles se intensificara a tal ponto no passado que a administração teve de enviá-los para sessões de aconselhamento.)

Enquanto todos os participantes do projeto de marca da Apple se concentravam 100% na promoção da marca, os participantes da iniciativa da Dell se distraíam com os interesses das próprias divisões. Cada lado era avesso a fazer concessões ao outro. Na verdade, apenas algumas semanas após o início do projeto, enquanto ainda estávamos discutindo direcionamentos estratégicos, um participante confidenciou que não tinha intenção alguma de aceitar as recomendações do comitê. Sua divisão estava avançando a todo vapor e ele não aceitaria nenhuma mudança.

Como é possível imaginar, atitudes desse tipo jamais teriam sobrevivido no mundo da Apple. Steve apresentava sua visão e todos os participantes se alinhavam a ela. Se Michael Dell estivesse presente no primeiro dia para testemunhar a amotinação de sua equipe – declarando como se envergonhava ao ver que eles nem conseguiam concordar com um logo em comum e exigindo que as diferenças fossem deixadas de lado para desenvolver uma marca unificada para a Dell –, a história poderia ter tido outro final.

Mas isso não aconteceu, de forma que ninguém se surpreendeu quando, ao longo de vários meses, as reuniões da equipe de branding da Dell foram se espaçando até ser completamente extintas.

A Apple tomou a decisão certa de dar autonomia de decisão a um pequeno grupo de pessoas talentosas e ao determinar um cronograma que não permitisse a estagnação do processo. Com a participação ativa de Steve Jobs, as decisões eram rapidamente tomadas. Conseguimos criar uma campanha do zero, e em muito pouco tempo.

A Simplicidade é requisito fundamental quando se tenta atingir uma meta grandiosa. Como a Dell descobriu, um grupo fragmentado, desprovido de um líder e sem senso de urgência não consegue beneficiar-se da Simplicidade.

A busca pelos valores da Microsoft

Praticamente todas as empresas possuem algum tipo de declaração de missão – um conjunto oficial de palavras que descrevem quem é a empresa, o que ela faz e a razão para sua existência. A maioria das agências consideraria um documento desse tipo o primeiro passo essencial para a criação de uma campanha de marca eficaz.

Mas ninguém se preocupou em pedir uma declaração de missão a Steve antes de criarmos a campanha *Pense diferente*. Isso porque ele já nos dera um briefing apaixonado e, apesar de todas as dificuldades da empresa, a essência de sua marca era bem conhecida. De qualquer forma, se alguém tivesse pedido que ele apresentasse um documento, Steve provavelmente teria considerado a solicitação um comportamento típico de uma grande corporação. E poderíamos ter a chance de ver sua "torre de artilharia" em ação.

O trabalho com a Dell era bem diferente. A Dell era uma empresa que não sabia se descrever muito bem. Se eles fossem capazes de articular a essência de sua marca, poderíamos ter começado a trabalhar imediatamente em uma campanha de marca. Em vez disso, fomos forçados a passar as primeiras semanas do nosso projeto de branding descobrindo o que a Dell gostaria de ser – porque o que a empresa era no momento não estava dando muito certo.

A Microsoft é outra empresa que teve sua cota de problemas ao longo dos anos. Como a Dell, eles começaram com tudo e, de alguma forma, perderam o rumo. A empresa ainda é enorme e altamente lucrativa, mas muitos de seus clientes provavelmente teriam dificuldade de definir a marca Microsoft hoje. Apesar de no passado ter sido uma empresa inovadora que ditou os padrões da indústria, a Microsoft passou a se arrastar atrás das concorrentes à medida que várias revoluções varreram as categorias tanto de smartphones quanto de tablets. Essa triste situação se reflete no preço de suas ações, que passou mais de uma década estagnado.

O marketing da Microsoft se apresentou irregular por mais ou menos o mesmo período. Volta e meia, a empresa consegue acertar no alvo e, em um piscar de olhos, ela se vê deslizando em gafes como a "lendária" parceria de Bill Gates e Jerry Seinfeld em uma série de comerciais para a televisão. Iniciativas desse tipo só conseguem confundir as pessoas.

Esses problemas de marketing não surgiram da noite para o dia na Microsoft; a batalha da empresa contra essas dificuldades já dura anos. Um ex-gestor de marketing da Microsoft – vamos chamá-lo de Brian – conta uma história sobre um momento decisivo no passado da empresa, quando a inclusão de novas camadas de Complexidade levou a organização a perder o rumo.

Quando entrou na empresa, Brian adorava seu emprego. O que ele mais gostava na Microsoft era que "eles iam lá e faziam". Em outras palavras, a empresa sabia que era parte de uma indústria em rápida evolução e não perdia tempo com excesso de discussões e análises. Como a Apple, a Microsoft estava ciente do valor de se manter em movimento. E a empresa também era impetuosa. A equipe executiva sabia que era capaz de promover uma execução mais rápida e inteligente que seus concorrentes e considerava essa característica uma de suas maiores vantagens estratégicas.

Brian adorava esse aspecto da vida na Microsoft, por constituir contraste tão direto com sua experiência na agência publicitária da HP. Ele observou que na HP o processo se tornara mais importante que o progresso. "A maior preocupação era quando a próxima reunião seria realizada e que tipo de bolinho seria servido com o café. O pessoal parecia mais interessado no que acontecia na empresa do que no mundo dos clientes", ele conta.

Foi a investigação da Microsoft pelo Departamento de Justiça dos Estados Unidos que drenou a vida da empresa ao longo de um período de dois anos, a partir de 1999. Temendo entrar em conflito com os investigadores do governo, a empresa se tornou indiferente às suas iniciativas de marketing e perdeu totalmente o rumo.

Quando a procuradora Janet Reno levou a Microsoft ao tribunal, Bob Herbold, na época COO da Microsoft, convocou uma reunião para tranquilizar as pessoas e colocar todo mundo no mesmo barco.

A lista de participantes incluiu as personalidades mais importantes das comunicações da Microsoft, inclusive o principal conselheiro da empresa e líder de relações públicas. Em determinado ponto, uma executiva responsável pelas relações com a comunidade se levantou para dar sua opinião. Ela apresentou o retrato de uma excelente empresa sendo injustamente denegrida pela imprensa. Ela declarou que a Microsoft ajudava muito o mundo e que o governo não valorizava essa ajuda. A situação era frustrante para todos os que acreditavam no lado bom da Microsoft e no valor que essa empresa levava ao mundo.

Seu discurso se intensificou. "Eles acham que não fazemos nada de bom", ela afirmou. "Eles não percebem que a Microsoft se fundamenta em coisas positivas. Precisamos ajudá-los a conhecer nossos valores."

Ela fez uma breve pausa, permitindo que a ideia fosse absorvida. Depois ela olhou diretamente para a equipe de comunicações e indagou: "Quais são os nossos valores? Eles estão escritos em algum lugar? Quem tem acesso a eles?"

Em outras palavras, a ideia era que a Microsoft deveria declarar seus valores ao mundo – mas, mesmo na posição de uma executiva da empresa, ela não sabia quais poderiam ser esses valores. E não existia um documento mágico escondido em algum computador na empresa. Os valores da empresa nunca foram codificados.

A partir daquele momento, a Microsoft levou 18 meses para se analisar, cristalizar seus valores e decidir o que a empresa representava.

Mas, independente da causa – o processo judicial do Departamento de Justiça ou a incapacidade da Microsoft de manter o foco –, a empresa se degenerou. Ela passou de uma organização que avançava à velocidade da luz a uma corporação gigantesca que, de alguma forma, perdeu a capacidade de transformar palavras em ações.

Foi uma época frustrante para Brian e sua equipe. Mas a situação era propícia para a Complexidade, que viu a oportunidade e mergulhou de cabeça.

Tendo perdido a confiança na equipe interna de marketing da Microsoft, Steve Ballmer decidiu trazer alguém de fora para solucionar esse problema de marketing. Ele se voltou a Mark Penn, expert em pesquisas de opinião de Washington DC, para propor um posicionamento capaz de combater a crescente imagem pública da Microsoft como um perigoso monopólio. Penn recebeu a autoridade necessária para desenvolver uma imagem menos dura para a Microsoft e orientou a equipe de marketing a avançar em uma direção completamente nova: a marca da Microsoft se concentraria em "crianças, cachorrinhos e pequenas empresas".

Essa imagem, por mais imprecisa que fosse, tinha certa lógica. Se a Microsoft quisesse ser vista como uma empresa mais afetuosa e amigável, Penn sabia que crianças e cachorrinhos seriam verdadeiros gols de placa. E a nova ênfase em microempresas combateria a imagem da Microsoft como uma força sombria e dominadora.

A equipe de marketing de Brian ficou estupefata. Até onde eles sabiam, a empresa não tinha nada para sustentar o novo posicionamento. Microempresas, sim. Mas crianças e cachorrinhos, não. A única coisa que se aproximava um pouco da imagem envolvendo crianças era o software educacional K-12 da Microsoft, que representava apenas uma minúscula parcela do mercado da Microsoft. Brian foi encarregado de divulgar a mensagem a todos os clientes da Microsoft, e a abordagem afetuosa e indistinta parecia terrivelmente inadequada para a empresa. No entanto, o grupo de marketing recebera o acréscimo de um participante – um outsider cuja expertise não incluía o marketing – e as coisas nunca mais voltariam a ser simples.

A experiência de Brian continuou a degringolar. Ele se viu forçado a trabalhar com ideias nas quais não acreditava, o que, como sabemos, constitui uma flagrante infração dos princípios da Simplicidade. Brian teve de apresentar a nova marca da Microsoft, repleta de crianças e cachorrinhos, em uma reunião de lobistas de Washington, na matriz da empresa. O público era composto de um elenco estrelado de extremistas dos dois lados do espectro político, inclusive Ralph Reed, da Coalizão Cristã, e Victor Fazio, da esquerda. Sob pressão, a Microsoft foi forçada a se tornar uma empresa do tipo "oportunidade iguais para todos", evitando a todo custo ofender alguém. Brian teve de se levantar e dizer: "Eis as nossas novas tecnologias, eis por que somos bons para a América, eis como estamos comunicando nossas ideias a todos."

Quando saiu da reunião, Brian se sentiu perdido. Ele chegou a ligar para o pai e dizer: "É como se eu estivesse trabalhando para uma fabricante de cigarros." Ele nunca se sentiu bem consigo mesmo naquela situação.

É sempre um choque saber que uma empresa tão bem-sucedida ou influente quanto a Microsoft ou a Dell pode ter dificuldades de se definir. Mas esse é o tipo de confusão que pode resultar do crescimento de grandes organizações – e as pessoas perdem a Simplicidade de vista.

Capítulo 5

Pense icônico

A campanha *Pense diferente* consistiu em uma série de imagens de pessoas que mudaram o mundo "pensando diferente". A agência teve muitas conversas memoráveis com Steve Jobs sobre os tipos de pessoas que poderíamos incluir no anúncio: cientistas, astronautas, músicos, cineastas, cantores, atletas, praticamente todo tipo de pessoa, viva ou morta. Quando concordávamos em relação a uma pessoa, dávamos uma olhada nas diferentes imagens disponíveis, em busca de uma tomada verdadeiramente icônica – aquela capaz de evocar uma imagem mental da vida ou das realizações da pessoa.

Para mim, o processo em si evocava uma imagem de apenas alguns anos antes, quando trabalhei com Steve no marketing da NeXT. Quando ele explicava o impacto potencial do software revolucionário da NeXT, muitas vezes se referia a pessoas ou períodos históricos icônicos. Ele mencionava a Revolução Industrial para argumentar sobre o impacto potencial da tecnologia da NeXT na criação de uma nova base para o desenvolvimento de software. Ele aludia a Shakespeare, cuja coletânea completa de obras foi incluída no NeXT Computer. Ele fazia menção a

Henry Ford quando descrevia a incrível fábrica robotizada que construíra para fabricar seus novos computadores.

Aquela conexão mental entre seu novo futuro na Apple e seu passado na NeXT me fez lembrar de uma experiência na NeXT que só pude valorizar plenamente em retrospecto.

Foi no verão de 1993, pelo menos um ou dois anos antes de Steve começar a planejar seu retorno à Apple. Eu costumava chegar cedo ao escritório da NeXT para as reuniões de criação e tinha o privilégio de poder conversar em particular com Steve em seu escritório antes da reunião.

Naquela época, a NeXT vivia em dificuldades constantes – mas pelo menos se *esperava* que a empresa estivesse nessa situação. A NeXT era uma startup tentando convencer o mundo corporativo de que eles precisavam de um tipo diferente de computador. A Apple, por outro lado, não tinha um bom motivo para explicar sua lastimável situação. Ela se manteve por algum tempo depois da saída de Steve, mas agora notícias negativas estavam se tornando cada vez mais frequentes na mídia.

Em uma dessas conversas com Steve, a mais recente má notícia sobre a Apple, que eu ouvira no rádio do meu carro só uma hora antes, ecoava na minha cabeça. As ações da Apple tinham despencado 23% após o anúncio da maior perda trimestral da história da empresa. Além disso, a Apple também anunciou um plano de reestruturação que resultaria na demissão de 2.500 trabalhadores. Foi um dia devastador para a antes grandiosa Apple, empurrando a empresa cada vez mais na direção do abismo.

Eu achava que, como Steve havia sido expulso da empresa que construíra do zero, um local no qual ele investiu todas as suas emoções, poderia ter guardado algum rancor. Mas eu estava errado. Sem pensar, fiz um comentário depreciativo sobre o infortúnio da Apple. Em vez de satisfeito, Steve parecia desapontado. Ele ficou em silêncio e com o olhar vazio. Ele ficou autenticamente desanimado com a notícia.

"É mesmo, é muito, muito triste", foi tudo o que ele conseguiu dizer, quase em um murmúrio.

Percebi que Steve não nutria nenhum sentimento de vingança contra a Apple. Em vez disso, vi um pai sentindo a dor do próprio filho. Mesmo tendo sido afastado da família, eles ainda eram uma família. Steve odiava ver a Apple se deteriorando daquele jeito.

Não pude deixar de lembrar aquele dia na NeXT enquanto discutíamos a campanha *Pense diferente* na Apple. Era interessante pensar que vi Steve observando, impotente, a Apple em dificuldades, aflito por não poder ajudar – e como agora ele estava de volta ao seu lugar. A empresa que um dia decidira que não precisava mais dele passou a vê-lo como sua última e melhor chance de sobrevivência – e quem sabe até sucesso!

O fascínio de Steve pela história e seu gosto por imagens icônicas receberiam grande destaque no trabalho que estava por vir.

A semente do renascimento da Apple

O retorno de Steve à Apple, em 1997, foi anunciado com destaque na imprensa, da mesma forma como qualquer notícia envolvendo Steve. Afinal, ele também se tornara um ícone. E seu retorno à Apple foi uma das histórias mais suculentas sobre Steve em muitos anos. A história incluía um pouco de tudo: a ascensão e queda de uma grande empresa americana, um acordo de US$10 milhões, alianças e conspirações.

Naquele ponto, Steve tinha passado 11 anos distante da Apple e estava perfeitamente claro o que havia levado consigo: a alma da empresa. Sem Steve para orientar e inspirar pessoalmente empresa, ela não tinha ânimo suficiente para prosseguir. Cada novo CEO tentara revigorar a Apple, mas nenhum deles conseguira chegar nem perto disso. A Apple estava perdendo sua identidade como força criativa.

Minha primeira ligação com a Apple foi na época da ausência de Steve, quando John Sculley era o CEO. Como já mencionei, assim que Sculley chutou Steve para fora da empresa, não perdeu tempo e substituiu rapidamente a agência de Steve pela própria agência. A Chiat estava fora e a BBDO estava dentro. A BBDO rapidamente contratou Steve Hayden, da Chiat, que fora o responsável pelos incríveis anúncios que lançaram o Macintosh original, para liderar sua equipe de criação. E Hayden permitiu que eu realizasse meu sonho de atuar como redator publicitário para a Apple – e por isso lhe serei eternamente grato. Mas era a Apple de Sculley, não de Steve Jobs.

Depois de uma reunião em Cupertino, um dos membros seniores da equipe de marketing da Apple me contou como era viver na Apple sob o comando do novo CEO. “É como se Sculley tivesse se mudado para uma casa completamente mobiliada, com belos e elegantes móveis em todos os cômodos”, ele explicou. “Tudo ficou bem por um tempo, mas, então, começamos a notar que as coisas com as quais estávamos acostumados não estavam mais onde deveriam estar. Ou as cortinas eram trocadas por algo que não combinava com a sala. Ou você veria o pessoal da mudança retirando um sofá de uma sala e gritaria: ‘Ei, esperem aí, esse é meu sofá preferido!’ e eles o ignorariam. Logo o lugar todo parecia diferente. Ainda era a mesma casa, mas você não se sentia mais em casa. E seus amigos não queriam mais visitá-lo porque não era mais tão divertido quanto costumava ser.”

Bem, agora Steve estava de volta. Alguns acreditavam que ele era literalmente o único ser humano no planeta capaz de salvar a Apple e que só ele poderia inspirar os funcionários da empresa a atingir alturas mais elevadas. Outros, no entanto, não estavam tão convencidos disso. Com base em seu desempenho passado na Apple e na NeXT, era possível que nem mesmo Steve seria capaz de tirar a Apple do buraco.

O desafio diante de Steve era quase inimaginável. Ele tinha voltado para liderar uma marca que literalmente lançou a revolução do computador pessoal, mas que agora corria o risco de se tornar irrelevante. Até muitos seguidores fanáticos da Apple haviam desistido da empresa. Steve precisava fazer a empresa voltar ao centro do palco. Ele precisava reassegurar o mundo de que a Apple não havia perdido a capacidade de inovar. Ele precisava reanimar o espírito que criou a revolução da Macintosh.

Só podemos imaginar o que teria acontecido à Apple se eles tivessem decidido trazer algum outro CEO para tentar resolver esses problemas. Normalmente, quando uma empresa está tão perto de um desastre, a administração se enfia em trincheiras e insiste em realizar os cortes necessários para estancar a hemorragia enquanto descobre uma maneira da recuperar a lucratividade. Essa está longe de ser a abordagem de Steve.

Steve estava disposto a investir – não apenas na reconstrução do portfólio de produtos da Apple, mas também na recuperação da imagem da empresa. Ele acreditava com tanta paixão que era possível salvar a Apple que ficava fácil para a agência se deixar levar por seus planos – mesmo que precisássemos agir mais com base na fé do que na realidade. Tínhamos um lugar no camarote para assistir ao famoso campo de distorção da realidade de Steve Jobs.

Como mencionei no capítulo anterior, foi em nossa primeira reunião, quando Lee Clow e Steve ainda estavam apenas investigando a ideia de voltar a unir forças, que Steve estabeleceu as bases para o que viria a se tornar nossa primeira atribuição. Ele deixou claro que se tratava de um momento perigoso para a Apple e que a empresa vinha definhando por negligência. Os moradores anteriores não entenderam a essência da Apple nem tiveram a visão necessária para restaurar sua saúde.

Apesar de a missão de Steve ter sido salvar a Apple, ele pensava nessa incumbência em termos ainda mais grandiosos. Ele acreditava que a Apple ocupava um lugar muito especial no universo, especialmente quando comparada às IBMs e HPs do mundo. Na cabeça deles, não estávamos apenas lutando pela Apple, mas pelo espírito da criatividade e da inovação. Se a Apple desaparecesse, ele acreditava que esses valores sagrados ficariam sem um paladino na categoria dos computadores.

O maior problema na época era que os produtos da Apple eram completamente insossos. Na ausência de Steve, a Apple não se dispôs a abrir mão do sonho de que um dia a empresa seria adotada efusivamente pelos usuários corporativos. Dessa forma, a administração sem Steve se esquivou da ideia de fabricar qualquer computador que pudesse afastar os líderes de negócios que a empresa vinha tentando atrair.

Ao se desviar totalmente de suas raízes, a Apple definhou na mediocridade. As vendas despencaram. E não havia produto algum no pipeline com o potencial de agitar um pouco as coisas. A linha de produtos atual era incapaz de seduzir qualquer tipo de cliente, corporativo ou individual.

No briefing de Steve, ele prometeu que mudaria a situação. Radicalmente. Ele nos pediu para acreditar que a Apple recuperaria a grandeza fazendo excelentes produtos. Era garantido. Suas equipes de design já estavam trabalhando nisso. O desafio da agência seria projetar uma imagem positiva para o mundo e restaurar o espírito da Apple.

Levaria pelo menos seis meses para o primeiro produto de Steve sair da linha de montagem. Durante esse tempo, ele pretendia lançar uma campanha visando estabelecer as bases para o retorno da Apple e preparar o terreno para os produtos inovadores que estariam por vir.

Em termos de público-alvo, a Apple precisava atingir três grupos diferentes de pessoas. O primeiro grupo era aquele composto de pessoas que se lembravam da grande Apple de antigamente, mas cuja opinião sobre a marca se esvaíra junto com o sucesso da empresa. O segundo grupo era a nova geração de usuários jovens o suficiente para conhecer apenas uma Apple – a anêmica.

E o terceiro grupo, igualmente importante, era composto dos funcionários da Apple. Eles precisavam urgentemente de uma injeção de inspiração depois de anos de críticas, uma sucessão de ineficaz CEOs e a ausência de produtos inovadores. Mesmo assim, Steve estava empolgado com o que encontrara ao retornar. Apesar dos anos de dificuldades, muitas pessoas talentosas ficaram na Apple por acreditarem na empresa e só estavam esperando a chance de ajudar a recuperar sua grandiosidade. Steve acreditava que uma excelente campanha de marca seria capaz de reinstituir o espírito da Apple na empresa.

Sabendo que novos produtos badalados estavam por vir, deveríamos criar uma campanha de marca que fundamentaria a nova onda de inovação da Apple. Nossa missão era dizer ao mundo o que a Apple representava e possibilitar que os produtos que se seguiriam se tornassem a manifestação física da marca da Apple.

Na ocasião, não sabíamos nada sobre "pensar diferente" – nós mal tínhamos começado a pensar.

Pense diferente: o nascimento de uma campanha icônica

Como já mencionei, Lee Clow e Steve Jobs representaram uma das parcerias mais famosas de todos os tempos na área da publicidade. Juntos, eles criaram algumas das campanhas publicitárias mais famosas e respeitadas do mundo. Era possível ver a grande admiração mútua deles observando o modo como interagiam. E eles tinham inúmeras boas razões para admirar um ao outro.

O trabalho da Chiat no lançamento do Macintosh em 1984 foi tão histórico quanto o computador. A Apple chamou a atenção do mundo com sua tecnologia revolucionária enquanto a propaganda da Chiat impulsionava a própria imagem como uma potência criativa da Costa Oeste americana.

Todas as estrelas estavam alinhadas para que Steve obtivesse a campanha de marca ambicionada. Agora ele contava com uma excelente agência que compartilhava sua paixão, o brilhantismo de Lee Clow e um grupo energizado de talentos que trabalhariam na campanha com amor.

Apesar de algumas agências pensarem em uma campanha de marca como uma oportunidade de inventar uma nova personalidade para o cliente, nossa tarefa com a Apple era trazer à tona um espírito que já existia. Os anúncios precisavam ser autênticos. Para que o resultado do trabalho publicitário verdadeiramente definisse a Apple, sabíamos que a "grande ideia" não podia ser complicada; precisaria ser direta, objetiva e simples.

Steve Jobs já nos dera todas as informações das quais precisávamos. A Apple sempre fora "diferente" – mas o que a motivava nunca mudou. O mesmo espírito e os valores que criaram o Macintosh em 1984 levariam a Apple a criar produtos incríveis em 1998 e no futuro. A Apple não era para todos; era para aqueles que valorizavam o pensamento criativo.

Enquanto a equipe da Chiat gerava ideias, duas palavras se destacaram: "Pense Diferente." Embora todos os redatores publicitários da sala adorassem poder se apropriar dos créditos pela frase, na verdade ela foi obra do membro do conselho de arte Craig Tanimoto Naquelas duas palavras, Craig conseguiu descrever a essência da Apple. A frase não apenas viria a sensibilizar os clientes da Apple, como também atuaria como um brado de guerra para seus funcionários.

Se você acredita que excelentes empresas se fundamentam em um conjunto de valores que permanece constante, o tema perfeito é aquele que pode ser associado à empresa em qualquer momento de sua história. Acho que foi isso que mais me fascinou na expressão "Pense diferente". Dava para imaginar as palavras escritas na garagem em que Jobs e Wozniak criaram o primeiro computador tão facilmente como eu podia imaginá-las orientando a empresa no presente.

Mas as palavras se tornaram ainda mais poderosas quando combinadas com imagens de pessoas que verdadeiramente mudaram o mundo, como Albert Einstein. Elas pareciam ao mesmo tempo descrever a vida dele e celebrá-la. Essa combinação de palavras e imagens proporcionou à Apple um jeito cativante de relançar sua marca.

É possível descobrir muita coisa sobre alguém com base nas pessoas que ele admira, e essa seria a filosofia de nossa campanha. Ao celebrar a vida das pessoas que a inspiraram, a Apple revelaria ao mundo exatamente que tipo de empresa é – usando apenas estas duas palavras: "Pense diferente." Não estaríamos promovendo produtos, mas concebendo pôsteres em homenagem aos heróis da Apple.

Escolheríamos personalidades icônicas que ousaram transpor as fronteiras do pensamento convencional em muitas áreas diferentes, inclusive ciência, negócios, esportes e arte. Apresentaríamos pessoas tão distintas quanto Albert Einstein e Jim Henson, Alfred Hitchcock e o Dalai Lama, Bob Dylan e Martin Luther King Jr.

Os anúncios da campanha *Pense diferente* constituíram um lembrete vívido de que uma única imagem icônica pode ser a forma mais poderosa de comunicação. À medida que desenvolvíamos a campanha, cada anúncio consistia em um retrato em preto e branco de um "herói" da Apple, acompanhado apenas do logo da Apple e das palavras "Pense diferente" elegantemente posicionadas em um canto. Na televisão, o comercial que lançou a campanha também utilizou videoclipes em preto e branco que traduziam o espírito de cada herói. Enquanto a série de imagens era exibida, Richard Dreyfuss lia um texto enaltecendo os "malucos" que ousaram encarar as coisas de um jeito diferente.

A campanha *Pense diferente* não poderia ter sido mais simples. Não importa onde aquelas imagens em preto e branco apareciam – em revistas, pôsteres ou outdoors –, eram reconhecidas pelo público em um nanossegundo.

Algumas páginas atrás, falei sobre a importância de o tomador definitivo de decisões se interessar pelo processo. Na produção do comercial para a campanha *Pense diferente*, Steve Jobs bateu todos os recordes em termos de envolvimento do CEO.

Ainda estávamos trabalhando na edição final do anúncio em Los Angeles, nas vésperas da reunião de Steve com sua equipe de marketing global que seria realizada às 9 horas, ocasião em que ele planejava apresentar a campanha. A várias centenas de quilômetros de distância, Steve estava em casa revisando cada versão que criávamos até finalmente concluirmos o trabalho – às 3 horas da madrugada. Considerando que, na época, o envio do material não era tão rápido quanto hoje em dia, mal tivemos tempo de enviar a versão final a Steve para sua apresentação. Também estávamos correndo atrás de um prazo da ABC-TV, que transmitiria o anúncio durante o lançamento do filme *Toy Story* no programa *The Wonderful World of Disney* alguns dias depois.

Uma razão pela qual mantivemos Steve acordado até altas horas da madrugada é que a escolha do locutor foi debatida praticamente até o último minuto. Nos dias anteriores, gravamos várias vozes em um estúdio de Los Angeles, inclusive Richard Dreyfuss, Peter Gallagher, Sally Kellerman e (sem brincadeira) Phyllis Diller. Mas a agência queria uma voz que eu havia gravado no auditório da Apple alguns dias antes: o próprio Steve Jobs. Contarei sobre isso mais adiante, mas, depois de muita discussão, fechamos com Richard Dreyfuss. Ele não apenas se tornou a voz oficial do anúncio *The Crazy Ones*, como também narrou alguns anúncios do Mac que se seguiram.

Depois de uma noite trabalhando até de madrugada, um Steve Jobs visivelmente exausto compareceu à sua reunião na manhã seguinte. Felizmente, até um Steve Jobs fatigado continuava sendo mais fascinante que um CEO plenamente descansado e desperto. Muitos consideram que a apresentação da campanha a seu grupo de marketing foi a mais perfeita explanação sobre o poder das marcas. Considerando que o marketing pode ser uma área nebulosa e desconcertante repleta de opiniões e teorias, Steve fez tudo soar simples. Eis o que ele disse:

> *Para mim, marketing é uma questão de valores. Vivemos em um mundo muito complicado, um mundo muito poluído, e não temos muitas chances de fazer as pessoas se lembrarem de nós. Nenhuma empresa tem. Por isso precisamos deixar muito claro o que queremos que eles saibam a nosso respeito.*
>
> *Agora, a Apple – felizmente – é uma das seis melhores marcas do mundo todo. Bem ao lado da Nike, da Disney, da Coca-Cola, da Sony. A Apple é uma das maiores marcas do planeta. Não só neste país, mas no mundo*

todo. Mas até uma grande marca precisa de investimentos e cuidados para manter a relevância e a vitalidade, e a marca Apple foi claramente negligenciada nesta área nos últimos anos. E queremos trazer nossa grandeza de volta. E não dá para fazer isso falando de especificações técnicas. Não dá para fazer isso falando de MIPS e mega-hertz. Não dá para fazer isso falando sobre por que somos melhores que o Windows. A indústria do leite passou 20 anos tentando convencer o público de que leite faz bem à saúde. É mentira, mas eles tentaram mesmo assim. [Risos na plateia.] As vendas foram [apontando para baixo] e eles tentaram "Got milk?" [a famosa e bem-sucedida campanha "Tem leite?"] e as vendas foram [apontando para cima]. "Got Milk?" nem chegava a mencionar o preço – na verdade, o foco é a ausência do preço.

Mas o melhor exemplo de todos, e um dos melhores resultados de marketing que o universo já viu, é a Nike. Lembrem-se de que a Nike vende uma commodity. Eles vendem calçados. Mesmo assim, quando você pensa na Nike, sente algo diferente de uma fabricante de sapatos. Em seus anúncios, como vocês sabem, eles nunca mencionam o preço. Eles nunca mencionam sua tecnologia Air-Sole nem dizem por que seus calçados são melhores que os da Reebok. O que a Nike faz em suas propagandas? Eles homenageiam grandes atletas e homenageiam o grande atletismo. É isso que a Nike é, e é isso que ela representa.

A Apple gasta uma fortuna em propaganda. Vocês não fazem ideia... Então, quando cheguei aqui, a Apple tinha acabado de demitir sua agência e tinha aberto um processo de seleção convidando 23 agências e, como vocês bem sabem, eles levariam quatro anos para escolher uma. Nós acabamos com esse processo e contratamos a Chiat/Day, a agência publicitária com a qual tive a sorte de trabalhar anos atrás e que criou alguns trabalhos premiados, inclusive o comercial eleito, por profissionais da área, o melhor anúncio da história, o 1984.

Voltamos a trabalhar com essa agência, e as perguntas que fizemos foi – nossos clientes querem saber: "Quem é a Apple e o que representamos? Qual é o nosso lugar neste mundo?" E nossa essência não é fazer caixas para as pessoas trabalharem, apesar de fazermos isso bem. Fazemos isso melhor que a maioria em alguns casos. Mas a Apple é mais do que isso. A Apple, em suas bases, seu valor essencial... é que acreditamos que pessoas com paixão são capazes de melhorar o mundo. É nisso que acreditamos... e que as pessoas malucas o suficiente para acreditar que podem mudar o mundo são aquelas que de fato fazem isso.

Então, o que faremos em nossa primeira campanha de marca em vários anos é retomar esse valor essencial. Muitas coisas mudaram. O mercado está totalmente diferente do que era uma década atrás. A Apple está totalmente diferente e o lugar da Apple no mundo é totalmente diferente... Mas os valores – e os valores essenciais – jamais deveriam mudar. As crenças essenciais da Apple são as mesmas que defendemos ontem e hoje.

E queríamos encontrar um jeito de comunicar isso. E nos saímos com algo que me toca muito profundamente, homenageando as pessoas que mudaram o mundo. Algumas delas estão vivas; outras já se foram. Mas aquelas que já se foram, como vocês verão... vocês sabem que, se elas um dia tivessem usado um computador, com certeza teria sido um Apple. O tema da campanha é Pense diferente, *em homenagem às pessoas que pensam diferente e que impelem este mundo a seguir adiante. E é isso que somos e é isso que representamos – é isso que toca a alma desta empresa... Espero que vocês também sintam o que eu sinto.*

Enxergando o quadro geral

Uma empresa diante da extinção normalmente fará o que for necessário para sobreviver – qualquer coisa exceto aumentar investimento em marketing, é claro.

Afinal, é a falta de dinheiro que está prestes a acabar de matar a empresa. Como os planos de marketing normalmente não vêm acompanhados de um retorno garantido sobre o investimento, requerem um salto de fé – e é difícil convencer a administração em crise de que é preciso ter fé.

Dessa forma, requer muita coragem investir uma boa parte dos últimos recursos restantes em algo tão intangível quanto uma nova campanha de marca. E foi justamente o que Steve fez. De certa maneira, ele parecia se sentir liberado pela situação aflitiva da Apple. Ele deixou claro que a Apple não enfiaria a cabeça na terra em um momento como aquele – aquela era a última chance da empresa de sair para o mundo e deixar sua marca. A Apple precisava investir em si mesma.

E foi o que Steve fez.

Como ele observou quando apresentou a campanha *Pense diferente* à sua equipe de marketing, "a Apple gasta uma fortuna em propaganda. Vocês não fazem ideia..." Ele quis dizer com isso que a Apple, antes de seu retorno, tinha um enorme orçamento publicitário, mas o jogou pela janela. A empresa permitiu que a Complexidade entrasse em cena. A Apple estava tentando promover tantos produtos com aquele orçamento que murmurava uma centena de coisas em vez de dizer uma única coisa a plenos pulmões.

No decorrer do ano que se seguiu, eu me encantaria ao ver o quanto a Simplicidade podia ser ousada. Em vez de promover uma variedade de produtos, Steve insistiu que deveríamos nos concentrar em um único elemento a cada trimestre. Esse foco receberia destaque na página inicial da apple.com e seria o tema de quase todas as peças publicitárias. O efeito foi impressionante. Ao dizer menos coisas com mais destaque, a Apple parecia chamar mais atenção que empresas como a IBM, que contava com um orçamento de marketing incontáveis vezes maior.

A campanha *Pense diferente* constituiu o primeiro grande investimento de Steve em marketing durante seu reinado na Apple. A diretora de mídia da Chiat, Monica Karo, conquistou seu respeito criando um plano de mídia ao mesmo tempo simples e tão irresistível quanto as imagens da campanha. Não seria barato, mas Steve sabia que era a coisa certa a fazer. Ele reconheceu o poder de atração dessas imagens icônicas.

Monica se certificou de que a campanha *Pense diferente* só seria exposta nos lugares em que chamasse o máximo de atenção e nunca em locais que pudessem denegrir a mensagem. Aqueles retratos dos heróis do *Pense diferente* jamais eram apresentados nas páginas internas de uma revista. Eles só apareciam na contracapa, onde poderiam brilhar por si sós. Era comum ver as imagens em mesas de centro de residências e empresas. Mas foi lá fora, no mundo real, que a presença dos anúncios se fez mais imponente. Os outdoors constituíram enorme parcela da iniciativa – mas só nos pontos mais privilegiados. A Apple se pôs a reservar sistematicamente os pontos de outdoors mais visíveis em todo o território americano à medida que eles eram disponibilizados – nas proximidades de aeroportos, nas entradas das principais cidades etc. Nos ambientes urbanos, as imagens da Apple eram vistas em pontos de ônibus cobertos, utilizando pôsteres iluminados que se destacavam à noite. E o mais surpreendente: as imagens do *Pense diferente* foram pintadas nas laterais de prédios enormes. Em Nova York, os transeuntes eram saudados pela foto clássica de John e Yoko na cama – John, Yoko e aquelas duas palavras: "Pense diferente."

Steve aprovou o plano com grande entusiasmo – e, é claro, sem testar previamente nenhum dos anúncios. Ele sentia que a campanha tocaria profundamente as pessoas. Sem nenhum tempo a perder enquanto a Apple tentava se recuperar, ele não tinha interesse em olhar antes de saltar. Ele certamente não permitiria que um grupo de foco ditasse a mensagem que a Apple transmitiria ao mundo inteiro.

A vantagem injusta da Simplicidade

A maioria das empresas tem suas razões para evitar investir em uma pura campanha de marca. Uma campanha como essa visa mais ao longo prazo do que ao curto prazo. Especialmente em momentos econômicos difíceis, a maioria dos líderes corporativos escolheria os lucros rápidos sem pensar duas vezes.

Vender uma campanha de marca a um cliente muitas vezes é como convencer um jovem de 19 anos dos benefícios de contratar um plano de aposentadoria privada. Os ganhos estão tão distantes no futuro que não é fácil visualizá-los. Essas empresas querem ganhar dinheiro agora.

Ocasionalmente, uma agência superconfiante declara ao cliente que é possível satisfazer ao mesmo tempo as necessidades de longo prazo e de curto prazo – vendendo os produtos ao mesmo tempo em que desenvolvem uma marca forte. É uma enorme façanha que poucos conseguem realizar.

Ao se ater às suas crenças, a Apple conquistou o Santo Graal da publicidade, desenvolvendo uma linha de produtos que constitui a verdadeira personificação de sua marca. Dia após dia, a Apple vende seus produtos ao mesmo tempo que cada venda reforça sua marca – dando a seus clientes ainda mais razões para acreditar que a Apple é a empresa que mais se importa com o design, com a tecnologia avançada e com a Simplicidade.

Desde o início, quando Steve Jobs apresentou seu briefing à equipe da agência, sabíamos que a campanha de marca seria o pontapé inicial de uma grande transformação. Sabíamos que o conceito do *Pense diferente* se concretizaria nos produtos revolucionários que estavam por vir – o primeiro desses produtos seria o novo computador doméstico.

Naquela ocasião, não fazíamos ideia de como seria o novo iMac. Trabalhamos com base na crença de que seria algo especial. Algumas vezes as estrelas se alinham à perfeição. Passamos os seis primeiros meses do nosso relacionamento com a Apple promovendo a marca da empresa com as palavras "Pense diferente". E, quando chegou a hora de lançar o primeiro novo computador sob o comando de Steve, o produto não poderia ter sido mais adequado ao tema.

O iMac foi um ícone perfeito do renascimento da Apple: visualmente impressionante, ele se destacava de todos os computadores que vieram antes dele. Em um mundo de computadores retangulares e de cor bege, o iMac era feito de azul translúcido, incorporando ao seu design as redes de circuito internas. Sinceramente, bastaria pegar uma foto do iMac e estampar o título "Pense diferente" para contar a história toda. Nos anais da história dos eletroeletrônicos, não acredito que jamais tenha havido um trabalho de desenvolvimento de branding mais eficaz ou apropriado para o lançamento de um produto que a campanha *Pense diferente* foi para o iMac.

Da mesma forma como os anúncios do *Pense diferente*, os anúncios do iMac apresentaram um único e simples elemento visual. Bastava a imagem daquele computador, patentemente diferente de todos os PCs, para cativar um leitor. O próprio iMac se transformou em uma personalidade do *Pense diferente* – comprovando, mais uma vez, o poder de uma imagem icônica. É verdade que decidimos incluir algumas palavras descritivas nos anúncios do produto, mas a descrição era mínima.

Como já sabemos, o iMac foi só o começo.

Uma nova série de lançamentos de produtos se seguiu, cada qual concretizando o jeito diferente de pensar da Apple. Um ano depois do iMac, a Apple lançou o iBook, que, apesar de ser risível pelos padrões de hoje, levou a magia do iMac à categoria dos laptops. Foi o primeiro computador comercial equipado com Wi-Fi. Lá estava Steve, no palco, acessando a Internet – *sem fio!* Para muitos, aquilo foi o equivalente a ver uma lâmpada se acendendo pela primeira vez. Depois vieram a nova e radical configuração em torre do Mac Pro e o PowerBook, com seu belo design em preto.

O conceito do "Pense diferente" foi rapidamente transformado de palavras que explicavam filosoficamente a empresa a palavras que descreviam perfeitamente cada novo produto à medida que era revelado. Cada novo produto da Apple foi revolucionário em algum aspecto, e cada anúncio se baseava no poder de um único e impressionante elemento visual. A fotografia desempenhava papel relevante, e a rica imagística era reforçada pelos títulos instigantes da Apple. No sentido clássico, eram anúncios de produto, mas, considerando a imagem de marca que a Apple optou por criar, eles também eram simultaneamente anúncios de marca.

Com efeito, interrompemos os anúncios dos heróis do *Pense diferente* à medida que os novos produtos da Apple inundavam o mercado. A Apple não precisava diluir seu orçamento de marketing para rodar uma campanha de marca paralelamente a uma campanha de produto. A empresa tinha uma única campanha. E cada produto vendido contribuía para a imagem da marca.

De todas as maneiras pelas quais a Apple alavancou o poder da Simplicidade, acredito que essa tenha sido a demonstração mais impressionante.

A Apple promoveu sua marca utilizando imagens icônicas e duas palavras que descreviam perfeitamente o espírito da empresa. Após aquele investimento inicial, a Apple nunca mais precisou investir em um anúncio de marca. Cada produto se transformou em uma expressão concreta da marca Apple.

O botão único: o símbolo oficial da Simplicidade

Sem dúvida alguma, o número 1 é o número mais simples jamais inventado. Ele é tão simples que até uma criança é capaz de entendê-lo. Quanto mais você se afasta do 1, mais complicadas as coisas ficam.

Por isso Steve Jobs insistia que o iPhone deveria ter apenas um botão, rejeitando muitos modelos diferentes antes de chegar à versão final. Você nem precisa usar um iPhone para constatar que ele é mais simples. Esse indicativo visual – o botão único –, por si só, já diz muito. Com efeito, é possível dizer que o botão único se tornou um ícone da devoção da Apple à Simplicidade.

Lembre-se de que, antes do lançamento do iPhone, todos os telefones – especialmente os smartphones – tinham botões saindo por todos os lados. Depois de passar um bom tempo usando o aparelho, você acabava aprendendo qual botão fazia o que e onde se localizava, mas isso demandava algum esforço.

A Simplicidade requer pouco esforço.

Com o iPhone, a Apple promoveu um ataque frontal à mentalidade dos multibotões. Parte desse ataque foi puramente psicológica. Depois de todos aqueles anos usando telefones repletos de botões, o iPhone representava uma grande ostentação de Simplicidade. Era uma boa sensação segurar o aparelho, com o dedão pronto para apertar aquele botão único. Ao mesmo tempo, era reconfortante saber que, por mais que você mergulhasse nas profundezas de seu iPhone, sempre poderia retornar à segurança da tela inicial ao pressionar aquele mesmo botão.

Mas eis as três funções que as pessoas mais usam em seu iPhone: Internet, telefone e iPod. Três é um número bastante baixo. Quando projetaram o iPhone, por que eles não colocaram três belos botões no iPhone em vez de um só? Seria possível argumentar que isso teria proporcionado acesso ainda mais rápido a cada uma das principais funções e, mesmo assim, teria representado um avanço em relação aos smartphones anteriores.

Só posso dizer uma coisa: três é mais do que um.

Seguir por esse caminho teria resultado em um iPhone quase perfeito. Mas Steve Jobs nunca aceitou o "quase". Essa relutância em fazer concessões refletiu a pureza de sua devoção à Simplicidade. E o resultado – uma revolução na categoria de smartphones – diz muito sobre como essa filosofia é acertada.

No que diz respeito ao design, a Apple pondera meticulosamente as mensagens a serem enviadas por cada produto, até mesmo as mensagens praticamente subconscientes. Eles levam em consideração cada aspecto do design de um produto: a aparência, a sensação, como ele faz *você* se sentir. Parte da ideia é conquistá-lo antes mesmo de você tocar o dispositivo. E um botão único transmite uma poderosa mensagem.

O design do iPhone não foi a primeira vez que Steve Jobs insistiu firmemente nesse tipo de Simplicidade. Mike Evangelist, ex-diretor de marketing de produtos da Apple, contou a história de uma de suas primeiras reuniões com Steve Jobs, ocorrida em 2000, na sala de conselho da Apple.

A equipe de Mike fora encarregada do desenvolvimento de um modo simples de transformar vídeos caseiros em DVDs, um app que mais tarde seria lançado como o iDVD (um dos apps do iLife). Ele e um parceiro trabalharam duro para desenvolver suas ideias para uma interface que fosse simples o suficiente para Steve e se prepararam para apresentar o trabalho criando todo tipo de telas de amostra e explicações verbais.

Mike se chocou quando Steve Jobs entrou na sala, ignorou o trabalho deles e se dirigiu para o quadro branco.

"Este é o novo app", ele declarou. "Ele tem uma janela. Você arrasta seu vídeo para a janela e clica no botão 'Queimar.' É isso. É o que vamos fazer."

Mike ficou embasbacado – nunca em toda a sua vida ele tinha visto um software concebido daquele jeito.

Sem dúvida, se fosse possível, todos os produtos da Apple teriam apenas um botão. Agora, com o advento do Siri, o assistente inteligente controlado por voz, você pode querer se preparar para produtos da Apple sem nenhum botão. Afinal, zero é o único número mais simples que um.

Dando vida aos ícones

Para muitas agências, clientes e estudantes de publicidade, a Apple é considerada o padrão ouro no marketing. Isso porque a rigidez da Apple garante a execução dos princípios da Simplicidade sempre que a empresa se comunica com seus clientes.

Muitos de seus anúncios de produto se limitam a mostrar uma breve demonstração do dispositivo. Você pode ver uma mão segurando um iPhone, passando de um app ao próximo, ou observar um iPad sendo demonstrado mais ou menos do mesmo modo.

A empresa segue uma espécie de fórmula, mas não basta mostrar o produto. O que a Apple realizou com tanto sucesso em momentos críticos de sua história foi criar uma imagem que se tornou um ícone para seu produto ou linha de produtos. Essa imagem muda a maneira como os clientes pensam sobre tecnologia, imbuindo-a de uma personalidade memorável.

Os anúncios do iPod constituem um exemplo interessante de como a Apple escolheu não mostrar o produto, mas sim criar imagens icônicas que seriam infinitamente mais eficazes. Infelizmente, a caminho da excelência na publicidade, a Apple tropeçou em sua propaganda para o iPod.

O primeiro anúncio do iPod mostrava um jovem em seu apartamento ouvindo música no iMac. Ele pluga seu iPod, transfere uma música do iMac ao iPod, coloca os fones do iPod no ouvido e continua a ouvir a música enquanto sai dançando enérgica e literalmente de seu apartamento. Era meio desconcertante assistir ao anúncio e, na Internet, algumas pessoas passaram a se referir a ele como o comercial do "iClod" – algo como "iEstúpido". Um dos problemas do anúncio era que ele tentava incluir alguma espécie de diversão artificial além do produto. Isso não é necessário e costuma matar um anúncio, além do fato de que, no caso, a diversão não era muito divertida. Era um jovem tentando ser descolado, mas fazendo isso de um jeito relativamente patético.

Outro problema foi o aspecto de "pessoa real" do anúncio. No passado, Steve, muitas vezes, evitou usar pessoas em seus anúncios porque um ator que aparentasse ser descolado a um espectador poderia desagradar a outro espectador. É muito difícil encontrar uma pessoa com apelo universal (e aquele primeiro anúncio do iPod foi uma boa prova disso).

Este é um momento perfeito para fazer uma pausa e lembrar um dos pontos já abordados – que a Apple não testa nenhum de seus anúncios, enquanto grandes empresas como a Intel tendem a testar todos eles. Se a Apple tivesse testado aquele anúncio, poderia ter descoberto que a mensagem não repercutiria como a empresa esperava. Eles poderiam ter decidido abandonar o anúncio e fazer outra coisa. Talvez. Mas, quando pensamos nas centenas de anúncios que a Apple produziu ao longo dos anos e em todo o tempo e dinheiro (vários milhões de dólares) que teria custado para conduzir todos aqueles testes, fica mais fácil apreciar o valor da abordagem da Apple. A Apple permite que a Chiat sonhe grande. O mundo não vai acabar se a empresa cometer uma gafe ao longo do caminho. As pessoas não vão abandonar os dispositivos da Apple na rua. O anúncio pode não ter sido excelente em comparação com os anúncios anteriores – mas a vida continua e a Apple tentaria melhorar da próxima vez. No caso do iPod, os anúncios seriam incrivelmente melhores da próxima vez.

A campanha que se seguiu ao anúncio do "iClod" conseguiu se livrar dos dois problemas do primeiro anúncio. Ela apresentou um gancho verdadeiramente cativante e não tentou impressionar o público com uma pessoa supostamente descolada.

Em vez disso, fez o que a Apple faz melhor, criando uma imagem icônica que passou a representar imediatamente a "Apple" e o "iPod". Mas, ao mesmo tempo, a campanha violou algumas regras da Apple e foi absolutamente inovadora. Susan Alinsangan, diretora de arte da Chiat, se saiu com o design da série de comerciais *Silhouettes* para o iPod. Aquilo marcou um ponto alto na carreira de Susan e ela merece todos os elogios que recebeu pela campanha. Da mesma forma como o comercial fracassado que o precedeu, a nova campanha se concentrou em pessoas dançando – só que, dessa vez, os anúncios foram estilizados de forma a revelar apenas silhuetas bidimensionais de pessoas dançando em fundos de cores berrantes. Os anúncios não mostravam nenhuma foto do produto – somente uma silhueta branca do iPod e seus fones de ouvido brancos icônicos.

O conceito foi adotado como a imagística oficial da propaganda do iPod, vista não apenas em comerciais na televisão, como também na mídia preferida da Apple, a propaganda em outdoors. Durante anos, outdoors e pontos de ônibus exibiram os anúncios *Silhouettes* do iPod, que, devido às suas cores intensas, eram incrivelmente vistosos quando iluminados à noite, e pareciam visíveis a quilômetros de distância. A aparência icônica daqueles anúncios se tornou imediatamente reconhecível a qualquer pessoa exposta à campanha – isto é, praticamente qualquer pessoa no planeta.

Considerando o design elegante do iPod, a decisão de não mostrar o produto constituiu uma abordagem radical para a Apple, especialmente quando a maioria de seus outros anúncios não fazia nada além de mostrar o produto. Em vez de propor a compra do dispositivo, a Apple propunha comprar a emoção. Como a essência do iPod era música e alegria, cada anúncio transmitia a ideia de alguém se divertindo com o aparelho – sem nenhuma necessidade de mostrar quem era a pessoa. Os comerciais foram incrivelmente humanos sem nunca mostrar um rosto humano.

E a Simplicidade mais uma vez sai vitoriosa.

Seria minimizar enormemente a vitória, é claro, limitar-se a dizer "deu certo". O iPod, sem dúvida, foi um dos sucessos mais extraordinários da história da Apple – e de toda a história dos eletroeletrônicos de consumo. Aliado ao iTunes, um simples agregador de música (e também de filmes, jogos, podcasts, transmissões de rádio, entre outros), o iPod ainda dominava mais de 70% do mercado mais de 10 anos depois de ser lançado.

O iPod nunca teve um concorrente realmente à altura. Os concorrentes iam e vinham – inclusive o fracassado Zune da Microsoft –, mas nenhum deles chegou a ameaçar a gigantesca participação de mercado do iPod. Só quando as funções do iPod começaram a ser incorporadas ao iPhone e ao iPad é que as vendas começaram a dar sinais de desaceleração. Esse sucesso estrondoso deve ser atribuído a uma das submarcas mais fortes que a Apple jamais desenvolveu – e uma das imagens mais icônicas jamais criadas.

Dito isso, a campanha proporciona um vislumbre de como funciona a mente de Steve Jobs e o quanto ele era humano. Ele também errava ocasionalmente.

Como sabemos, Steve era um crítico duro da propaganda. Um de seus comentários preferidos depois de rever um anúncio era: "Vocês conseguem fazer melhor." Acontecia até de você terminar onde começou, com Steve concordando efusivamente com você, mas, em geral, precisava se esforçar muito para chegar ao destino final. Tudo fazia parte da busca pela excelência.

Quando a agência apresentou a campanha *Silhouettes* a Steve, ele inicialmente não gostou da ideia. Não é difícil entender por quê. O conceito era diferente de todos os anúncios que Steve aprovara no passado – em grande parte, páginas com fundo branco apresentando uma imagem do produto e um título instigante. Naquele sentido, a campanha proposta não tinha nada a ver com a Apple. Não havia uma imagem impressionante do produto. Não só havia pouco espaço em branco, como absolutamente nenhum espaço em branco (a menos que se leve em consideração a própria silhueta). "Não tem nada a ver com a Apple", Steve declarou.

Em um caso como esse, a única coisa a fazer seria manter-se firme, continuar argumentando e torcer para a ideia da campanha se imiscuir na zona de conforto de Steve. A boa notícia para Susan e seus colegas de criação da Chiat foi que Steve acabou dando o braço a torcer.

Vamos avançar um ou dois anos, para um dos eventos do Macworld em São Francisco. Eu estava presente naquele dia, quando Steve revelou à plateia que a Apple tinha dois novos anúncios do iPod. "Vocês querem ver?", ele perguntou, e a multidão enlouqueceu. Observei o rosto de Steve enquanto ele recebia a ovação antes e depois de mostrar os comerciais. Nunca o vi mais feliz e satisfeito. Ele estava verdadeiramente orgulhoso dos anúncios.

Reduzindo o inimigo a um ícone

A natureza da propaganda é alegar que você tem um produto melhor. E, quando você é o azarão, como a Apple sempre foi no mercado de PCs, uma maneira eficaz de fazer isso é comparar-se diretamente com o líder.

O modo como você retrata seu "inimigo" tem grande impacto sobre o modo como seu público o percebe. Você pode ser percebido como honesto e de bom caráter ou, se não tomar cuidado, pode aparentar condescendência ou mesquinhez.

Ao longo de sua história, a Apple tentou, em várias ocasiões, se impor contra a Microsoft, sem obter resultados significativos. Vários talentos criativos fizeram o possível. Muito tempo atrás, em uma série de anúncios publicados em revistas e jornais, a Apple comparou "O jeito difícil" à esquerda com "O jeito fácil" à direita. Sim, você adivinhou: o Mac era o jeito fácil. Em termos lógicos, os anúncios faziam todo o sentido. No entanto, em termos emocionais, eles não sensibilizaram as pessoas. O leitor via dois computadores e um monte de palavras. Considerando que a Apple era tão pouco conceituada na época, poucas pessoas se convenceram.

Anos mais tarde, a Apple provaria que tudo se resume à maneira como a mensagem é transmitida. Graças à genialidade criativa da Chiat, a campanha *Mac vs. PC* viria a se tornar o que muitos consideram a campanha mais impactante e bem-sucedida da história da Apple. A campanha foi tão eficaz porque não tentou ser tão literal na representação da Microsoft como uma tela de um computador, transformando a plataforma do Mac e do PC em seres humanos. Cada um recebeu uma personalidade própria e a interação entre eles apontava, de maneira divertida, suas diferenças.

Diferentemente da abordagem "jeito difícil *versus* jeito fácil", a campanha *Mac vs. PC* chamou muita atenção. A campanha se tornou um tópico frequente de conversas e tema de inúmeras paródias no YouTube. O segredo foi encontrar ícones para representar os dois lados do argumento, em vez de usar computadores de verdade – e, no caso, os ícones foram pessoas.

Nos idos de 1999, a Apple estava em uma situação na qual escolheu combater um concorrente ainda maior: todo o mundo dos computadores. A história que dominava o noticiário naquele ano era o temido bug do milênio, que ameaçava provocar um desastre mundial nos computadores no dia do Ano Novo do ano 2000.

O problema era que a maioria dos computadores representava os anos com números de dois dígitos ("99" para o ano de "1999", por exemplo) e não estava preparada para lidar com a mudança de "99" a "00". Muitos computadores interpretariam "00" como se fosse "1900" – ou até "19100" – e as empresas temiam o caos. É impossível especificar exatamente quanto dinheiro foi gasto para prevenir esse problema, mas foi uma fortuna. Estimativas globais variam de $300 bilhões (International Data Corporation) a $600 bilhões (Gartner Group).

Steve Jobs se divertiu com a situação, porque os proprietários de Macs não precisaram gastar um centavo sequer. Os Macs foram configurados para que os usuários não tivessem nenhum problema relacionado a datas até o ano 29.940. Depois disso, eles estarão por conta própria.

Douglas Adams, autor de *O guia do mochileiro das galáxias* e fã da Apple, escreveu uma chamada maravilhosamente irônica e a enviou diretamente a Steve Jobs para ser utilizada na publicidade da Apple. O texto dizia:

> ***Podemos não acertar em tudo, mas pelo menos sabíamos que o século chegaria ao fim.***

Utilizamos a chamada de Adams na Internet. Para a televisão, procuramos uma maneira de visualizar melhor o problema e acabamos nos saindo com um modo de representar graficamente todo o caos global utilizando uma simples lente vermelha. Nosso locutor seria HAL, o ameaçador computador do filme *2001: uma odisseia no espaço*.

A beleza de HAL é que ele vivia no ano 2001, de forma que, diferentemente do resto de nós, ele já havia sobrevivido ao bug do milênio.

HAL era a imagem perfeita para um problema complicado, representando toda a malevolência à espreita no mundo dos PCs. O anúncio inteiro consistia de uma lenta aproximação até chegar a um close-up do olho vermelho do HAL.

Não foi fácil incluir HAL no projeto, já que tanto a MGM quanto Stanley Kubrick detinham os direitos. A MGM concordou rapidamente, mas Kubrick estava em Londres trabalhando na pós-produção do filme *De olhos bem fechados*. Precisamos esperar notícias dele, mas, quando apresentamos a ideia, ele adorou o comercial. (Embora o vídeo preliminar enviado por nós apresentasse apenas uma imagem estática de HAL e minha voz tentando imitar HAL.)

A única pessoa que foi contra foi o ator Douglas Rain, que representou a voz de HAL tanto em *2001* quanto em *2010*. Ele era um artista, e artistas não fazem anúncios, mesmo com a carta branca de Kubrick. Então, depois de 75 audições para escolher um imitador do HAL, encontramos Tom Kane, que representava o papel de C-3PO nos jogos de computador da Lucasfilm e Yoda na série animada de TV *Star Wars*. Ele era experiente em "missões espaciais" e capaz de imitar HAL impecavelmente, incluindo o ligeiro sotaque canadense.

O anúncio do HAL foi transmitido no Super Bowl em 1999, imediatamente após o chute inicial. A Simplicidade, mais uma vez, se destacou – embora cercada de comerciais de cerveja.

Capítulo 6

Pense frasal

O objeto sobre a mesa estava envolto em mistério e deixou todo mundo extasiado, à espera de sua revelação. Oculto debaixo de um pano cinza, era impossível discernir qualquer detalhe. Teríamos de esperar a grande revelação quando a reunião fosse convocada.

Esse definitivamente não seria um briefing típico de produto. Debaixo daquele pano, estava o computador doméstico que viria a salvar a Apple.

Sem querer ser dramático, mas foi exatamente assim que o produto foi anunciado pelo próprio Steve. Foi a esse produto que Steve se referira quando começamos a trabalhar na campanha *Pense diferente*. Ele nos dissera que o primeiro produto a ser lançado seria uma reinvenção do computador doméstico. Ele propusera a seus engenheiros e designers o desafio de fazer algo grandioso e, finalmente, estávamos prestes a ver o fruto desse trabalho.

A Apple não seria salva por mais caixas em cor bege que não se distinguiam, tanto em termos de aparência quanto de funcionalidade, das centenas de modelos de PCs existentes no mercado. Steve queria que aquele primeiro produto abrisse os olhos das pessoas e anunciasse o retorno da Apple.

Era a primavera de 1998 e fomos convocados para a primeira apresentação do novo computador, cujo codinome era C1. O "C" significava "consumidor". Na época, a Apple não costumava ser muito criativa na escolha de seus codinomes.

Na ocasião, sentíamos que já tínhamos percorrido um longo trecho da jornada, depois de desenvolver a campanha *Pense diferente* e expô-la estrategicamente na televisão, em outdoors e contracapas de revistas ao redor do mundo. Aquela fora a parte do desenvolvimento da marca e este era o produto real – um produto que provaria que nossa campanha de marca não fora apenas um chamativo truque publicitário.

Agora estávamos sentados apenas alguns centímetros do C1, ansiosos para ver o resultado de todo o trabalho de reinvenção. Se Steve realmente estava apostando todas as fichas da empresa naquele computador, ele precisaria ser brilhante. A Apple não tinha mais tempo e aquela era a única cartada restante para dar uma virada na situação.

A agência enviara um grupo de cinco ou seis pessoas, composto de pessoal de criação e gerentes de conta. Dois gestores de produto da Apple estavam presentes para nos orientar. Depois de algumas apresentações e comentários iniciais, chegou a hora de botar a mão na massa.

Um gerente de produto retirou o pano e revelou o C1.

Lá estava ele – o computador que viria a ser conhecido como o iMac, que mais parecia saído da série animada *Os Jetsons*. O grupo murmurou um "minha nossa" coletivo e tentamos absorver e apreciar o que estávamos vendo – porque aquilo revolucionava tudo o que achávamos que os computadores deveriam aparentar. O computador era inteiriço e colorido, revelando as redes de circuito internas através de uma carapaça semitransparente.

Eu gostaria de acreditar que éramos todos tão perspicazes que, em segundos, nos vimos convencidos de estarmos testemunhando o início de um ressurgimento milagroso. Mas não foi bem assim. Mais tarde, quando a equipe da agência se viu sozinha e livre para expressar o que sentimos no momento da revelação, descobrimos que todos nós tivemos praticamente o mesmo sentimento. Foi um misto de choque, empolgação e esperança de que Steve Jobs realmente sabia o que estava fazendo – porque havia uma grande e concreta chance de aquele computador revolucionário ser chocante demais.

Mas o formato e o design do C1 constituíram apenas uma parte do que nos foi revelado naquele dia. O C1 vinha acompanhado de um incrível novo mouse. O mouse, da mesma forma como o novo computador, não se parecia com nada que eu já tinha visto antes. Ele foi projetado com as mesmas cores amigáveis que o iMac e era redondo. "Que maluquice", pensamos. O mouse também veio a se provar incrivelmente burro – mas vamos deixar essa história para depois. Na mesa encostada na parede da sala, havia outro computador coberto com um pano. Estávamos tão encantados com o computador que nos foi revelado que nunca imaginamos que ele pudesse ter um irmão.

O outro computador era o modelo profissional, montado em um gabinete em formato de torre e que seria anunciado logo após o C1, o novo Power Mac G3. Ele não era translúcido, mas tinha em comum muitas das características de design do C1 – muitas curvas, incluindo grandes empunhaduras nas beiradas frontal e traseira no topo.

O Power Mac G3 vinha com um grande monitor independente que seguia o mesmo design. Por ser um modelo de tubo de raio catódico, que precisava de muito espaço traseiro, o monitor era enorme e bulboso, revestido de plástico azul e branco. Mais evocações dos *Jetsons*. E decididamente menos atraente. E ele seria acompanhado do mesmo mouse redondo projetado para o C1.

Impressionamo-nos com a revelação do Power Mac G3, mas aquela inovação nos deixou um pouco mais nervosos. Embora fosse direcionada ao público corporativo, a máquina parecia bastante voltada a consumidores. O azul era espalhafatoso. Jony Ive, líder do design, e sua equipe claramente se empolgaram com o novo tema do design do iMac e resolveram explorá-lo ao máximo. Mais uma vez, aquela frase "Espero que Steve saiba o que está fazendo" passou pela nossa cabeça.

Acontece que, naturalmente, Steve realmente sabia o que estava fazendo. Ele não acertou exatamente na mosca, mas acertou tanto que entrou nos anais da história dos computadores.

Em nossa próxima reunião com Steve, ele estava ansioso para ouvir o que achamos do C1. Ele mais parecia um pai orgulhoso. Os novos computadores constituíam o principal foco da Apple e Steve claramente mergulhou de cabeça em sua criação. Ele adorava cada detalhe e estava ávido para apresentar as novas máquinas ao mundo. "A traseira do nosso computador é mais bonita que a parte frontal dos computadores deles", ele declarou numa frase que viria a repetir muitas vezes. Naquele ponto, já tínhamos tido tempo de digerir o que vimos. Passado o choque da primeira revelação, percebemos o quão revolucionário o C1 seria. Acreditávamos fielmente no conceito e mal podíamos esperar para começar a desenvolver uma campanha para ele.

Mas antes Steve nos lançou um desafio: precisávamos de um nome para aquela coisa. O C1 entraria rapidamente em produção e o nome precisaria ser decidido logo para ser incluído nos processos de design de embalagem e manufatura.

"Já temos um nome do qual gostamos muito, mas quero que vocês tentem superá-lo", Steve propôs. "O nome é 'MacMan'."

O "i" do My Apple

Enquanto esse nome tenebroso ecoa na sua cabeça, peço que você pare um momento para pensar sobre a arte de nomear produtos. Como todas as coisas neste mundo que clamam por Simplicidade, os nomes de produtos provavelmente incluem os exemplos mais gritantes de certo e errado.

De algumas empresas, vemos nomes como "iPhone". De outras, vemos nomes como "G'zOne Commando", da Casio, ou o "DVP SR200P/B", um DVD player da Sony. (Sem brincadeira, os nomes são reais.)

Apesar de ser possível achar que as lições da nomeação de produtos se aplicam apenas a empresas que criam produtos, isso está bem longe da verdade. Todas as pessoas que se comunicam, em qualquer organização, se beneficiariam de entender e aplicar os princípios da determinação de nomes de produtos. Pode ser o título que você atribui a um relatório. Ou o tema escolhido para uma conferência. No fim das contas, tudo se resume a chamar a atenção das pessoas e se certificar de que elas sintam o que você gostaria que sentissem.

O processo de nomear produtos é o exercício definitivo da Simplicidade e requer traduzir em uma única palavra, possivelmente duas, a essência de um produto ou empresa – ou, em alguns casos, até criar uma personalidade para o produto ou a empresa. Apesar de a Simplicidade apreciar um desafio desse tipo, infelizmente o mesmo pode ser dito da Complexidade. Com efeito, se você der uma olhada nos nomes de produtos, perceberá que a Complexidade está vencendo essa guerra.

Vamos voltar à história do C1. Ou, melhor dizendo, do MacMan.

A equipe da agência ficou inconsolável quando soube que Steve se apaixonara por um nome tão decepcionante quanto "MacMan". Diferente do C1, um nome em relação ao qual nossos sentimentos evoluíram de choque a amor, sabíamos que não poderíamos nos forçar a gostar de "MacMan". Jamais. O nome era tão errado que nem sabíamos por onde começar.

Phil Schiller, diretor global de marketing, estava presente e Steve revelou que "MacMan" fora uma sugestão dele.

"Acho que meio que lembra a Sony", refletiu Steve, referindo-se, é claro, à lendária linha de Walkmans – players pessoais de música – da Sony. "Mas devo dizer que não me importo em seguir um pouco no vácuo da Sony. Eles são uma famosa empresa de produtos para o consumidor e, se o MacMan soar como um produto de consumo da Sony, isso pode ser bom para nós."

Era difícil saber por onde começar a apontar as falhas desse argumento. Parecia que a Apple, mais do que qualquer empresa no mundo, era um exemplo de originalidade. Ter um nome que ecoava tão flagrantemente o estilo de outra empresa não seria o melhor caminho a seguir. Também não gostamos da parte "man" – homem, em inglês – do "MacMan", que constituía um viés machista evidente. E também havia o fato de o nome nos dar arrepios, mas precisaríamos ser mais diplomáticos para expressar esse sentimento.

Esse é um problema comum ao se lidar com qualquer cliente. Quando eles se apaixonam por alguma ideia da qual você não gosta, o único jeito de dissuadi-los disso é mostrando algo melhor. Steve estava nos desafiando a superar o "MacMan", de forma que o problema não era tão terrível assim. Ainda.

Antes de sair da sala, Steve especificou algumas diretrizes para o nosso processo de determinação do nome.

"Em primeiro lugar, as pessoas têm de saber que se trata de um Mac", ele começou. "Então acho que o produto precisa incluir a palavra 'Mac'." Essa era a principal prioridade, porque, além do aspecto físico, o produto todo gritava "Mac" e rodava no mesmo software.

"Em segundo lugar, todo mundo quer entrar na Internet e essa é a maneira mais fácil de chegar lá", ele afirmou. "Até uma criança conseguiria." Um instalador do EarthLink seria incorporado ao sistema, de forma que bastaria ligar o computador e preencher o registro para obter cidadania plena na Internet – incluindo o próprio endereço de e-mail. (Na época, era uma grande inovação, pode acreditar.)

No entanto, Steve também tinha duas advertências para nós – duas armadilhas nas quais ele não queria que caíssemos.

"Este é um Mac totalmente equipado, mas algumas pessoas olharão para ele e acharão que é um brinquedo. Então, o nome não deve soar frívolo demais", ele declarou.

"Também corremos o risco de as pessoas acharem que ele é portátil, devido às grandes empunhaduras no design do gabinete. Mas este troço é pesado. As empunhaduras só foram incorporadas para facilitar mover o computador dentro de casa. Devemos evitar que o nome soe como algo portátil", ele explicou.

Ficamos intrigados com as instruções, considerando que Steve tinha acabado de declarar seu amor ao nome "MacMan", um nome que conseguia transgredir simultaneamente as duas instruções. "MacMan" soava ao mesmo tempo como um jogo (Pac-Man) e um dispositivo portátil (Walkman).

Mas deixamos esse argumento para uma ocasião em que voltaríamos munidos de nomes melhores. Tirando as eventuais desavenças, dar um nome ao C1 era uma enorme oportunidade para nós e a equipe da agência mergulhou de cabeça nessa missão. Uma semana mais tarde, voltamos a Cupertino com uma pasta de portfólio contendo nossas recomendações de nomes para o C1. Tínhamos avaliado uma longa lista de candidatos, reduzindo-a a cinco preferidos e criando um painel individual para cada um. Cada painel apresentava um nome com uma tipologia grande e atraente, ao lado de uma breve lista de argumentos descrevendo suas virtudes.

Nosso nome preferido foi o que me ocorreu no início do processo: "iMac". Esse nome parecia resolver todos os problemas de uma só vez. Era claramente um Mac. O "i" sugeria que se tratava de um Mac projetado para dar ao usuário acesso à Internet. E também era um nome perfeitamente sucinto – só uma única letra acrescentada à palavra "Mac". O nome não soava como um brinquedo nem soava portátil.

Usar a palavra "Mac" no nome do produto foi uma inovação mais revolucionária do que você pode imaginar. Na época, "Macintosh" ainda não tinha sido apelidado de "Mac", mais coloquial, no nome de nenhum computador da Apple. Em termos de Simplicidade e minimalismo, "iMac" parecia perfeito.

E, é claro, o nome "iMac" também vinha acompanhado de outra pequena vantagem, criando uma base interessante para a Apple nomear produtos de consumo futuros. Quem sabe, de alguma forma, em algum momento, a Apple não consideraria criar outro produto "i"?

Um a um, apresentei nossos cinco nomes finalistas a Steve. Também mencionei rapidamente alguns azarões, como "MiniMac" (aquilo foi muito antes do Mac mini) e fechei a apresentação com a chave de ouro do "iMac". Argumentei que "iMac" não apenas era conciso e fácil de lembrar, mas que o "i" também poderia representar outras coisas. Além da clara associação com a Internet, o "i" também poderia representar "individual" e "imaginação". Infelizmente, meus argumentos não tiveram o efeito desejado sobre Steve.

"Odiei todas as propostas. 'MacMan' é melhor."

Que decepção! Esperávamos voltar para casa como os salvadores da pátria, mas, em vez disso, voltaríamos com o rabo entre as pernas para lamber as feridas e recomeçar todo o processo.

"Agora você só têm uma semana para se sair com um nome melhor ou será 'MacMan' mesmo", Steve declarou.

Uma semana mais tarde, tínhamos criado outro lote de nomes. Descartamos todos os nomes anteriores, mas deixamos o "iMac" no meio, apesar de Steve ter dito que odiara o nome. Dessa vez, usei uma filosofia que aprendera há muito tempo com um sábio publicitário: "Mesmo que tenha novas ideias para apresentar, nada o impede de reapresentar uma ideia velha."

De volta a Cupertino para a segunda apresentação, apresentei primeiro os novos nomes. Ele continuou não gostando de nenhum nome da nova lista. Foi quando ressuscitei o "iMac" e lhe disse que ainda acreditávamos muito naquele nome. Steve nos fez a cortesia de ponderar mais uma vez sobre o nome.

"Bem, não estou mais odiando a ideia", ele disse. "Mas ainda não me empolguei. Temos apenas algumas semanas e ainda acho que 'MacMan' é o melhor nome que temos."

Por mais deprimente que fosse ouvir aquilo, pelo menos dessa vez pude ver uma luz no fim do túnel. Steve dissera que não odiava mais o nome "iMac". Senti aquela declaração como positiva.

Gostaria de dizer que houve alguma grande reviravolta depois daquela apresentação, um momento de glória jubilosa para nós, mas não foi o que aconteceu. No dia seguinte, conversando com um de meus clientes na Apple, fiquei sabendo que havia alguma agitação na empresa em relação ao nome. Steve estava percorrendo a empresa perguntando às pessoas o que achavam do nome "iMac". Ele mandou aplicar o nome em um modelo para ver como ficaria.

Não ouvi mais nenhuma palavra sobre a decisão. Steve basicamente pegou a bola e correu para chutar o gol. Ele claramente gostou do que viu quando recebeu de volta o modelo com o nome aplicado e deve ter recebido opiniões positivas de seu círculo íntimo.

E foi assim que o nome "iMac" pegou.

Essa história, é claro, revela algo interessante sobre o estilo de trabalho de Steve Jobs. Ele tinha uma opinião. Uma opinião extremamente forte. O tipo de opinião capaz de derrubar você no chão e chutá-lo algumas vezes. Mas isso não quer dizer que ele não fosse razoável ou que fosse incapaz de mudar de ideia quando confrontado com opiniões sinceras apresentadas com paixão.

Aquele foi um momento decisivo para a Apple, um momento em que seu amor à Simplicidade prevaleceu e a colocou no caminho que ela segue até hoje. Steve era implacável em seu desejo de dar um grande nome a esse grande produto. Ele conhecia o poder das palavras. E, no caso, percebeu o poder de uma única letra.

Como resultado, aquela pequena letra "i" se tornou um dos elementos mais importantes da marca Apple.

Determinando nomes de produtos por diversão e (espera-se) lucros

A Simplicidade pode se concretizar em muitas formas: produtos, estratégias, hierarquias corporativas, processos, anúncios, discursos e uma centena de outros lugares. Mas em nenhum outro elemento a Simplicidade é encontrada em uma forma tão concentrada quanto no nome de um novo produto.

Você pode ter apenas alguns caracteres alfanuméricos para trabalhar e mesmo assim gostaria de comunicar algo sobre o qual seria possível escrever um ensaio completo. O nome criará uma identidade distintiva para o produto, lhe dará personalidade e, espera-se, contribuirá para reforçar a marca da empresa.

Uma empresa pode usar dois métodos na criação de um nome de produto. Ela pode contratar uma agência especializada, o que custa uma pequena fortuna, ou pode tentar se encarregar ela mesma da tarefa.

Estou certo de que profissionais da área de determinação de nomes têm mil razões para deixar a tarefa "aos especialistas". Também estou certo de que muitas grandes empresas se sentem mais à vontade confiando em especialistas externos para lidar com essa tarefa. Mas o nome de um novo produto é algo a ser levado a sério, e há muita coisa em risco.

No entanto, se você trabalhar em uma empresa especializada na nomeação de produtos, não perca seu tempo sentado ao lado do telefone esperando uma ligação da Apple.

Não é assim que a Apple funciona. Os nomes de seus produtos revolucionários foram todos criados pelas equipes da Chiat ou pelas equipes de marketing e produtos da própria Apple. Considerando que o iMac se tornou rapidamente o modelo mais vendido da história dos computadores e que o iPhone e o iPad verdadeiramente abalaram o mundo, é difícil criticar o processo de nomeação da Apple.

Steve sentia que ninguém conhecia melhor os produtos e os planos da Apple ou entendia melhor a cultura da empresa que os próprios funcionários da Apple e a Chiat. Ele não se mostrava nem um pouco disposto a pagar centenas de milhares de dólares a um expert externo, provavelmente temendo receber nomes de produtos como "Quadra" e "Performa" – computadores produzidos pela Apple durante seu exílio. Nomes como esses se encaixariam melhor no porta-malas de um Honda, mas nunca pertenceriam ao mundo de Steve. Eles exalam o odor nauseabundo de valores corporativos tradicionais, tentando ser simultaneamente descolados e legalmente seguros.

Pelo fato de Steve valorizar tanto a Simplicidade nos nomes, normalmente ponderava muitas alternativas antes de tomar sua decisão final. Seria possível achar que o nome "iPhone" teria sido uma decisão rápida, por ser tão natural. Mas muitos nomes alternativos foram desenvolvidos, em parte para fins de due diligence e, em parte, pelo fato de o nome implicar algumas questões legais.

Naturalmente, um nome excelente não garante um produto de sucesso da mesma forma que um histórico escolar impecável não garante uma vida perfeita. Isso aumenta as chances de sucesso. Um nome ruim, contudo, de fato pode transformar-se em um risco no lançamento de um produto. Como tudo no mundo do marketing (e na vida), a meta é fazer o possível para puxar a sardinha para seu lado. Um nome ruim de produto é uma boa maneira de enfraquecê-lo antes mesmo de ele chegar às lojas.

Com base na minha experiência com o processo, posso confirmar o fato de que, em algum ponto, depois de encher as paredes com ideias de nomes e começar a sonhar com isso à noite, é fácil convencer-se de que todos os bons nomes do mundo já foram inventados. (Mais ou menos tão provável quanto os músicos do mundo não terem mais canções originais para compor.) O nome perfeito está sempre por perto, esperando para ser descoberto.

A Apple se utiliza muito bem do Bom Senso quando nomeia seus produtos. Ela não almeja o espetacular. O nome iPhone não fez as pessoas pularem de empolgação, mas fazia muito sentido. O produto seguiu-se ao iMac, ao iPod, ao iPhoto e a uma série de outros produtos "i", o que claramente o identificava como um produto da Apple. A parte "phone" do nome identificava perfeitamente a categoria que o produto ambicionava revolucionar.

Além do Bom Senso, a abordagem da Apple à determinação de nomes de produtos adota o conceito da coerência. Seus computadores são todos Macs, o tempo todo: iMac, Mac Pro, MacBook Air e MacBook Pro. O "i" identifica dispositivos de consumo da Apple e sempre vem vinculado a uma palavra que descreve o produto ou a categoria do produto. É fácil para clientes existentes e potenciais entender a estrutura dos nomes das principais linhas de produtos da Apple. E, a cada vez que você diz o nome de um produto da Apple, sabe que se trata de um produto da Apple. Trata-se de um conceito incrivelmente poderoso, o mais simples possível – mas poucas empresas conseguem atingir esse tipo de poder de branding nos nomes de seus produtos.

Na Dell, os nomes de produtos provêm de mundos completamente distintos: Inspiron, Vostro, XPS, OptiPlex, Precision e muitos outros. A cada vez que a empresa acrescenta um novo produto a seu portfólio, o nome precisa avançar com dificuldade até chegar ao vocabulário do cliente. É verdade que algumas das submarcas da Dell passaram a ser reconhecidas com o tempo, mas os nomes não têm nenhuma relação uns com os outros ou com a marca Dell. As coisas não fazem tanto sentido para os clientes com a mesma rapidez com que isso ocorre na apple.com.

As fabricantes de celulares e smartphones também têm muita dificuldade de dar bons nomes a seus produtos, o que só ajuda a fazer a abordagem simples da Apple se destacar ainda mais. Basta dar uma olhada nas Motorolas e Nokias do mundo. Acometidas de um caso perpétuo de proliferação de produtos, essas empresas são forçadas a pagar o preço quando se reúnem para nomear seus dispositivos. Com, literalmente, dezenas de modelos, as fabricantes se afogam em um mar de nomes em constante transformação, como "Enlighten", "Breakout", "Astound", "Curve", "Citrus" e "Fascinate". Esses nomes de produtos remetem à marca da mesma forma como qualquer palavra aleatória do dicionário faria.

O drama da nomeação vivido pelas grandes fabricantes tem suas razões para existir. As fabricantes precisam fechar acordos com todas as operadoras de telefonia, muitas das quais exigem um nome distinto para vender os celulares em suas lojas. Se você quiser que elas vendam seus aparelhos, precisa seguir as regras delas. É um ciclo que as fabricantes são incapazes de romper – a não ser que sejam a Apple. Ao revolucionar a categoria, a Apple criou um nome que literalmente se vende sozinho.

Por que existem tantos nomes de produto genéricos ou medíocres? Porque a Complexidade está profundamente enraizada no processo de determinação de nomes. Um nome precisa ser aprovado por vários stakeholders. Na maioria das empresas, considera-se uma grande vitória quando um nome consegue passar por todos os obstáculos legais. Estive envolvido em um bom número de projetos de nomeação nos quais um nome é escolhido porque não há mais tempo e "isso foi o melhor que pudemos aprovar".

Esse tipo de argumento não é tolerado em Cupertino. A Apple não faz concessões em nomes de produtos. Todos os nomes devem ser perfeitos.

Simplicidade é singularidade

Os seres humanos são naturalmente programados para identificar produtos por meio de palavras únicas. Exija mais do que isso e você só se decepcionará. As pessoas dirão "Vou procurar no meu iPhone", mas jamais "Vou procurar no meu iPhone da Apple".

Isso, é claro, se deve, em grande parte, ao fato de que o iPhone atingiu, por conta própria, poderoso status de marca. Mas também pode ser explicado pelo fato de a Apple ter deliberadamente mantido seu portfólio de produtos pequeno e administrável – e o mesmo se aplica aos nomes de seus produtos. Novos modelos de iPhone foram lançados anualmente desde 2007, mas cada um deles leva o mesmo nome. O modelos são diferenciados por termos como 3GS, 4, 4S etc., mas essas referências só são utilizadas quando o contexto exige. Mais uma vez, as pessoas dirão "Vou procurar no meu iPhone", mas raramente "Vou procurar no meu iPhone 3GS". E é exatamente assim que deveria ser, já que "iPhone" é a marca e o termo que distingue os modelos só é relevante em contextos específicos.

A Apple aspira a uma singularidade similar no âmbito dos computadores. Todas as linhas de produto – iMac, Mac Pro, MacBook Pro e MacBook Air – mantêm seus nomes já conhecidos mesmo que o design seja radicalmente alterado. Usar o mesmo nome para representar modelos tão diferentes pode provocar algumas complicações nos sistemas de inventário e manutenção de registros nos bastidores, mas a Apple não se incomoda com o trabalho adicional se isso simplificar as coisas para os clientes.

Com vários formatos distintos, os nomes do iPod têm a própria história. Diferentemente dos vários modelos de iPhone, que possuem utilizações similares, os diferentes modelos de iPod possuem utilizações bastante distintas. O iPod Touch permite uma experiência parecida com o do iPhone, como e-mails e apps; o iPod Nano proporciona todos os recursos com portabilidade; e o iPod Shuffle é levíssimo, não tem tela e é ideal para se exercitar na academia. Mas mesmo com nomes distintos para modelos diferentes, os nomes dos iPods se baseiam no Bom Senso, com apelidos que descrevem o tamanho ou a finalidade de cada modelo. Não há esquemas alfanuméricos herméticos. Os termos descritivos escolhidos foram "touch", "nano" e "shuffle". Esses termos, por si sós, já foram incorporados ao vocabulário dos clientes – palavras únicas fáceis de lembrar.

Por outro lado, os nomes da maioria dos aparelhos vendidos pelos concorrentes da Apple são difíceis de lembrar por haver tantas dezenas deles, além do fato de os próprios nomes não se relacionarem nem aos nomes de marca nem à funcionalidade dos aparelhos.

Como o cérebro das pessoas é configurado para gravitar ao redor de um único nome, elas não se referem ao "meu HTC Thunderbolt" ou ao "meu Motorola Citrus". Não há nenhuma pesquisa publicada sobre o tema, mas não seria surpresa alguma constatar que a maioria dos proprietários desses modelos se refere a seus dispositivos como "o meu celular".

Uma exceção seria o "Droid", que realmente repercute entre as pessoas. O nome é excelente – curto, memorável, futurista e já conhecido dos filmes da série *Guerra nas estrelas*. Infelizmente, o nome Droid não rende benefícios a uma única fabricante de telefones, já que o nome é de propriedade da Lucasfilm e seus direitos foram concedidos para utilização tanto pela Motorola quanto pela HTC.

A Apple não mantém os nomes simples visando apenas ao desenvolvimento da marca, mas também para evitar confundir as pessoas. No fim das contas, é isso que a Simplicidade faz de melhor. Com a mais perfeita clareza, ela diz aos clientes quem você é e o que vende.

O peixe que escapou

A Complexidade tem o hábito desagradável de transformar a vitória em derrota.

Quando entrei na agência da Intel, o Pentium era o chip mais rápido do mercado. A Intel gastava centenas de milhões de dólares para sustentar essa família de processadores, mas estava no processo de concretizar uma nova visão. Eles estavam criando um conjunto de chips especialmente para computadores móveis, incorporando recursos sem fio e as tecnologias adicionais necessárias para possibilitar a magia da portabilidade. Só faltava um nome.

Na época, o Pentium era um nome famoso. O Pentium é um bom exemplo de um nome sintetizado que passou a ter um significado internacionalmente reconhecido devido (a) à sua presença em todo lugar e (b) ao investimento pesado da Intel em sua promoção. O Pentium foi um sucesso de branding – uma submarca distinta e poderosa da Intel.

Era isso que a Intel ambicionava replicar com sua nova tecnologia móvel. Mas, antes de poder fazer isso, eles precisariam superar dois obstáculos. Eles deveriam se sair com um nome para a nova tecnologia e precisariam de um bom plano de marketing.

O Bom Senso, falando em nome da Simplicidade, teria exigido que a Intel decidisse um nome antes de determinar o plano de marketing. Em vez disso, a Intel decidir colocar essa carroça na frente dos bois. A Intel tinha passado meses discutindo o nome, de forma que a agência foi instruída a elaborar um plano de marketing criativo – mas deixando um espaço em branco nos anúncios e peças publicitárias para incluir o nome e o logo do produto depois.

O mais absurdo era que a Intel já tinha um nome fabuloso na manga. Da mesma forma como a Apple criou um valioso ativo com a letra "i", alguém observou que a Intel tinha o potencial de alavancar o nome Pentium e transformá-lo em algo maior. O final "-ium" de "Pentium" poderia ser utilizado para criar novos nomes no futuro, dando a todos os produtos da Intel um senso de unidade. O termo Pentium, que soa como um elemento tirado da tabela periódica, poderia gerar toda uma linha de novos "elementos": os microchips mais avançados do mundo. Fundamentar-se no conceito dos elementos também fazia sentido devido ao fato de a Intel não fabricar computadores, mas apenas o ingrediente mais vital dessas máquinas.

Com isso em mente, a Intel já se saíra com um nome de produto para sua nova plataforma móvel que não apenas fazia Sentido Lógico (um parente próximo do Bom Senso), como também vinha acompanhado de certa astúcia. O nome proposto foi "Mobilium". Se a proposta veio de uma agência especializada em nomes, essa agência merece elogios.

Nossa agência publicitária viu um grande potencial no nome "Mobilium". Se a Intel seguisse nessa direção, eles teriam a chance de dar a seu portfólio de produtos um senso de ordem que a empresa nunca teve antes. O termo Mobilium chegou a ser divulgado na imprensa como o nome da futura plataforma móvel da Intel. No entanto, por razões jamais reveladas, "Mobilium" logo se transformou apenas num codinome e foi excluído da lista de candidatos para o nome final do produto. Como você verá mais adiante neste livro, a Intel não era muito ousada no que se refere a questões legais, de forma que a empresa possivelmente deparou com algum espinhoso problema de registro de nome.

Há uma grande diferença entre a Intel e a Apple no que diz respeito a esse tipo de coisa. A Apple enfrentou uma questão legal com a Cisco referente à utilização do nome "iPhone" antes mesmo de o aparelho ser revelado. Contarei mais sobre isso em um capítulo posterior, mas Steve Jobs basicamente estava tão decidido a usar esse nome para seu aparelho revolucionário que escolheu anunciá-lo antes mesmo de assegurar os direitos legais. Por ter o marketing correndo nas veias, Steve se dispunha a correr riscos (e riscos altamente dispendiosos) quando via um bom potencial de marketing em um nome. Os problemas que a Intel viu no nome Mobilium forçaram a empresa a prosseguir na direção oposta.

Depois de desistir da ideia do Mobilium, a Intel decidiu gastar uma boa quantia com uma empresa especializada na criação de nomes de produtos. (O tipo de empresa que Steve Jobs teria evitado como o diabo foge da cruz.) O nome escolhido foi "Centrino". O grupo de identidade corporativa da Intel arregaçou as mangas e surpreendeu muitas pessoas criando para o produto um logo que parecia uma borboleta de perfil. Eu só menciono isso por causa de uma história que uma pessoa envolvida no design me contou. Quando o logo original do Centrino foi apresentado a Andy Grove, presidente do conselho da Intel, ele refletiu por um momento. Tendo acabado de se recuperar de uma série de problemas médicos e mais familiarizado do que nunca com partes do próprio corpo que ele provavelmente preferiria desconhecer, Andy comentou: "Parece a minha próstata." O design foi alterado para poupar Andy de rever essa imagem.

Em termos gráficos e de nomenclatura, as coisas poderiam ter sido muito diferentes se a Intel tivesse conseguido manter o nome "Mobilium" em vez de "Centrino". Mas a Intel, como muitas empresas, não é tão obcecada quanto a Apple no que diz respeito à Simplicidade nos nomes. Para comprovar isso, basta entrar no site da Dell, HP, Acer e de outras fabricantes e dar uma olhada nos produtos. Como você verá quando falarmos mais sobre o iPhone, a Apple é uma raridade por se mostrar mais do que disposta a levar as coisas até as últimas consequências para obter o nome que acredita ser o mais poderoso em termos de marketing.

É por isso que a Apple tem iMacs, iPhones e iPads, enquanto a Dell tem Inspirons, Vostros e OptiPlexes.

A euforia do óbvio

Uma das desvantagens da Simplicidade é que ela vem acompanhada de uma maldição – algumas vezes, ela parece fácil demais.

A Simplicidade naturalmente não parece ser fácil para as pessoas que passaram noites em claro para se sair com uma ideia simples. Mas, para o expectador casual, ou até para o gestor que analisa a ideia, ela pode parecer óbvia demais.

Vejamos, por exemplo, o nome "iPhone". Após o sucesso fenomenal do iPod, o nome era tão óbvio que milhares de veículos de comunicação e blogueiros já se referiam ao "iPhone" meses antes de a Apple revelar o dispositivo. E o nome também era absolutamente natural para Steve Jobs, o que justifica o fato de ele querer batizar seu produto de "iPhone" desde o início.

Como um nome, "iPhone" era uma simplificação em excesso. Steve deixou isso extremamente claro quando subiu ao palco para a grande apresentação: o iPhone são três dispositivos em um, ele declarou. Era um celular, um navegador da Internet e um iPod. Então, por que "iPhone"? O nome descrevia apenas um terço dos recursos do dispositivo. Seria possível achar que o aparelho mereceria um nome mais como "iPod", algo não tão específico, ou um nome que pelo menos sugerisse que o dispositivo era muito mais que apenas um telefone. Mas não. Steve achava que "iPhone" era perfeito.

Era a obviedade do nome que ele considerava tão atraente. Se ele fosse chamado de "iPhone", o posicionamento do produto pela Apple ficaria absolutamente claro, bem como o setor que a Apple estava prestes a revolucionar. As pessoas entenderiam instantaneamente o produto e essa compreensão contribuiria para intensificar o buzz.

Steve também tinha experiência no mundo da criação de nomes. Ele sabia muito bem que o nome que a Apple escolhesse para o aparelho logo seria conhecido por suas várias características, inclusive o telefone. Dessa forma, ele não se preocupava com a possibilidade de o nome ser, de certa forma, restritivo, considerando os inúmeros recursos do dispositivo. Graças ao buzz criado pela mídia e ao próprio marketing da Apple, o termo iPhone logo viria a representar muito mais que um simples "telefone".

Assim, apesar de muitos excelentes nomes lhe terem sido apresentados, Steve se ateve a seu primeiro amor: o "iPhone". Ele considerava o termo a solução mais simples – e, se deparasse com quaisquer obstáculos para garantir o nome, estava disposto a pagar o preço.

Adorando falsos deuses

Minha educação religiosa ficou em um passado distante. Mas, se não me falha a memória, um dos mandamentos diz: "Não desejar o marketing do próximo."

É extraordinário ver quantas empresas caem nessa armadilha. Perdi a conta dos clientes que vi pendurarem os anúncios dos concorrentes na parede e desejarem abertamente ter tido a ideia antes. Eles desejavam ser outra pessoa, mesmo que esse outro alguém tivesse uma série diferente de circunstâncias e um conjunto bem diferente de valores.

Tudo bem ter metas ou se inspirar pelo trabalho alheio. Mas a Simplicidade requer que você mantenha os olhos na estrada e permaneça fiel aos valores de sua própria empresa. É uma questão de autenticidade.

Vejamos o caso do Final Cut Studio, da Apple, o antecessor do Final Cut Pro X atual. Quando o Final Cut Studio 2 se aproximava da data de lançamento, tive a honra de ser convocado para ajudar com um dilema na decisão do nome do produto.

O Final Cut Studio era uma coletânea de ferramentas sofisticadas de produção de vídeo para edição e efeitos especiais. Antes do lançamento do Final Cut Studio 2, a Apple havia adquirido de outra empresa um novo acréscimo a esse pacote de software – uma ferramenta de "escala de cores" utilizada em Hollywood para o ajuste extremamente sofisticado de cores. A ferramenta era vendida pelo proprietário anterior a $25 mil por cópia e agora a Apple o estava incorporando à sua mais recente versão do software integrado Final Cut Studio. Depois de muito cogitar um nome para o novo componente, a Apple decidiu chamá-lo "Color".

Uma das líderes do projeto – vamos chamá-la de Jan – era uma grande admiradora do modo como a Adobe vinha vendendo seu software de vídeo, o Adobe Premiere. Na época, o Premiere era disponibilizado em várias "edições" diferentes, com preços de acordo com a necessidade do usuário.

Que ideia perfeita, pensou Jan. A Apple deveria fazer o mesmo. Poderíamos criar duas edições do Final Cut Studio, normal e *premium*, e incluir o novo aplicativo Color no pacote *premium*. Ela solicitou um design de embalagem para os dois produtos e um novo nome para o pacote *premium*. Se a configuração padrão fosse chamada de Final Cut Studio 2, que nome dar à versão que incluiria o Color?

Eu me envolvi no processo de determinação do nome e dei minhas sugestões aos designers de embalagem. Não foi meu trabalho mais brilhante, já que minhas sugestões incluíram pérolas como "Final Cut Studio 2 Extended Edition" e "Final Cut Studio 2 Platinum Edition". Aqueles nomes remetiam à insipidez da Adobe (ou talvez ao ranço da Microsoft). Na verdade, a única diferença entre os dois produtos era a inclusão do Color. Então, respirei fundo e decidi colocar em prática o princípio da obviedade. Minha escolha pessoal foi "Final Cut Studio 2, With Color".

Mas mal sabíamos nós que, enquanto tudo isso acontecia, Steve estava em seu escritório polindo o Chicote da Simplicidade.

Na apresentação, um grande sortimento de designs de embalagem, cada qual com o próprio nome, foi impecavelmente organizado na mesa diante de Steve. O Platinum Edition tinha uma bela faixa platinada cruzando o topo. Todos os outros designs apresentavam alguma característica que ajudaria a diferenciá-los da edição padrão. Jan apresentou o conceito a Steve, explicando que isso estava sendo feito para acomodar o acréscimo do Color ao pacote. Steve olhou para as caixas e, em seguida, olhou para a equipe.

"Coloquem o software na caixa", ele disse.

O grupo não soube ao certo o que ele quisera dizer com isso. "Explique, por favor."

"Coloquem o Color na caixa do Final Cut Studio. Venderemos um produto. Ponto final." Um silêncio sepulcral se abateu sobre a sala enquanto a equipe digeria a nova informação. "Mais alguma coisa?", ele indagou.

A pobre Jan sentiu que era importante explicar por que eles tinham feito aquilo. Ela contou que prometera ao CFO que o grupo de software criaria uma edição especial para que a empresa pudesse monitorar e justificar o custo da aquisição do Color.

"Parece que você cometeu um grande erro", Steve comentou. E foi o fim da história. O Final Cut Studio 2 permaneceria em uma única caixa e como um único produto.

Olhando para trás, acho que aquela foi uma das ocasiões em que a Complexidade nem estava tentando ser furtiva. Ela estava debaixo do nosso nariz mas ninguém pareceu notá-la até que Steve a açoitou com o Chicote da Simplicidade.

Ao incluir todos os componentes do Final Cut Studio em um único pacote, a Apple facilitou enormemente a vida de seus clientes e a própria vida. Não haveria necessidade de explicar no site as diferenças entre as diversas versões; a Apple poderia simplesmente apontar para o grande novo recurso do Final Cut Studio. E nem haveria a necessidade de investir em design e produção de uma embalagem separada e de estocar os dois produtos em todas as Apple Stores. E, para os clientes da Apple, não haveria necessidade de agonizar diante da decisão de escolher entre versões diferentes. Eles poderiam se empolgar com a compra de um poderoso novo produto com um componente inteiramente novo. Sem o Color, os upgrades para o novo Final Cut Studio 2 seriam mínimos. O mais simples é muito, muito melhor.

No caso, a culpa foi do excesso de otimismo de Jan. Ela estava convencida de que, se conseguisse encontrar o nome certo, seu problema estaria resolvido. Infelizmente, toda aquela empreitada foi inspirada pelos valores de um concorrente – e não pelas regras de Simplicidade da Apple.

Práticas na Internet para os lúcidos

Quando os executivos da Apple aprovaram o conteúdo da apple.com, a meta era divulgar informação ao mesmo tempo que se mantinham fieis à voz da Apple. A Apple é amigável, acolhedora e elegante, e qualquer um consegue navegar no site.

Alguns membros dos círculos digitais criticam a apple.com pela falta de ornamentos e penduricalhos. Eles dizem que o site não passa de um catálogo injustificadamente venerado. Eles estão corretos nas duas alegações – e era exatamente assim que Steve gostava do site. Ele via a apple.com como um lugar no qual as pessoas pudessem se informar sobre os produtos da Apple, ponto final. Ele queria que o site fosse interessante e atraente, mas rejeitava regularmente ideias para expandir a apple.com em direções mais "descoladas".

Steve tinha rigorosos padrões para o site da Apple no que se refere ao que deveria ser incluído e ao que deveria ser deixado de fora. Ele não era um grande fã de animações espalhafatosas. Ele acreditava que esses recursos eram para os "preguiçosos", a marca de uma empresa que tentava impressionar os visitantes com colírio para os olhos, e não com conteúdo. Ele insistia que o site da Apple deveria evitar frivolidades e facilitar a vida das pessoas em busca de informações.

O site da Apple amadureceu ao longo dos anos e, de fato, incorpora algumas animações baseadas no novo padrão HTML5. Esses recursos acrescentam alguma energia às páginas, mas a Apple se recusa firmemente a incluir efeitos digitais que acabam distraindo as pessoas do conteúdo. O resultado é um site repetidamente classificado como um dos sites mais visitados do mundo e frequentemente elogiado por sua clareza.

A Apple deixa experimentos malucos e extravagantes para os concorrentes. Sua meta é ser vista como uma ilha de Simplicidade neste universo complexo. Nesse sentido, a apple.com é o exemplo perfeito do tema deste livro – como utilizar o poder da Simplicidade para destacar uma empresa das outras.

Se você se aprofundar, verá que algumas seções do site da Apple não são totalmente simples. Eles têm muitos produtos para vender e muitas histórias para contar. Mas o importante é que as páginas são desenvolvidas para *parecer* simples.

Sem dúvida, o único fator mais importante que criar um site simples é facilitar o acesso a ele. Também em relação ao site, Steve Jobs exigia claramente a Simplicidade. Ele chegava a ser detalhista no que se refere aos URLs. Em uma ocasião, estávamos apresentando um comercial a Steve quando alguém sugeriu mostrarmos um URL modificado ao final do anúncio para direcionar as pessoas a uma página específica no site da Apple, como "www.apple.com/ofertaespecial".

Steve pareceu chocado com a sugestão. Felizmente, sua "torre de artilharia" não foi acionada e não houve nenhuma surra verbal. Mesmo assim, ele destruiu rapidamente a ideia. Ele não acreditava que as pessoas se lembrariam de um URL especial e queria simplificar ao máximo as coisas para elas. Se um comercial da Apple instigasse o interesse das pessoas, ele achava que elas recorreriam instintivamente ao site. Se o investimento em um comercial fosse suficiente, a página inicial do site da Apple naturalmente apresentaria em destaque o link relevante.

Com isso em mente, dê uma olhada em todos os outros comerciais na televisão ou até nos anúncios em revistas e jornais. Também dê uma olhada nos outdoors. Você deverá ver alguns URLs bastante complicados criados não apenas para conduzi-lo a uma página específica, como também para possibilitar à empresa monitorar de onde os visitantes estão vindo. Steve não acreditava em dificultar a vida dos clientes só para poder coletar dados sobre os movimentos deles. Seu maior interesse era facilitar a vida dos clientes. A Apple existia para servi-los, e não o contrário.

Ele não gostava quando uma empresa o forçava a fazer malabarismos e nunca pediria isso a alguém.

Nunca subestime o poder de uma palavra

Apesar de muita gente achar que Steve Jobs não era a pessoa mais atenciosa do mundo, ele respeitava o fato de eu morar a três fusos horários de distância, em Nova York. Então, se para mim era 1 hora da madrugada, era possível presumir que eu poderia descansar o resto da noite. No entanto, se eu enviasse um e-mail à 1 hora da madrugada, estaria anunciando o fato de ainda estar acordado. Eu precisava pensar muito antes de clicar no botão "enviar" em um e-mail para Steve, porque essa simples ação poderia facilmente resultar em um telefonema imediato e uma longa conversa sobre um anúncio ou qualquer outra coisa que ele tivesse em mente.

Steve adorava participar do processo criativo, o que envolvia opinar sobre cada palavra e imagem. Uma noite, ainda na época do iMac, enviei um daqueles e-mails de madrugada, o que levou a um telefonema imediato de Steve. Apesar do horário, ele passou mais de uma hora repassando o texto de um encarte de 16 páginas do iMac que logo entraria em produção.

De todos os tipos diferentes de interações que tive com Steve, conversas como aquela eram as minhas preferidas. Éramos só nos dois – sem distrações nem restrição de tempo – falando sobre as sutilezas da linguagem. De certa forma, elaborar um longo texto era um pouco como montar um quebra-cabeça, e era ao mesmo tempo interessante e divertido conversar sobre as escolhas de palavras, os significados implícitos de palavras e expressões e as diferenças por vezes microscópicas entre dois jeitos de dizer a mesma coisa. Não é de se surpreender que a maior preocupação de Steve fosse sempre a possível interpretação de um leitor casual.

Naquela noite, repassamos o texto, página por página e frase por frase. Raramente líamos mais de uma frase ou duas antes de Steve interromper para fazer algum comentário ou pergunta. Algumas vezes falávamos sobre grandes mudanças e, em outras vezes, podíamos nos engajar em uma discussão sobre ser melhor usar "um" ou "o" em determinada frase. Essas discussões nunca eram acaloradas. Eram conversas inteligentes sobre a melhor maneira de comunicar uma ideia de marketing. À medida que íamos nos aprofundando no debate, podíamos até nos envolver em algumas barganhas. Se deparássemos com uma questão sobre a qual não conseguíamos chegar a um consenso, Steve poderia dizer: "Bem, você me deu uma folga da última vez; então vou lhe dar uma folga desta vez."

Steve tinha a sensibilidade de um artista e era fanático por detalhes, o que confirmava as lendas a seu respeito. Ele não se detinha para discutir a utilização de uma única letra por ser um maníaco por controle, mas porque considerava a questão importante. Para Steve, não existiam detalhes irrelevantes.

Como já mencionei, quando Steve estava em busca do nome de um produto, pedia sugestões tanto do pessoal da Apple quanto da equipe de sua agência.

Ele exigia que os nomes se adequassem ao quadro de referência existente para os nomes da empresa, mas era igualmente intransigente em relação ao lado artístico: os nomes precisavam soar bem. Até um nome tão óbvio quanto o "iMovie" foi discutido durante semanas, com montanhas de nomes sendo ponderadas.

A Apple é inflexível no envio da mensagem da Simplicidade a seus clientes. É o que eles fazem com cada produto criado – e com cada palavra escolhida.

Capítulo 7

Pense casual

Estávamos em um carro alugado cerca de cinco minutos depois de sair da Apple, a caminho do San Jose Airport, para embarcar no nosso voo de volta a Los Angeles, quando meu celular tocou. Era Steve.

"Olha, não sei quem era aquela pessoa nem por que você a trouxe, mas não estou pagando nenhum centavo a mais por nada do que ele acabou de fazer", Steve disse, "e nunca mais quero vê-lo na Apple".

Isso é conhecido na área como "uma reunião ruim". Foi uma vergonha, ainda mais considerando que a agência passara duas semanas se preparando para a reunião.

A pessoa a quem Steve se referia era do setor planejamento. Vamos chamá-lo de Hank, para não prejudicar sua carreira. No mundo da publicidade, os planejadores são as pessoas pagas para representar o ponto de vista do consumidor – em oposição ao ponto de vista da agência ou do cliente. Espera-se que esses profissionais saibam o que os clientes estão pensando e deem ideias sobre quais mensagens podem aumentar as chances de os clientes comprarem.

Os planejadores devem consolidar todas essas informações em um formato digerível que orientará o pessoal de criação no desenvolvimento da peça publicitária mais eficaz possível. Eles também são essenciais na elaboração das estratégias de marketing que atuam como as bases para o trabalho criativo.

Hank era novo na agência. Ele era um homem esperto que tinha acabado de chegar de uma das agências mais criativas do país, onde trabalhou em uma campanha publicitária que se transformou em um ícone da área. A aura de seu trabalho anterior resplandecia em seu currículo e ele foi recebido de braços abertos na Chiat.

Ficou decidido que Hank estrearia na agência conduzindo uma "auditoria de marca" para a Apple. Ele avaliaria a saúde da marca Apple entre diferentes grupos demográficos e etnias, e seu prêmio seria a chance de apresentar os resultados dessa análise ao próprio Steve Jobs.

Hank teve duas semanas para realizar esse trabalho e mergulhou de cabeça nas pesquisas. Ele mal podia esperar a reunião com Steve e estava decidido a fazer de tudo para surpreendê-lo.

Cuidado com o que deseja, Hank.

Uma semana antes da reunião, Hank perguntou se eu poderia dar uma olhada em sua apresentação, já que eu sabia mais ou menos o que Steve poderia ou não gostar. Eu estava atolado naquele dia, então adiamos para o dia seguinte. Infelizmente, nossas agendas nunca bateram e, de repente, nos vimos a caminho da Apple sem eu ter visto a apresentação. Lee Clow estava trabalhando com ele, de forma que não me preocupei. Eu me limitaria a assistir à apresentação, junto com Steve.

Chegamos à sala de reuniões da Apple 15 minutos antes do horário marcado. Hank estava levando uma daquelas atabalhoadas pastas de portfólio contendo sua apresentação e, imediatamente, começou a montá-la. O fato de ele precisar montar a apresentação foi o primeiro sinal de que algo estava errado.

E lá veio um enorme gráfico, seguido de um diagrama repleto de números e fotos de diferentes tipos de clientes. Comecei a estremecer, sabendo que Steve não era fã desse tipo de apresentação. Aquilo era coisa de grandes corporações.

Eu me arrependi de nunca ter conseguido abrir espaço na minha agenda para ver a apresentação de Hank durante a semana, porque a situação estava começando a parecer cada vez mais arriscada – ele poderia estar a caminho de uma armadilha mortal.

Quando Hank finalmente esvaziou sua pasta, pensei em dizer alguma coisa, mas era tarde demais para isso. Então, decidir fazer o que qualquer intrépido publicitário faria: certifiquei-me de me sentar fora da linha de fogo.

Quando Steve entrou na sala, Lee o apresentou ao mais novo membro da nossa equipe. Lee resumiu rapidamente as credenciais de Hank e explicou que ele vinha trabalhando duro na auditoria de marca da Apple – que era algo que nunca tínhamos feito antes, mas provavelmente deveríamos ter feito. Steve anuiu com a cabeça, apesar de aparentar estar sendo mais cortês do que realmente interessado.

A parede na qual Hank montou sua apresentação ficava atrás de Steve, de forma que ele meio que virou a cadeira para assistir ao show. Foi fascinante ver sua linguagem corporal. Ele começou absolutamente atento e, a cada minuto que passava, foi afundando cada vez mais na cadeira. Ele estava claramente entediado. Não fosse pelo fato de Lee Clow achar que aquilo era uma boa ideia, com certeza Steve teria sido consideravelmente menos cortês.

Seu respeito por Lee pode tê-lo impedido de abortar a apresentação, mas não o impediu de perturbá-la. Passados apenas alguns minutos, ele começou a interromper com perguntas. Quanto mais parecia que Steve não estava se convencendo, maior era o nervosismo de Hank.

Hank discorria sobre os diferentes grupos demográficos que tinha pesquisado em diferentes cidades. "Chegamos a ir ao gueto em Harlem e perguntamos aos jovens que jogavam basquete o que eles achavam da Apple..."

Steve interrompeu de novo. "Por que vocês perguntariam a eles?", ele indagou. "Eles não têm dinheiro!"

Steve não estava querendo ser cruel; só estava ficando cada vez mais irritado com a enorme perda de tempo que aquela apresentação estava se mostrando. Hank tentou murmurar uma resposta e Steve se enfiou ainda mais na cadeira, apoiando a cabeça na mão e se limitando a dar olhadelas na apresentação entre dois dedos que cobriam seus olhos. Naquele ponto, ele já estava absolutamente estarrecido.

Lee percebeu que algo precisava ser feito imediatamente ou um jovem e talentoso planejador sairia com uma cicatriz psicológica que levaria para o resto da vida.

Ele interrompeu Hank para explicar a Steve que queríamos mostrar a pesquisa porque achávamos ser importante que todos nós soubéssemos exatamente o que a marca Apple representava no momento, já que isso poderia muito bem influenciar todas as nossas mensagens futuras. Steve ouviu, mas estava claro que não estava convencido. Na verdade, ele estava ficando cada vez mais irritado com o tempo que estava perdendo naquela reunião.

Ele olhou para Lee com aquela expressão de "isso não faz sentido algum" e respirou fundo.

"Tudo bem, tudo bem", ele disse. "Vamos ver alguns anúncios." Foi como se Hank não existisse mais. Hank não tinha concluído a apresentação, mas Steve se encarregou disso por ele. Ficou bem claro que a carreira de Hank com Steve chegara ao início do fim, tudo no decorrer de apenas 20 minutos.

Aquilo ficou como uma mácula na história da agência, que se permitiu cair na armadilha de agir como uma agência típica – o tipo de agência da qual Steve não gostava nenhum pouco. Para ele, apresentações daquele tipo não passavam de adornos de agências que preferiam o estilo ao conteúdo.

Steve enlouquecia ao ver em 20 slides o que poderia ser dito em três frases. Ele valorizava demais seu tempo. Ele preferia conversar diretamente e receber um conteúdo bruto a uma apresentação excessivamente ornamentada. Na verdade, uma apresentação ornamentada só o fazia suspeitar de um comportamento do tipo "encher linguiça" por falta de conteúdo, revelando que você dedicou um tempo precioso a enfeitar sua ideia em vez de ponderar sobre a ideia em si.

Steve se sentia melhor em uma sala com uma mesa, um quadro branco e uma troca honesta de ideias. Ele resistia a qualquer tipo de formalidade nos relacionamentos ou a qualquer coisa que indicasse que a Apple pudesse estar começando a exibir o comportamento típico de uma grande corporação.

Ele gostava de se sentir à vontade para colocar os pés descalços na mesa se quisesse – algo que ele realmente fazia.

Apresentações sem medo

A maioria dos projetos em empresas começa com algum tipo de briefing.

Todos nós já comparecemos a briefings formais, rígidos e enfadonhos, bem como briefings fáceis de acompanhar e informativos. A Complexidade é perfeitamente capaz de transformar um briefing em uma espécie de tortura. A Simplicidade, por outro lado, deixa tudo perfeitamente claro – e dá aos participantes um verdadeiro senso da missão a ser cumprida.

Nas minhas várias atribuições na Apple, participei de mais de 20 lançamentos de novos produtos. Alguns projetos, conduzidos pelos gerentes de produto, se dedicaram à criação da embalagem ou de páginas da Internet para o novo produto.

As apresentações desses projetos eram breves e interativas e não incluíam tratados de marketing nem complexas listas de especificações dos produtos. Éramos apenas pequenos grupos de pessoas talentosas nos encontrando em uma atmosfera casual, sendo conduzidos por uma boa turnê pelo produto e uma apresentação clara de seus benefícios. Os gerentes de produto estavam lá para responder a todas as nossas perguntas. Saíamos da reunião sabendo exatamente onde o produto se posicionava no mundo e energizados para mergulhar de cabeça no projeto.

Muitas vezes, o próprio Steve Jobs apresentava o novo produto à agência como parte de nossas reuniões regulares a cada duas semanas. Sabendo que Steve odiava apresentações formais, dá para imaginar como seria uma apresentação conduzida por ele.

Não havia slide shows, materiais impressos nem uma estratégia formalizada. Era só uma conversa. O produto poderia ou não ser levado à sala. Steve expressava seu ponto de vista sobre as razões para a existência do produto, como ele funcionava e o que o destacava dos outros. Quando necessário, ele usava o quadro branco para ilustrar uma questão. Na prática, Steve atuava como o próprio slide show. Não existe uma maneira mais eficiente de ouvir sobre a filosofia por trás de um produto do que ouvi-la do próprio CEO.

Uma vez que absorvíamos a essência do produto, cabia à agência o trabalho de encontrar a maneira mais eficaz de apresentá-lo ao mundo.

A confiança de Steve na agência era um dos fatores que mais nos motivava. Ele nos contratara pelo nosso talento e esperava que provássemos isso continuamente. Por que ele nos manteria por perto se precisasse nos levar pela mão?

Agora, compare os métodos da Apple com o modo como outras empresas da área da tecnologia instruem seus parceiros. Para muitas, quanto mais importante é o projeto, mais formal ele se torna. Na Dell, na Intel e na IBM, um projeto formal de lançamento poderia ser uma megaprodução, algumas vezes exigindo a coordenação de várias agências. Não era rara a condução de briefings em auditórios repletos.

Quando eu me via preso em uma reunião excepcionalmente grande e não tinha mais como prestar atenção, algumas vezes me via contando os participantes para aliviar o tédio. Meu recorde é de 32 participantes, uma cortesia da divisão Consumidor da Dell, em uma reunião conduzida para instruir várias equipes sobre a campanha para a temporada de férias daquele ano. O briefing consumiu o dia inteiro.

Apesar das boas intenções da Dell, muito pouco foi produzido naquela reunião – além de desperdiçar o tempo de 32 pessoas, sendo que muitas delas tiveram de viajar para comparecer. A reunião levou a vários grupos de foco no Meio-Oeste dos Estados Unidos, o que exigiu que as pessoas viajassem um pouco mais. Mas, no fim das contas, apesar da escala do briefing, a Dell decidiu não fazer nada além de reciclar alguns anúncios antigos ajustados com imagens remetendo a férias. O custo dos grandes briefings e dos grupos de foco subsequentes, incluindo passagens aéreas e hospedagem, deve ter sido enorme.

Durante todos os anos que passei trabalhando com a Apple, tanto como o diretor de criação da agência quanto como consultor, nunca participei de uma reunião formal como aquela. Na verdade, nunca cheguei a participar de uma reunião superlotada. Há algo no sangue da Dell que requer isso – e algo no DNA da Apple que proíbe esse tipo de coisa.

Depois de um grande briefing desse tipo, você normalmente sai carregado de pilhas de materiais impressos descrevendo um ou outro aspecto do projeto. Quando você sai de um briefing de produto na Apple, pode levar um documento de uma ou duas páginas. A Simplicidade vai direto ao ponto.

Poucas pessoas que participam de uma apresentação pomposa e de difícil digestão voltam a suas salas ansiosas para agitar o mundo. A maioria prefere ir diretamente ao bar mais próximo. Não é assim que se inspiram as pessoas a atingir excelência. Isso não passa de marcar mecanicamente caixas de verificação para se certificar de expor todos os fatos. Esse estilo pode ser útil para os apresentadores, mas não beneficia os participantes.

Não pretendo destacar a Dell como um mau exemplo nesse tópico. Estamos falando de um problema recorrente de muitas grandes empresas, como você muito bem sabe. Quando se trabalha em grupos grandes e pesados, a pessoa se sente apenas como mais uma engrenagem no maquinário. No que diz respeito a instruir ou informar seus parceiros, a maioria das grandes empresas segue o modelo que produziu resultados aceitáveis no passado.

Não há problema algum nos modelos em si. Internamente, a Apple também segue um modelo para a condução de seus briefings. A diferença é que a Apple segue um modelo baseado na Simplicidade. A ideia é dar àquele pequeno grupo de pessoas talentosas as informações necessárias para realizar um trabalho da mais elevada qualidade possível.

Morte pela formalidade

Quando Steve Jobs subia ao palco, o mundo inteiro parava para ouvir. Você passaria semanas lendo sobre o evento. Não é de se surpreender que seu estilo de apresentação tenha sido tema de incontáveis livros e artigos.

No entanto, como a maioria de nós não se apresenta nas mesmas circunstâncias que Steve – no palco, sob os holofotes, diante de 5 mil pessoas ou mais –, você pode se interessar mais em como realizar uma apresentação *para* o Steve Jobs. Isto é, o que faria se alguém do calibre de Steve abrisse um tempo precioso em sua agenda para que você pudesse lhe apresentar uma ideia? Como usaria esse tempo?

Steve não tinha muita paciência. Ele era extremamente crítico. Ele não pensava duas vezes antes de interromper o apresentador. Se você conseguisse fazer uma boa apresentação a Steve, imagino que conseguiria realizar uma boa apresentação a qualquer um.

A primeira coisa a ser levada em consideração era respeitar o tempo de Steve. Os líderes de uma grande empresa nunca têm muito tempo. E os líderes de duas grandes empresas (como Steve, na época) têm ainda menos tempo. Mas isso pode ser uma grande vantagem, já que a Simplicidade se fortalece com a brevidade. A Simplicidade é a afirmação direta, não a sinuosa racionalização dessa afirmação.

Na época da NeXT, aprendi uma lição sobre como realizar uma apresentação a Steve, contradizendo tudo o que havia aprendido com meus mestres da publicidade até aquele momento. A lição mudou o modo como eu me relacionaria com Steve daquele ponto em diante e mudou o modo como eu conduziria uma apresentação a qualquer cliente tolo o suficiente para me convidar para participar de um projeto.

A equipe da agência tinha viajado à Apple para apresentar algumas ideias a Steve para uma série de anúncios de jornal. (Você deve se lembrar dos jornais.) Como de costume, passávamos alguns minutos sozinhos na sala de reuniões antes de Steve se unir a nós. Era nesse momento que eu realizava os "preparativos" para a conversa. Da nossa enorme pasta de portfólio, eu retirava os três anúncios a serem apresentados e montava cada um deles sobre uma cartolina preta, criando um belo efeito de moldura. De acordo com a tradição das apresentações publicitárias, eu colocava os anúncios na mesa virados para baixo. Nunca pensei muito a respeito. Eu só presumia que conversaríamos e que, no momento adequado, eu viraria os anúncios, revelando-os um de cada vez.

Na hora marcada, Steve entrava na sala e se sentava à mesa diretamente diante dos três anúncios. Eu ainda era novo na agência, mas estava começando a me sentir à vontade no meu papel. Steve tinha desenvolvido um relacionamento amigável com a agência e comigo. Tínhamos muito trabalho a fazer, mas era tudo inspirador e divertido.

A reunião começou e o diretor de contas da agência deu início às conversas. Depois chegou a minha vez. Eu me pus a executar a rotina que havia ensaiado mentalmente muitas vezes nas últimas 24 horas. Eu tinha planejado primeiro resumir a estratégia, para que Steve pudesse ver como cada anúncio adotava uma abordagem ligeiramente diferente para executá-la. Eu me orgulhava do trabalho e estava ansioso para mostrá-lo.

Steve só me deixou falar três frases do meu preâmbulo antes de me interromper. Num piscar de olhos, ele passou de focado a irritado.

"Apenas mostre os anúncios!", ele exclamou. "Você quer ficar sentado ao meu lado me explicando as coisas enquanto leio o *Wall Street Journal* de manhã?" Dito isso, Steve virou os três anúncios, e olhou para eles absorvendo seu conteúdo sem a minha narração.

Steve sabia bem no que vínhamos trabalhando. Ele sabia o que queria que aqueles anúncios realizassem. Provavelmente não precisaríamos dizer nenhuma palavra antes de mostrar os anúncios e poderíamos ter discutido qual deles era melhor e por quê.

O que Steve não precisava naquele momento era de uma apresentação formal. Na prática, ele estava dizendo: "Parem de ser pessoas de agência publicitária e apenas falem comigo." A Simplicidade tem pressa. Ela quer ir direto ao ponto e se concentrar no que importa. Nada pessoal e nada contra todo o tempo que você passou preparando aquele convincente discurso, mas grande parte do que está prestes a dizer provavelmente é supérfluo. Muitas pessoas presumem incorretamente que, ao aumentar o número de palavras, demonstrarão que são espertas, quando o contrário é quase sempre mais próximo da realidade. Aqueles que sabem como se comunicar com brevidade são vistos como mais talentosos e mais valorizados pelos executivos que valorizam seu tempo.

Para Steve, aquele início de reunião era típico de encontros entre grandes empresas e grandes agências. Toda aquela preparação de terreno parecia uma forma de manipulação. Ele queria julgar nossas ideias com base nos próprios méritos, não com base em nossa opinião sobre como ele deveria reagir. Quanto mais formal a apresentação, mais Steve parecia suspeitar.

A linha é tênue entre conduzir os clientes a uma conclusão e tratá-los como idiotas. E Steve provavelmente também não queria ser "conduzido". A melhor abordagem com Steve era limitar-se a apresentar os fatos e começar a discutir. Esse seria o momento de expressar sua opinião e argumentar a favor da conclusão na qual você acredita.

Em muitos aspectos, uma apresentação formal cria uma barreira. O fato de terminar com "Alguma pergunta?" não significa que ela promove o diálogo. No fim das contas, tudo se resume nos relacionamentos. Uma apresentação menos formal com uma discussão sincera é a melhor maneira de fortalecer nossos relacionamentos – e obter resultados melhores.

O estilo informal de Steve se baseava no fato de que ele considerava a maioria das reuniões como se fossem sessões de brainstorming. Mesmo que você levasse um trabalho acabado para ser apresentado na reunião, ele seria discutido e dissecado antes de vocês saírem da sala. A única ocasião na qual Steve acreditava em uma apresentação formal era no palco, revelando um novo produto da Apple.

Os eventos de lançamento da Apple eram meticulosamente coreografados e ensaiados até os últimos detalhes. Havia um plano B para tudo o que poderia dar errado. Mas até em uma produção de palco tão perfeitamente planejada, era fácil enxergar o Steve informal.

Se olhar um slide show que acompanhou uma das apresentações de Steve no palco sem Steve para conduzi-lo, você se surpreenderia ao verificar sua incrível Simplicidade. Os slide shows eram absolutamente diretos. É verdade que o objetivo de Steve era conduzir a plateia para a conclusão desejada, mas ele fazia isso da maneira mais direta possível. Na verdade, em muitos aspectos, ele de fato seguia o roteiro tradicional de uma apresentação: começar especificando a pauta, apresentar os fatos de cada tópico e resumir cada um deles antes de passar ao próximo. Ao final, ele resumia os pontos altos de toda a apresentação. Se quisesse reforçar uma ideia, ele a repetia. Vez após vez.

Steve não abria mão de passar dias e semanas inteiras ensaiando e ajustando seus grandes lançamentos de produtos para se certificar de que o mundo visse o que ele queria mostrar. Nesse sentido, aqueles eventos eram formais. No entanto, Steve não era um apresentador refinado no sentido tradicional. Ele não mantinha a postura perfeita, não falava lentamente nem enunciava como quem acabou de sair de uma aula de dicção. Ele falava mais como um empolgado jovem de 20 anos com a sabedoria de um homem de 50 anos. As pessoas sentiam tanta afinidade com ele porque, apesar de todo o ensaio (e, até certo ponto, devido a isso), ele ainda era visto mais como o sujeito informal na sala de reuniões do que como o CEO no palco.

Aquele homem que se apresentava no palco era o mesmo Steve que se comunicava com seus funcionários e parceiros. Nunca o vi pedir uma apresentação formal à agência – ele só queria que apresentássemos nosso melhor trabalho.

Capítulo 8

Pense humano

Quando chegou à faixa dos 40 anos, Steve já tinha vivenciado praticamente todas as emoções que alguém pode sentir trabalhando com um novo computador. Em diferentes momentos, ele se sentiu empolgado, orgulhoso, furioso, fascinado, frustrado, inspirado e irado.

Então, certo dia, em um daqueles telefonemas tarde da noite, eu me surpreendi ao ouvir Steve se tornar pensativo e tranquilo. "Aquela foi a primeira vez que um computador me fez chorar", ele contou.

Apenas algumas horas antes, ele se sentara diante de um protótipo do iMac e decidira experimentar o iMovie – um novo produto que revelaríamos ao mundo num futuro próximo. A experiência foi transformadora. Ele importou uns filmes que seus filhos haviam feito com sua câmera doméstica, pegou os melhores clipes, acrescentou transições e títulos, escolheu uma bela trilha sonora e criou um filme que o tocou profundamente.

Ele me disse que, quando mostrou o resultado à sua esposa, os dois ficaram com os olhos marejados de lágrimas. Ele achava que aquele era um dos melhores produtos que a Apple jamais fizera e se maravilhava com sua Simplicidade.

Para entender adequadamente o momento, precisamos voltar a 1999. Naquela época, o YouTube ainda não existia, mas filmadoras domésticas já se haviam tornado um produto de consumo da moda. Enquanto muitas pessoas enchiam caixas com videocassetes de suas filmadoras, poucas faziam ideia de como transformar todas aquelas imagens em filmes clássicos que poderiam mostrar aos amigos, parentes e visitas de surpresa.

O iMovie chegaria para mudar isso. Steve achava incrível que a tecnologia pudesse produzir tamanho efeito emocional e me contou sua experiência porque acreditava que seria interessante se pudéssemos transmitir esse tipo de emoção nos anúncios do iMovie que estávamos prestes a produzir.

Como resultado direto daquele telefonema, a agência criou um anúncio bem parecido com a história de Steve. Nós o chamamos de *Crying Man*, porque, durante boa parte dos 30 segundos do comercial, só se via um homem enxugando lágrimas dos olhos enquanto assistia a algo em um monitor. Dava para ouvir a trilha sonora do filme e ver que o homem estava fascinado, mas só no final era revelado que ele estava assistindo a um filme sobre sua bela filhinha – um filme que ele mesmo criara em seu novo iMac. Não dá para ser mais emotivo que isso, pensamos.

Depois de um longo processo de seleção do ator para o papel, encontramos uma figura paterna jovem, de boa aparência e capaz de chorar profusamente no momento certo. Filmamos o comercial, mas foi só na edição que percebemos nosso terrível erro. Fora do contexto, o anúncio parecia contar a história de um pai em luto, arrasado pela perda da filha e revivendo sua memória no filme. Não era exatamente a mensagem otimista que tínhamos planejado.

Felizmente, encontramos bem rápido uma maneira de demonstrar o iMovie sem parecer que havia um velório envolvido. Usamos um filme divertido criado por um vice-presidente da Apple mostrando seus filhos pulando na cama ao som de "Forever Young", de Bob Dylan. Com aquele comercial, a Apple se tornou a primeira anunciante da história a utilizar uma autêntica gravação de Dylan. Aquele foi outro momento sentimental para Steve, já que a música de Dylan foi uma grande influência em sua vida.

O projeto do iMovie revelou um lado de Steve que logo se tornaria muito mais visível. Ele sempre se orgulhou da capacidade da Apple de se conectar com as pessoas, mas agora a empresa se voltava a formar um vínculo muito mais emocional. Olhando para trás, o iMovie foi só um pequeno passo nessa direção. Nos anos que se seguiram, a Apple transformaria a conexão emocional em uma forma de arte, aproximando os clientes de suas músicas, fotos e filmes, de sua família e amigos – e até da própria tecnologia, utilizando o toque e a voz.

Uma revolução após a outra, a Apple provaria que a forma mais poderosa de Simplicidade é aquela que se conecta diretamente com o nosso lado humano.

Tecnologia com sentimento

Desde o começo, o sucesso da Apple se fundamentou em sua capacidade de fazer produtos que refletem valores humanos. (É melhor ignorarmos os tempos sombrios da ausência de Steve, quando a empresa começou a perder de vista os próprios valores.) Numa época em que os PCs exigiam que pensássemos como máquinas, o Macintosh mudou tudo, permitindo-nos pensar como pessoas. Era mais simples.

Mas, particularmente na última década, a marca da Simplicidade da Apple tem se tornado cada vez mais alinhada à nossa humanidade. Ao se voltar às nossas emoções, ao nosso amor à arte e ao design, as invenções da Apple foram muito além da mera funcionalidade para se tornar objetos de desejo, levando adultos crescidos a passar metade do dia na fila para comprá-los.

Na qualidade do primeiro dispositivo móvel de consumo da Apple (vamos deixar o Newton, o antigo PDA da Apple, de lado), o iPod foi o produto que ajudou a empresa a dar sua virada.

O dispositivo entrou em uma categoria que já oferecia várias opções de players de música. A Complexidade dominava o mercado, com cada dispositivo funcionando de acordo com as próprias regras. Não havia um player peso-pesado na categoria; só um bando de empresas lutando para abrir um nicho. Considerando a notória confiança da Apple, imagino que eles tenham passado os olhos por esse cenário e se tenham sentido como o personagem de Charlton Heston nos primeiros minutos de *O planeta dos macacos*, que, diante de uma tribo de seres humanos primitivos, disse: "Se isso é o melhor que eles têm por aqui, em seis meses estaremos dominando o planeta."

A Apple acreditava que o fator do qual a categoria de players de música mais precisava era Simplicidade, e a empresa que incorporasse isso logo estaria "dominando o planeta". De fato, esse insight permitiu que a Apple logo saltasse à frente das outras empresas. Steve explicou a ideia em uma entrevista de 2006 para a *Newsweek*:

> *Tínhamos expertise em hardware, expertise em design industrial e expertise em software, inclusive o iTunes. Uma das maiores ideias que tivemos foi a decisão de não tentar administrar nossa biblioteca de músicas no iPod, mas sim no iTunes. As outras empresas tentavam fazer tudo no próprio dispositivo, o que os tornava tão complicados a ponto de serem inúteis.*

Ao remover a Complexidade, a Apple criou um dispositivo que aproximou as pessoas de sua música – um aparelho que se voltava diretamente ao lado humano das pessoas, removendo a barreira da tecnologia.

Ao criar o iPod, a Apple desenvolveu habilidades técnicas de miniaturização e design de interface, o que abriu o caminho para novos aparelhos centrados no ser humano. Com sua tela sensível ao toque e interface intuitiva, o iPhone era totalmente diferente do BlackBerry – mais uma vez, por parecer nos tratar como pessoas, e não como máquinas. E, é claro, o iPad agitou o mercado de computadores de modo bem parecido.

No entanto, a mais humana de todas as tecnologias da Apple ainda estava por vir. Com o Siri, o assistente inteligente lançado no iPhone 4S, a Apple foi além da tela sensível ao toque, acrescentando ainda mais humanidade a seus produtos. O Siri responde à voz humana, analisando as palavras com inteligência para executar uma série de ações. Pergunte ao Siri se você precisará de um guarda-chuva hoje e o aplicativo alegremente descobre sua localização, recebe a previsão do tempo e oferece uma sugestão. Este claramente é o futuro do nosso relacionamento com a tecnologia, inclusive telefones, televisores e computadores. Como tantos filmes de ficção científica previram, logo poderemos conversar com nossa tecnologia. Vamos esperar que a tecnologia funcione um pouco melhor que HAL, em *2001: uma odisseia no espaço*.

A genialidade da Apple é que a empresa muitas vezes vê o potencial humano onde outras empresas são cegas, além de possuir habilidade de design e engenharia necessária para concretizar essa visão. Algumas vezes, como aconteceu com o iPod e o mercado de players de músicas, a Apple não inventou a ideia do zero. O conceito já existia, mas faltava um elemento: a Simplicidade. E isso faz toda a diferença.

Steve Jobs, um ser humano na capacidade máxima

Se Steve Jobs acreditava tão profundamente no poder da Simplicidade, e a Simplicidade constitui uma parte tão importante do ser humano, por que ele foi um tirano maníaco?

Bem, a tirania maníaca está nos olhos de quem vê. Ninguém nega que Steve era incrivelmente exigente, implacavelmente duro e, em alguns momentos acalorados, absolutamente aterrorizante. Ele precisava ver o navio avançando a cada dia. Ninguém passava ileso se não ajudasse nesse progresso.

Mas, na verdade, havia dois Steves – o Steve implacável, controlador e inflexível e o Steve inspirador, encantador e profundamente humano. Era essa combinação que fazia dele uma pessoa tão fascinante e que levou tanta gente a dedicar sua energia e grande parte da vida à visão dele.

Apesar de não tolerar a estupidez alheia, Steve confiava na capacidade das pessoas de solucionar problemas impossíveis e criar computadores e dispositivos incríveis. O trabalho dele era proporcionar as condições para isso acontecer, o que fazia encorajando as pessoas a atingir seu pleno potencial e promovendo a colaboração, que ele acreditava ser uma parte fundamental do pensamento criativo.

Steve fez questão de conceber a nova sede da Pixar para que as pessoas pudessem encontrar-se em um espaço em comum, acrescentando um aspecto espontâneo à colaboração. Ele explicou essa ideia em uma entrevista para a *BusinessWeek* em 2004:

> *O processo aumenta sua eficiência. Mas a inovação tem origem nas pessoas se encontrando nos corredores ou ligando umas para as outras às 10h30 da*

noite com uma nova ideia ou para contar que encontraram um novo jeito de pensar sobre um problema. São encontros improvisados de seis pessoas convocados por alguém que acha que teve uma ideia brilhante e quer saber o que as pessoas acham dessa ideia.

Steve acreditava que esses encontros aleatórios e imprevistos podiam resultar em uma troca de ideias ou iniciar conversas entre pessoas que normalmente não interagiriam.

Apesar de seus ataques serem lendários, Steve também podia ser incrivelmente atencioso. Com efeito, alguns de seus elogios pareciam vindos diretamente de seu famoso campo de distorção da realidade: "Este é o maior lançamento da história dos computadores." Você podia saber que aquilo não era verdade, mas o fato de ele se dispor a distorcer a realidade daquele jeito criava uma sensação de afeto e bem-estar.

Seria ofensivo se Steve exigisse que trabalhássemos mais do que ele. Ele nunca exigia isso de nós. Ele só nos pedia para nos empenhar tanto quanto ele. Não faço ideia de como ele conseguia, mas, nos anos que se seguiram ao seu retorno à Apple, ele atuava como CEO da Apple três dias por semana, CEO da Pixar dois dias por semana e CEO das duas nos fins de semana. E ainda encontrava tempo para levar a família ao cinema. (Mais tarde, Steve diria a seu biógrafo Walter Isaacson que seu câncer começou em consequência da exaustão extrema resultante do acúmulo de cargos. Isaacson observa corretamente que não há evidências de que o câncer pode ser causado pela exaustão ou por um sistema imunológico debilitado.)

Mas, se você realmente está em busca de uma prova da humanidade de Steve, basta dar uma olhada no que ele criou. Ao ver as inovações dele utilizadas em hospitais, estúdios de arte, universidades e jardins de infância, dá para saber exatamente o que o motivava.

Um brinde à maluquice

Já descrevi a campanha *Pense diferente* como a primeira incursão de Steve na publicidade depois de seu retorno à Apple em 1997. O objetivo do comercial que criamos para lançar a campanha, intitulado *The Crazy Ones*, foi expressar a filosofia da Apple.

Depois de criarmos esse comercial, o líder da Chiat, Lee Clow, teve a ideia de que apenas uma pessoa no mundo seria capaz de ler a narração de maneira absolutamente autêntica – essa pessoa seria o próprio Steve. Era uma ideia excelente, mas não sabíamos se daria certo. Então, eu diligentemente fui a Cupertino, com um engenheiro de som a tiracolo, para testar a ideia. Montamos o equipamento no auditório da Apple. Quando Steve apareceu, deixou claro que (a) ele realmente não achava que seria uma boa ideia e (b) ele estava muito ocupado, então só leria uma vez. Considerei uma grande vitória ter conseguido gravar três tomadas com Steve antes de ele declarar "Chega" e sair porta afora. Naquela noite, enquanto realizávamos os últimos ajustes no comercial, fizemos de tudo para convencer Steve de que sua voz seria a melhor opção, mas ele resistiu. Ele achava que o fato de ele próprio ler o roteiro provocaria controvérsias e distrairia as pessoas da mensagem do anúncio, que ele considerava de grande importância.

Apesar de não aceitar a própria voz no comercial, Steve estava empolgadíssimo com o conceito do *The Crazy Ones*. Ele parecia se emocionar com o comercial e o mostrava em eventos importantes, até cerca de 10 anos depois de ser exibido ao público pela primeira vez. Ele sentia que o comercial traduzia perfeitamente o espírito da empresa que ele construiu.

Apenas alguns anos mais tarde, agora que podemos olhar para trás e entender melhor o papel de Steve na revolução de computadores, música, filmes e telefones, é que fica claro que o roteiro daquele anúncio não descrevia apenas a Apple, mas também o próprio Steve:

Um brinde à maluquice.
Aos desajustados.
Aos rebeldes.
Aos encrenqueiros.
Aos peixes fora d'água. Aos que veem as coisas de um jeito diferente.
Eles não gostam de regras e não respeitam as tradições.
Você pode citá-los, discordar deles, enaltecê-los ou difamá-los.

Você só não pode ignorá-los. Porque eles mudam as coisas.
Eles forçam a raça humana a avançar.
E, enquanto alguns podem vê-los como malucos, nós os vemos como gênios.
Porque as pessoas malucas o suficiente para achar que podem mudar o mundo... são aquelas que o fazem.

Quando Steve faleceu, a Apple realizou um evento de celebração de sua vida na matriz da empresa em Cupertino, e o CEO Tim Cook reproduziu a gravação de áudio de Steve lendo o roteiro para o anúncio *The Crazy Ones*. Steve fez um belo trabalho, bem diferente da versão de Richard Dreyfuss. (Ele fez sua gravação antes de ter ouvido a de Dreyfuss.) Mais uma década depois de ser gravada, a versão de Steve finalmente saiu da caixa-forte da Chiat e foi publicada no YouTube. Se você ainda não ouviu, vale a pena procurar.

Um rumor bastante divulgado sobre esse comercial é que ele foi escrito por Steve, ou que ele escreveu uma parte substancial do texto. Na verdade, ele inspirou o anúncio de muitas maneiras, envolveu-se completamente do início ao fim e deu inúmeras sugestões de valor inestimável. E contribuiu diretamente para o texto com a seguinte frase: "Eles forçam a raça humana a avançar."

É interessante notar que aquela frase do anúncio pode ser a que melhor descreve a vida de Steve. Forçar a raça humana a avançar é muito mais importante do que meramente inventar aparelhos descolados. Enquanto a visão de Steve era executada uma revolução após a outra, ele claramente tinha uma missão mais enaltecedora em vista. Ele via a Apple criando produtos que literalmente melhorariam o mundo.

Ao simplificar a tecnologia avançada, Steve verdadeiramente forçou a raça humana a avançar.

A maior humanização de Steve

Todos nós somos influenciados por nossas experiências. Não temos como evitar mudar quando vivenciamos eventos profundamente tocantes. Pelo que contam, Steve começou impetuoso e rigoroso e cresceu para se tornar... impetuoso e rigoroso. Mas isso não quer dizer que ele não tenha mudado.

Apesar de se manter sempre intensamente motivado e altamente competitivo, três eventos na vida de Steve garantiram que ele não perdesse sua humanidade de vista.

O primeiro evento ocorreu em 1985, quando ele foi forçado a sair da Apple. A história é antiga e muita gente pode não se lembrar corretamente dela ou pode nem ter chegado a conhecê-la. Do ponto de vista histórico, são águas passadas, mas ser expulso da empresa que criou foi algo que afetou Steve profundamente. Como não afetaria?

Imagine-se na pele de Steve. Com seu parceiro, Steve Wozniak, ele fundou a empresa que popularizou o computador pessoal. Ele trabalhou na empresa até transformá-la em uma corporação multimilionária e voltou a revolucionar os computadores com o Macintosh – mudando o modo como todos os computadores viriam a operar no futuro. À medida que a empresa crescia, ele reconheceu que precisava de alguém com experiência em grandes empresas para administrar os detalhes das operações enquanto direcionava o desenvolvimento de produtos. Ele recrutou pessoalmente John Sculley, que acabou por expulsá-lo da empresa que fundou, a empresa na qual ele investira toda a sua energia e emoções.

Aquela foi a primeira grande experiência aviltante de Steve, e foi incrivelmente profunda, forçando-o a confrontar o fato de que ele não era invulnerável. Nem infalível. Ele precisou engolir o fato de que, dada a opção, seu próprio conselho de administração preferiu vê-lo pelas costas.

Um artigo publicado em 1994 na revista *Rolling Stone* incluiu a citação de um colega anônimo que fez o seguinte comentário sobre a saída forçada de Steve:

> *Lembre-se de que estamos falando de alguém que nunca acreditou que qualquer uma das regras se aplicava a ele. Agora acho que ele finalmente percebeu que é mortal, da mesma forma que o resto de nós.*

Steve não apenas foi humilhado publicamente, como foi forçado a assistir, impotente, a Apple decaindo ao longo dos anos, afundando cada vez mais profundamente no brejo à medida que uma sucessão de CEOs tentava em vão restaurar a magia da empresa. Depois daquela experiência arrasadora, Steve avançou diretamente para o segundo evento devastador, cujas consequências perdurariam por toda a sua vida.

Diferentemente da rápida lição de humildade na Apple, sua próxima lição levaria 11 anos.

Fora da Apple, Steve fundou uma nova empresa de computadores – certificando-se de manter a participação majoritária para sempre. Ele a chamou de NeXT.

A história de como ele teve a ideia para esse nome nunca foi contada. Um dos amigos e parceiros de negócios mais antigos de Steve era Tom Suiter, um designer da região de San Francisco. Quando Steve estava abrindo sua nova empresa, ele telefonou a Tom pedindo que ele bolasse um nome para o novo empreendimento. Steve pensou em batizá-lo de "Two", por ser sua segunda empresa. Tom não se impressionou. "Mas, se você usar esse nome, todo mundo vai querer saber o que aconteceu com sua primeira empresa", ele explicou. Steve retrucou: "Bom, é por isso que estou ligando. Será que você consegue pensar em uma ideia melhor?"

Pouco tempo depois, Tom compareceu a um discurso de Bill Gates em Seattle. Ele ficou impressionado com o número de vezes que Gates utilizou a palavra "next" – próximo – para descrever as novas tecnologias sendo desenvolvidas pela Microsoft. A palavra ficou reverberando em sua cabeça. Quanto mais ele pensava a respeito, mais adequada ela soava. Alguns dias depois, Tom ligou para Steve dizendo: 'Acho que tenho o nome de sua nova empresa. É 'Next'." Uma longa pausa se seguiu enquanto Steve digeria a ideia. E depois veio a empolgada exclamação "Adorei!"

É irônico que um discurso de Bill Gates tenha sido a inspiração para o nome da NeXT. E ainda mais impressionante é que nem Steve nem Bill jamais souberam disso. (E quem poderia imaginar que Gates seria, ainda que indiretamente, responsável por tamanha explosão de Simplicidade?)

O nome NeXT era realmente perfeito no sentido de ser simultaneamente autobiográfico (a *próxima* aventura de Steve depois da Apple) e visionário (uma empresa dedicada a desenvolver o *próximo* grande computador). Na NeXT, Steve precisou recomeçar do zero. Ele precisou contratar a equipe original, criar um plano de negócios, encontrar parceiros para ajudar a financiar o empreendimento e contratar/inspirar todo um novo grupo de funcionários. E, é claro, precisou criar um produto que as pessoas quisessem comprar.

Diferentemente da Apple, os produtos da NeXT não eram direcionados aos consumidores. Dessa vez, Steve se voltou à clientela corporativa. Também diferentemente da Apple, a NeXT não abalou o mundo logo de cara. Muitos especialistas se perguntavam se o mundo realmente precisava de um novo tipo de computador, da mesma forma como muitos dos clientes que Steve tentava atrair.

Dessa forma, a NeXT se viu em constantes dificuldades. Houve momentos de brilhantismo e Steve apresentou excelente desempenho como uma celebridade, produtor de espetáculos e vendedor – mas a batalha era difícil. Três anos depois da fundação da empresa, Steve lançou seu primeiro produto. O NeXT Computer era um cubo preto e elegante de 12 polegadas repleto de recursos inovadores, representando vários grandes avanços para a indústria. Steve ajudou pessoalmente a formular o slogan para o lançamento do NeXT Computer. Encabeçando uma bela foto do cubo, do monitor e da impressora, viam-se as seguintes palavras:

> ***Nos anos 1990, provavelmente veremos apenas 10 verdadeiros avanços revolucionários na computação. Eis sete deles.***

Steve tentou capitalizar ao máximo o lançamento, voltando-se a jornalistas, analistas e potenciais clientes da área de TI. Aquele era Steve, em sua melhor encarnação do Flautista Mágico.

No entanto, seu campo de distorção da realidade não funcionou tão bem naquele contexto. Depois de vários anos de tentativas, Steve precisou desistir do computador e se concentrar na maior vantagem da NeXT: seu software inovador chamado NeXTSTEP. Ele criou uma nova versão do NeXTSTEP que podia ser rodada em PCs padrão equipados com chips da Intel para vender sua tecnologia. Mas a situação ficou cada vez mais difícil e a NeXT não gerava muita magia. A lição decerto tirou algumas lascas do ego de Steve.

Na ausência de Steve, a Apple também não estava criando nenhuma magia. A situação parecia cada vez mais sombria em Cupertino. O sistema operacional Mac OS estava ficando obsoleto e a Apple precisava desesperadamente de um novo OS para conter os avanços do Windows, da Microsoft, e estabelecer bases sólidas para o futuro da empresa. Depois de vários anos fracassando na tentativa de criar um OS de próxima geração, a Apple se convenceu (em grande parte, em consequência do poder de persuasão de Steve) de que poderia resolver seus problemas se adquirisse o NeXTSTEP. A Apple comprou a NeXT em 1996 por $429 milhões e 1,5 milhão de ações da Apple – parte do acordo incluiu a contratação de Steve como "conselheiro" do CEO Gil Amelio.

De forma irônica, essas duas lições de humildade – ser expulso da Apple e passar todos aqueles anos atolado com a NeXT – levariam ao melhor futuro possível tanto para Steve quanto para a Apple.

Steve amadureceu na Universidade da NeXT. Ele desenvolveu sua capacidade de administrar um negócio. Ele aprendeu os fatores econômicos da inovação. Dominou a arte de atrair parceiros e firmar alianças. Reforçou sua capacidade de inspirar seus funcionários. Ele ficou um pouco mais humilde depois de ser humilhado em público. E o melhor de tudo: criou o software que viria a se tornar a base para a tecnologia da Apple – tanto para desktops quanto para dispositivos móveis.

Todos aqueles anos na NeXT fizeram de Steve um empresário melhor, um líder melhor e, tendo sobrevivido a todas as adversidades, um homem melhor.

Discursando em uma cerimônia de entrega de diplomas na Stanford no dia 12 de junho de 2005, Steve falou sobre o assunto:

Não percebi na ocasião, mas ter sido demitido da Apple foi a melhor coisa que poderia ter me acontecido. O peso do sucesso foi substituído pela leveza de voltar a ser um iniciante, sem ter mais tanta certeza de tudo. Aquilo me libertou e me permitiu entrar em um dos períodos mais criativos da minha vida...

É quase certo que nada disso teria acontecido se eu não tivesse sido demitido da Apple. Foi um remédio de gosto horrível, mas acho que era disso que o paciente precisava. Algumas vezes é preciso levar uns tapas da vida.

Antes de Steve poder dizer isso em público, contudo, recebeu uma terceira lição de vida, a lição que teria o efeito mais profundo: seu confronto com a própria mortalidade.

Nada dá mais o que pensar do que perceber que sua vida está chegando ao fim. Quando foi diagnosticado com câncer de pâncreas em 2004, Steve foi informado de que era hora de "resolver as pendências", porque, segundo os médicos, seu câncer era incurável. O fim chegaria rapidamente.

Lá estava Steve, marido, pai e o espírito orientador da Apple, diante do fato de que seu tempo na Terra estava chegando ao fim. Naquele discurso em Stanford, Steve deu ao mundo um raro vislumbre de um dos momentos mais profundamente pessoais de sua vida. Apesar de a notícia ser terrível, ele foi capaz de falar objetivamente a respeito e refletir sobre seus efeitos positivos:

> *Lembrar que logo estarei morto é o instrumento mais importante que já encontrei para me ajudar a fazer as grandes escolhas na vida. Porque quase tudo – todas as expectativas externas, todo o orgulho, todo o medo da humilhação ou do fracasso –, essas coisas só perdem a força diante da morte, deixando só o que é verdadeiramente importante. Lembrar-se de que você vai morrer é a melhor maneira que conheço de evitar a armadilha de pensar que você tem algo a perder. Você já está nu. Não há motivo algum para não seguir seu coração...*
>
> *Ninguém quer morrer. Nem as pessoas que desejam ir para o Céu querem morrer para chegar lá. No entanto, a morte é o destino que todos temos em comum. Ninguém jamais escapou da morte. E é assim que deve ser, porque a morte é, muito provavelmente, a melhor invenção da vida. Ela é o agente de mudança da vida, eliminando o velho para abrir espaço para o novo.*

Mais tarde, descobriu-se que a doença de Steve, quando ele foi diagnosticado pela primeira vez, na verdade não era fatal. Ele ainda tinha esperança. Mas é impossível sobreviver a algo assim sem sentir o impacto para o resto da vida. No fim, ele nunca conseguiu recuperar plenamente a saúde e passou vários anos liderando a Apple com a plena consciência de que não tinha muito tempo.

Suas experiências na Apple e na NeXT foram lições de humildade que golpearam seu ego. Já a sua experiência lidando com a possibilidade da morte foi uma lição de vida muito mais profunda. Ele precisou encarar o fato de que somos todos mortais e que precisamos ponderar com cuidado qual será nossa contribuição no tempo que temos. Muitos anos antes, Steve expressara o desejo de "deixar sua marca no universo". Seus problemas de saúde certamente só reforçaram esse desejo.

Não é possível ter uma profunda veneração pela Simplicidade sem a capacidade de apreciar os valores humanos e entender o que motiva o comportamento humano. É possível ver a humanidade de Steve e sua dedicação à ideia de capacitar a humanidade analisando o tempo que ele passou na Apple. Ele pôs o poder da computação nas mãos de pessoas comuns com o Apple II. Com o Macintosh, ele humanizou a computação substituindo comandos herméticos pela interface gráfica do tipo "apontar e clicar". Com o iPad, proporcionou acesso ao poder de computação a todas as idades e áreas, melhorando o modo como vivemos, aprendemos, trabalhamos, nos divertimos e descobrimos.

As experiências profissionais e pessoais de Steve, apesar de seu amargor, atuaram para fazer dele um homem ainda mais sensível às esperanças e aos sonhos das pessoas. Apesar de ter sido criticado pessoalmente por aqueles que discordavam de sua visão, Steve fez um belo trabalho em permanecer humano.

Sem falar em tecnologia

A tecnologia que fundamenta os dispositivos da Apple é incrivelmente complexa. Um especialista técnico poderia fazer dissertações inteiras descrevendo como esses aparelhos "simples" fazem o que fazem.

Mas a Apple jamais optaria por isso, preferindo falar em termos mais humanos.

A Apple não descreveu o iPod original como um player de música de 185 gramas com um drive de 5 gigabytes. Em vez disso, o anúncio dizia: "1.000 músicas no seu bolso." É assim que seres humanos se comunicam, de forma que é assim que a Apple se comunica.

Falar em termos humanos é uma característica distintiva da Simplicidade, reconhecendo que a melhor maneira de se conectar com as pessoas é se expressar em termos humanos e usar as palavras usadas por elas em conversas cotidianas.

Esse jeito de falar ocupa posição central em todas as comunicações da Apple e tem sido assim desde a fundação da empresa. A Apple faz a tarefa parecer fácil e muitos excelentes marqueteiros tentaram fazer o mesmo – mas muito poucos conseguiram.

Por quê? Porque o que parece tão fácil requer muito empenho. Mais uma vez, essa é a maldição da Simplicidade – ela parece enganosamente simples. Tantas empresas olham para o que a Apple faz e presumem que, com um simples estalar de dedos, também poderão se beneficiar do poder da Simplicidade. Elas podem criar uma nova campanha publicitária, elaborar um manifesto inspirador, convocar reuniões da empresa, distribuir camisetas e até pendurar uma nova mensagem nas salas de reuniões – e depois... nada realmente muda.

A Complexidade é esperta demais para permitir que uma empresa atinja a Simplicidade por meio de meras declarações. Se o amor à Simplicidade não for incutido em seu pessoal e incorporado aos seus produtos, se as pessoas não forem recompensadas por atos de coragem na defesa da Simplicidade, o conceito passará despercebido como uma reunião de benefícios anuais do departamento de recursos humanos.

Então, como a Apple consegue? Como consegue manter sua voz constante, falando a língua dos seres humanos anos após ano? Ela não enfrenta os mesmos obstáculos que todas as outras empresas?

A grande vantagem da Apple é que ela não consolidou sua voz ontem. Trata-se de uma daquelas "badalações" que levaram 30 anos para se desenvolver. A empresa passou tanto tempo se comunicando de maneira humana e não técnica que isso foi incorporado a seu sistema. As pessoas esperam que a Apple seja humana e a recompensam por ser humana. As empresas que desejam se conectar com as pessoas em um estilo mais parecido com o da Apple podem promover iniciativas que as direcionem para o lado certo, mas lembre-se de que a Simplicidade é uma proposta do tipo tudo ou nada. Se a cultura da empresa não sustentar esse tipo de comportamento, ela só estará fingindo ser algo que não é.

Na qualidade de alguém que participou de incontáveis reuniões de marketing na IBM, na Intel e na Dell, posso atestar um fato impressionante. Na maioria das reuniões às quais compareci nessas empresas, uma referência positiva às comunicações da Apple era feita pelo menos uma vez. A Apple é o padrão ouro pelo qual muitas empresas julgam a clareza e a coerência de suas mensagens.

Com frequência similar, ouço os mesmos tipos de referência de outros clientes, até clientes fora da área da tecnologia. Ex-colegas me dizem que agora todos os seus clientes estão exigindo que a agência tente fazer algo "mais parecido com a Apple".

Apesar de a maioria não perceber, o que eles realmente querem é uma dose saudável de Simplicidade. E a maioria jamais conseguirá isso porque sua meta é uma solução rápida, e não uma mudança significativa. E, como sabemos, a Simplicidade é mais uma questão de comprometimento e indulgência.

Também é necessário encarar a triste realidade de que muitas empresas são resistentes à Simplicidade. Suas culturas corporativas e processos institucionalizados as impedem de atingir a Simplicidade ou a empresa é povoada por um pessoal incapaz de se comprometer verdadeiramente com qualquer iniciativa nesse sentido. Mesmo quando visam à Simplicidade, essas empresas tendem a recorrer ao que lhes é familiar ou reservam um lugar à mesa para a velha amiga da Complexidade, a Concessão. Quando você se dá conta, aquela "nova" abordagem começa a se parecer muito com a velha abordagem – e todas as outras que vieram antes dela.

É natural para as empresas serem influenciadas por comportamentos passados. No caso da Apple, isso é excelente – chama-se coerência. O desafio para qualquer empresa que busca adotar a Simplicidade é ser coerente com os novos valores por tempo suficiente para incorporá-los à cultura. Caso contrário, a Simplicidade acaba como um smoking formal que só é usado em eventos especiais – não exatamente um fator capaz de mudar o DNA da empresa.

A história da comunicação humana da Apple remonta a uma época em que seus produtos não eram tão simples. Em 1977, o Apple II se tornou o primeiro grande sucesso da empresa, o computador que deu fama à Apple. Naquela época, a ideia de um "computador pessoal" ainda era vista com estranheza. Uma máquina de escrever Selectric da IBM era o principal objeto de desejo dos trabalhadores de escritório que tinham alguma noção dos últimos avanços tecnológicos.

É interessante notar que a brochura que a Apple criou para apresentar o Apple II, em 1977, usou o slogan "A simplicidade é a maior sofisticação". No fim da página, no mesmo tamanho de fonte, vinha a segunda metade do slogan: "Apresentando o Apple II, o computador pessoal."

A maioria dos usuários de Mac tem uma reação alérgica ao termo "PC" – personal computer –, mas na época era assim que a Apple se referia aos próprios produtos. Na verdade, o slogan da empresa chegou a ser "O computador mais pessoal".

Antes da entrada da Apple no mercado, as pessoas não imaginavam que um computador um dia lhes permitiria compartilhar fotos, manter-se conectadas com os amigos, ouvir música ou fazer as coisas que hoje fazemos sem pensar duas vezes. A maioria dos computadores era projetada para realizar operações contábeis em grandes empresas. A ideia de ter um computador em casa era vista como um absurdo ou algo assustador.

Foi necessário haver uma empresa que soubesse o que motiva as pessoas para convencê-las de que elas poderiam até gostar de ter um computador em casa. A solução da Apple, na época, era tão centrada nas pessoas quanto suas soluções nos dias de hoje.

Uma das manobras mais ousadas da Apple para se comunicar com os outros seres humanos foi incluir um encarte desdobrável em importantes revistas, num anúncio que se tornou um dos primeiros "clássicos" da Apple. Era assim que declarações ousadas eram feitas antes da Internet.

A tarefa da Apple não era explicar ao mundo por que seu computador era melhor que qualquer outro (não existia outros) ou se vangloriar de suas especificações técnicas (um golpe grotescamente baixo, mas hoje o padrão). Ela precisaria começar com os fundamentos, convencendo as pessoas de que um computador poderia lhes abrir novas portas. O encarte publicado nas revistas foi concebido para encarar o problema de frente. O título perguntava: "Alguém pode, por favor, me dizer exatamente o que um computador pessoal é capaz de fazer?" A primeira página se abria para revelar quatro páginas lado a lado, repletas até as bordas com uma lista de 100 coisas que poderiam ser feitas. Muitos desses itens eram ilustrados com imagens coloridas e/ou instigantes – criando uma atraente variedade de utilizações para o leitor explorar.

Mais do que encher os olhos, o anúncio enchia a cabeça, oferecendo coisas que as pessoas nunca imaginaram que poderiam ser feitas com um computador, de jogar jogos a escrever um romance, de aprender matemática a administrar um negócio. O anúncio era envolvente e esclarecedor e escrito de forma a estimular a curiosidade dos leitores. Ele foi a expressão humana de uma revolução tecnológica. Apesar do grande volume de informações apresentadas, o conceito era simples. Por falar a nossa língua, o anúncio foi um sucesso estrondoso. (É interessante notar que o encarte foi criado por Steve Hayden – o mesmo homem que, mais tarde, viria a ser o responsável pela criação do comercial *1984*, que lançou o Macintosh.)

Esse jeito humano de falar se tornou a marca registrada da Apple desde o começo. Apesar de os produtos da Apple serem pura tecnologia – um conjunto de placas de circuito, botões e gabinetes ou estojos –, a Apple sempre deixou claro que eles eram feitos para pessoas comuns que ambicionavam coisas extraordinárias. Eles pegaram algo inerentemente complicado e o transformaram em algo maravilhosamente simples.

Naturalmente, o "simples" é relativo. Se você der uma olhada hoje naqueles primeiros computadores da Apple, eles certamente lhe pareceriam ridiculamente complicados. Sem mouse, sem elementos gráficos, só uma interface com uma linha de comando – bem parecido com os PCs que o Macintosh mais tarde viria a combater.

Mas até no despontar do computador pessoal, a Apple estava ciente do papel que aquela humanidade exerceria na tecnologia – e a importância de utilizar a Simplicidade para comunicar esse papel.

Diga não à arrogância

A Apple se orgulha muito de ser a empresa de tecnologia mais "humana".

Mas, apesar de muitos verem as qualidades humanas positivas da Apple, alguns críticos veem falhas humanas. Eles acreditam que a Apple opera com uma arrogância perturbadora.

Essa percepção remonta à época do primeiro Macintosh, lançado em 1984. A Apple era amiga de todos quando pôs pela primeira vez o poder da computação nas mãos de pessoas comuns com o Apple II. Mas com o Macintosh ela estava abrindo o caminho para entrar em um mundo dos negócios dominado por PCs. Muitos representantes do grupo dominante viam o Macintosh como um brinquedo, com seus elementos gráficos infantis e aquele mouse ridículo.

A Apple não reduziu exatamente essas percepções de arrogância com o anúncio *1984*, transmitido no Super Bowl, representando a IBM como o Grande Irmão, e com o anúncio *Lemmings* de 1985, também transmitido no Super Bowl, que insultava os próprios clientes corporativos que tentava atrair – mostrando uma fila de executivos caminhando como autômatos e caindo um a um em um abismo. Não fez diferença o fato de que, no fim das contas, os PCs acabaram adotando a interface gráfica e o mouse. A divisão cultural duraria décadas.

Hoje em dia, os críticos da Apple veem um tipo diferente de arrogância. Eles atacam o firme desejo da Apple de controlar todos os aspectos da experiência móvel – o hardware, o software do sistema, os apps que o usuário pode comprar e onde eles podem ser comprados. E, justiça seja feita, houve momentos em que a própria Apple ajudou a alimentar as chamas da arrogância – como quando um cliente reclamou por e-mail que, dependendo do jeito que ele segurava o iPhone 4, o aparelho causava perda de recepção, e Steve Jobs respondeu aconselhando: "Segure o aparelho de outro jeito."

Em certo sentido, a Apple não dá a mínima para os críticos que a consideram arrogante. Eles não são clientes da Apple e provavelmente jamais serão. Mas a Apple se interessa profundamente pelas pessoas que têm os mesmos valores – e o número dessas pessoas tem crescido acentuadamente nos últimos anos, justificando a filosofia de negócios da Apple.

No entanto, quando a Apple se comunica com o mundo por meio de seu marketing, surge a questão: Como competir agressivamente sem reforçar a percepção de arrogância?

Com sua propaganda do Mac, a Apple tentou em vários momentos fazer incursões contra os PCs. Detendo muito menos de 10% de participação de mercado ao longo da maior parte dos últimos 15 anos, certamente havia espaço para crescer. A campanha de televisão *Switchers*, transmitida em 2002 e 2003, apresentando histórias pitorescas de pessoas que passaram de PCs a Macs, chamou muita atenção. Infelizmente, ela não levou muita gente a fazer essa transição.

Mas, em 2006, surfando numa onda de interesse do consumidor impelida pela revolução do iPod, a Apple voltou a tentar conquistar os usuários de PCs, dessa vez com mais sucesso do que poderia imaginar.

A campanha *Mac vs. PC* se transformou em um fenômeno cultural – 66 anúncios transmitidos ao longo de um período de quatro anos –, instigando mais interesse e atenção do que qualquer outra campanha da história da Apple. Raramente uma campanha em qualquer setor produziu tantos anúncios populares por um período tão longo.

O sucesso da campanha se deve ao fato de a Chiat ter se saído com um formato inédito que permitiu que a Apple transformasse em entretenimento a discussão dos atributos mais importantes do Mac. Os anúncios apresentavam o Mac e o PC como pessoas reais, cada qual com uma personalidade distinta que correspondia perfeitamente à plataforma representada. Justin Long interpretou o Mac, prático e com uma atitude do tipo "simplesmente funciona", enquanto John Hodgman interpretou o papel do PC, fazendo o possível para projetar confiança apesar das evidências que se acumulavam contra ele.

Cada comercial mostrava um novo episódio do longo relacionamento entre os dois, e o diálogo espirituoso permitia salientar as diferenças entre eles. É importante observar que a campanha *Mac vs. PC* constituiu uma representação espirituosa da rivalidade entre os dois, de forma que, mesmo quando a Apple dava um golpe particularmente devastador contra o mundo dos PCs, o golpe era visto como um tapinha amigável nas costas – mas os espectadores entendiam a mensagem.

Não é fácil ser competitivo sem ser arrogante. Lançar 66 ataques mordazes contra seu arquiconcorrente e ser adorável ao mesmo tempo é uma façanha muito, *muito* difícil. Mas foi exatamente o que a campanha *Mac vs. PC* conseguiu fazer. Graças à sua perspicácia, a Apple conseguiu ser percebida como perfeitamente bem-comportada ao mesmo tempo que dava uma surra nos PCs.

Seria possível imaginar que uma ideia tão brilhante tenha recebido carta branca desde o início. Mas, na verdade, a campanha teve origens instáveis, já que Steve rejeitara muitos roteiros da Chiat no decorrer de várias reuniões. Recusando-se a desistir da ideia, a equipe da Chiat decidiu que a melhor coisa a fazer seria seguir em frente e filmar alguns anúncios utilizando os atores propostos. Eles passaram um intenso fim de semana realizando as filmagens e mostraram os anúncios a Steve na segunda-feira. Ao vê-los na tela e no papel, ele adorou a ideia.

O resultado foi uma campanha composta dos anúncios mais competitivos já produzidos pela Apple – extremamente agressivos e ao mesmo tempo nada arrogantes.

Bebês e cachorrinhos são dispensáveis

Considerando que a Simplicidade e a humanidade são parceiras de longa data, vamos derrubar um dos maiores mitos sobre o que torna uma empresa "humana".

Se você tem mais de alguns anos de experiência na linha de frente do marketing, provavelmente participou de muitas reuniões nas quais um cliente exigiu mais humanidade em seus anúncios. Na maioria das vezes, quando os clientes pedem humanidade, o que realmente querem é ver imagens de pessoas. Afinal, não é possível ser humano a menos que imagens de seres humanos sejam mostradas, certo?

Apesar de ser absolutamente óbvio que humanidade e seres humanos caminham lado a lado, a verdade é que também são diferentes. É uma questão de até que ponto você gostaria de ser criativo e o tipo de imagem que escolhe mostrar. O que determina a humanidade nas mensagens de uma empresa é o *tom* – o efeito combinado das palavras e imagens que a empresa escolhe utilizar.

Uma imagem humana sem dúvida constitui um jeito de incluir humanidade, mas as palavras também podem ser extremamente humanas. Quando conta a um colega que chorou ao assistir à apresentação teatral de sua filha na escola na noite anterior, você não precisa mostrar evidências fotográficas. A maneira como você conta a história contém toda a emoção.

Historicamente, comunicar-se com um tom humano tem sido uma das maiores habilidades da Apple, que nunca precisou mostrar uma mãe sentada ao computador com um bebê no colo para provar que é uma empresa humana. É até possível argumentar que uma imagem como essa teria reduzido o sucesso da Apple, já que suas mensagens seriam percebidas como mais encenadas, mais manipuladoras e menos autênticas. O que constitui o sucesso das mensagens da Apple é o fato de que a empresa não *tenta* ser nada. Ela é fiel à própria natureza – um dos princípios norteadores da Simplicidade. É mais verossímil, mais autêntico e mais simples.

A aversão de Steve a escolher figuras "heroicas" para os anúncios começou a esmorecer com o lançamento do iPhoto e do iMovie. Como o valor desses aplicativos estava na capacidade de compartilhar emocionantes momentos familiares, teria sido difícil comunicar isso sem mostrar pessoas reais. Steve foi tão minucioso em sua decisão quanto seria de se esperar dele. Ele não queria escolher uma pessoa que pudesse ser rejeitada por um segmento do público que buscávamos atingir – e o nosso público-alvo era "todo mundo". Conseguimos resolver esse problema porque já tínhamos mapeado vários anúncios que apresentavam uma ampla variedade de pessoas ao longo do tempo. Jovens famílias, casais idosos, pais orgulhosos, tínhamos todos.

Ao longo dos anos, as comunicações da Apple evoluíram tanto quanto seus produtos. À medida que os dispositivos da empresa passavam a se concentrar mais em nossa vida pessoal, as imagens humanas se tornaram mais comuns. Eu vi bebês nos anúncios da Apple e um ou dois cachorrinhos também. Tudo bem. O Manual Oficial da Simplicidade não inclui uma cláusula proibindo a utilização de imagens humanas. A questão é que as imagens humanas constituem apenas uma das inúmeras maneiras de expressar a humanidade.

Mesmo durante fases de seu passado nas quais a Apple raramente usava imagens de seres humanos, ela era amplamente considerada a empresa tecnológica mais humana do planeta. Sua humanidade era atingida principalmente por meio da "sagacidade inteligente". Neste ponto, devemos dar os devidos créditos a Steve Hayden, ex-diretor de criação da Chiat, que encabeçou a promoção do Macintosh original. Estudantes de publicidade se beneficiariam muito de estudar os anúncios que Hayden escreveu nos primórdios do Macintosh. Ele deu à Apple uma voz distinta, simples e aparentemente eterna.

O sucesso de marketing da Apple sempre se fundamentou em dizer a verdade. Mas isso não significa que a empresa não se empolgue na escolha dos adjetivos. Ela certamente tem usado e abusado de "mágico" e "revolucionário" nos últimos anos. Mas, no geral, não há nada ardiloso nem manipulador na forma como a Apple se comunica com seus clientes existentes e potenciais.

O tom da Apple está em perfeita conformidade com seus valores essenciais – e a Simplicidade é o valor essencial número um. Steve Jobs criou produtos que falam a língua de seus clientes e sempre insistiu que a empresa falasse essa mesma língua. O resultado é que a Apple é percebida como "autêntica" em todos os pontos de contato com o cliente, incluindo os anúncios, o site e a aparência e a experiência de todos os produtos. Esse tipo de coerência ajuda enormemente na criação de um senso de Simplicidade e é uma das façanhas mais difíceis no marketing. Não é coincidência que a Apple tenha dominado isso.

Marcas de sucesso possuem esse nível de autenticidade. A propósito, pessoas de sucesso também possuem esse nível de autenticidade. A Simplicidade requer que você tenha um conjunto de valores essenciais permeando tudo o que faz – e tudo o que diz.

A Simplicidade é o que faz as pessoas sentirem que gostam de você, o entendam e, em última instância, confiem em você.

A engenharia da humanidade

Em todos os sentidos, a incrível recuperação da Apple, do leito de morte em 1997 até se tornar a empresa mais valiosa do mundo em 2011, é de tirar o fôlego. A empresa será estudada em faculdades de administração durante décadas – mais provavelmente por estudantes utilizando um iPad no lugar de livros.

Hoje em dia, a Apple pode ser vista no topo ou perto dele praticamente em todas as listas que contenham as palavras "marca popular" ou "marca adorada". É a parte "adorada" que faz a maioria das outras empresas sentir intensas dores de cotovelo. Uma forte fidelidade do cliente se traduz em vendas repetidas e cria evangelizadores que recrutam amigos, parentes e colegas. Uma fidelidade desse tipo alimenta a si mesma, recebendo um novo ímpeto a cada lançamento de produto.

Dito de maneira simples, a Apple é muito boa em conquistar o coração das pessoas. Ela sabe como ser recebida na vida das pessoas, encantá-las com novos dispositivos e descomplicar seu relacionamento com os clientes. O amor da Apple à Simplicidade pode ser visto com facilidade em todos os estágios do relacionamento com o cliente, como os anúncios que instigam o interesse, a experiência de compra na Apple Store, a utilização dos produtos e o suporte técnico oferecido.

Com efeito, a Apple criou um verdadeiro ecossistema de Simplicidade.

Na última década, a Apple revolucionou três categorias de produto – players de música, celulares e tablets – com o iPod, o iPhone e o iPad. É uma história extraordinária quando paramos para pensar que a jornada da Apple começou com algo tão básico quanto o desktop Apple II. A diferença entre o Apple II e o iPad é similar à diferença entre um Model T da Fort e uma espaçonave interestelar.

Se a missão da Apple for elevar a capacidade humana e fazer da tecnologia algo cada vez mais humano, o iPad representa seu marco mais importante até o momento. De maneira mais visível que qualquer uma das inovações prévias da Apple, o iPad demonstra o amor da Apple por fazer da tecnologia uma extensão natural de nossa humanidade.

Aquele antigo slogan do Apple II, "O computador mais pessoal" seria uma descrição perfeita do iPad. O dispositivo é um computador muitíssimo mais poderoso do que os nossos primeiros computadores, e é difícil imaginar um dispositivo mais pessoal que o iPad. Ele é fácil de ser carregado. É fácil de ser aprendido. Ele o aproxima dos amigos e parentes. E funciona pelo simples toque humano, em uma experiência transformadora.

Foi quando Steve Jobs lançou o iPad que a Apple começou a fazer uso tão pesado da palavra "mágico". A palavra foi incluída na apresentação de Steve, no vídeo oficial do iPad, no comunicado à imprensa da

Apple e em anúncios impressos e na televisão. Apesar de alguns resistirem a esse tipo de badalação, não é difícil entender por que Steve acreditava que a palavra descrevia tão bem o dispositivo.

"Acredito que este belo dispositivo da Apple, com tela sensível ao toque, tenha o potencial de mudar profundamente a computação portátil... Ele pode até um dia ajudar a conduzir a interface multitoque do usuário para além da interface baseada no mouse, que prevaleceu durante décadas."

Mark Brown, descrevendo para a *Wired UK*, disse que, 28 dias depois, "ainda acaricio meu iPad e faço discursos evangelizadores sobre como ele é fácil de utilizar e como é um enorme prazer navegar por ele", escreveu Walt Mossberg para o *Wall Street Journal*.

Com efeito, o simples ato de navegar na Internet em um iPad basta para que a maioria das pessoas perceba que entraram em um mundo diferente. Passamos tanto tempo utilizando o mouse para controlar nossos computadores que a maioria de nós passou a acreditar que é "natural" mover algo na tela movimentando um mouse fora da tela. Mas não é. O mais natural é apenas tocar a tela para explorar o item que você está interessado em ver.

Nesse sentido, o iPad trouxe consigo uma nova dimensão de Simplicidade. Controlar apps pelo toque parece um conceito óbvio, como se os computadores devessem ter sido assim desde o começo. Essa interface faz o mouse parecer uma solução improvisada.

Ao criar um computador tão centrado no ser humano, a Apple não apenas deu aos desenvolvedores uma plataforma na qual desenvolver apps mais incríveis, como iluminou o caminho pelo qual a tecnologia poderá avançar. Não apenas para si mesma, mas para a indústria toda – que está ocupadíssima tentando acompanhar a Apple.

É uma boa época para ser humano.

Humanidade para trabalhar ou para brincar

Dos vários recursos cativantes do iPad, um deles não chamou tanta atenção quanto os outros: o iPad tem a capacidade inigualável de seduzir qualquer um.

Ele atrai instantaneamente jovens e velhos, médicos e cientistas, alunos e professores, músicos e contadores, praticamente todo tipo de pessoa em todo tipo de negócio. Trata-se de um verdadeiro tributo ao poder da Simplicidade – e uma prova de que seu apelo não tem limites.

No Capítulo 3, discutimos o fato de que, diferentemente de outras fabricantes de computadores, a Apple normalmente não dilui seu plano de marketing se direcionando separadamente ao público corporativo e aos consumidores. Da mesma forma como o iPhone que o precedeu, o iPad se concentra em um grupo demográfico mais amplo: a humanidade.

O que a Apple escolhe fazer é abrir os olhos das pessoas para as possibilidades e permitir que elas mesmas escolham como querem utilizar o dispositivo na própria vida. A principal mensagem de marketing é que o iPad mudará o modo como você vê o mundo. A Apple apresenta vários apps, coisas que poderiam ser utilizadas por uma ampla variedade de pessoas, tanto para trabalhar quanto para se divertir.

Enquanto marqueteiros tradicionais podem reclamar que você repelirá o usuário corporativo se mostrar jogos ou repelirá o usuário casual se mostrar funcionalidades profissionais, a Apple escolhe ignorar conselhos tão conservadores – e restritivos. Essa atitude acaba reforçando ainda mais o maravilhamento diante do fato de que o iPad é capaz de se adaptar tão bem à vida de seu proprietário, independentemente de seu estilo de vida.

Se você quer ver a Complexidade em ação, pense em como a Research In Motion (RIM) optou por lançar o PlayBook, um concorrente do iPad. Em uma tentativa de alavancar a herança do BlackBerry como a primeira opção para usuários corporativos – e, dessa forma, se diferenciar do iPad –, a empresa posicionou o PlayBook como o tablet do público empresarial. A empresa chegou a apresentar o PlayBook em seus pôsteres e anúncios na Internet com o seguinte slogan:

O fim do amadorismo.

No entanto, como a RIM sabe que o público corporativo também é composto de seres humanos, ela optou por mostrar simultaneamente as utilizações mais humanas de seu tablet, incluindo jogos, filmes e sites sociais. Dessa forma, a mensagem da empresa foi que o PlayBook era "exclusivamente" voltado aos negócios – além de todos aqueles momentos nos quais os usuários desejam se divertir e se entreter. Dificilmente, o jeito mais claro de posicionar um produto. E, até o momento da publicação deste livro, a estratégia de comunicação também não se provou particularmente eficaz. No primeiro trimestre completo após o lançamento do PlayBook em abril de 2011, a RIM distribuiu 200 mil PlayBooks (note que eu disse "distribuiu", não vendeu), em comparação com os 9,25 milhões de iPad vendidos pela Apple. Em outras palavras, a Apple levou menos de dois dias para vender mais dispositivos do que a RIM distribuiu em todo um trimestre.

A Simplicidade requer uma estratégia clara, seguida de uma comunicação coerente. A RIM elaborou uma estratégia voltada a seu ponto forte – um tablet para profissionais –, mas seus anúncios foram tudo menos coerentes. Na verdade, o produto em si era tudo menos coerente. Estranhamente, apesar de se direcionar ao público corporativo, o primeiro PlayBook nem chegou a incluir a funcionalidade de enviar e receber e-mails. O tablet precisava ser conectado a um telefone BlackBerry para acessar e-mails por meio do celular. Amadorismo, de fato.

Enquanto isso, a Apple continua a seguir seu caminho mais simples, voltando-se tanto a consumidores quanto a empresas. E quer saber? Ela continua vendendo seus produtos aos milhões e consumidores casuais ou corporativos furiosos ainda não se amotinaram, reclamando de não receber a atenção exclusiva da empresa.

A Simplicidade tem apelo universal.

Nascido para ser humano

As leis da Simplicidade foram incorporadas a todos os departamentos da Apple. Mas em nenhuma outra área ela se evidencia mais do que nas salas secretas onde os produtos da Apple são concebidos – os laboratórios de design.

Por ser um elemento fundamental da Simplicidade, a atitude de se voltar ao ser humano foi inculcada em todos os novos produtos da Apple, desde o momento em que uma lâmpada se acende na cabeça do designer.

O processo exato pelo qual os dispositivos da Apple são concebidos e criados permanece em segredo, mas Steve Jobs revelou em entrevistas que ele e sua equipe executiva se reuniam regularmente para avaliar as novas ideias. A equipe decidia quais ideias mereciam ser desenvolvidas e quais deveriam ser descartadas.

A reunião era a oportunidade de avaliar uma nova ideia em relação aos princípios da Simplicidade e estimar sua capacidade de se conectar em um nível humano.

Naturalmente, nenhum designer da Apple ousaria apresentar uma ideia que não estivesse de acordo com os princípios da Simplicidade, mas algumas ideias eram mais bem recebidas que outras. Depois de discutir as ideias, o alto conselho dava seu veredito.

Espero que a Apple tenha registrado algumas dessas reuniões para a posteridade. Seria fascinante ouvir as discussões sobre o conceito inicial do iPhone, por exemplo. Mas não precisa ter medo. Não é necessário ser um gênio para dar uma olhada na história dos produtos que a Apple lançou nesta década e perceber o que a empresa exige de seus produtos.

A Simplicidade é um livro aberto.

O conceito precisa ser rápido. O cliente deve ser capaz de entendê-lo em apenas um segundo – como "telefone, Internet e iPod, tudo isso em um só". Os clientes precisam ser capazes de pegar o dispositivo e começar a utilizá-lo imediatamente. E o mais importante: o dispositivo precisa melhorar significativamente nossa vida em relação ao que já está disponível ou criar uma categoria totalmente nova.

Era sobre essa última característica que Steve Jobs costumava falar tanto já nos idos da NeXT. Ele fazia questão de dizer que, no negócio da tecnologia, a única mudança verdadeiramente significativa é uma melhoria de dez vezes em relação ao que veio antes. Um produto precisa ter esse nível de importância vinculado a ele se quiser ser notado e conquistar seu espaço no mundo. Alguns desses critérios são subjetivos, é claro, mas, se analisarmos os grandes sucessos da Apple, é possível observar que todos eles seguem esse padrão. Para uma simples demonstração disso, coloque o iPhone original ao lado do BlackBerry popular na época em que o iPhone foi lançado pela primeira vez. É difícil ignorar grandes saltos evolutivos como esse.

Se uma nova ideia na Apple não for passar em qualquer um dos importantes critérios, pode ter certeza de que ela será açoitada com o Chicote da Simplicidade. Isso melhorará a ideia ou acabará de vez com seu sofrimento.

A batalha entre números e seres humanos

A revolução digital produziu um volume incomensurável de estatísticas. Nenhum cliente ou agência pode ambicionar estar completo se não contar com experts para analisar os números gerados pelo rastro de cliques que deixamos para trás enquanto navegamos pela Internet.

Uma empresa como a Dell é consumida por esses números. Metas são vinculadas a cada projeto e, se os cliques não corresponderem às metas, cabeças vão rolar. Não é difícil entender por que os gestores da Dell enfatizam tanto os indicadores de desempenho. Um bom número de bônus se baseia nesses números.

Para empresas que escolhem operar dessa forma, isso não passa de um jeito inteligente de fazer negócios. Com todos esses dados disponíveis, seria tolice operar de qualquer outra forma. Os números são os seus aliados. Basta dar uma olhada no que o time de basquete Oakland Athletics fez no filme *O homem que mudou o jogo*. Utilizando informações coletadas de dados estatísticos brutos, eles conseguiram montar um time vencedor sem contar com um orçamento milionário.

No entanto, a realidade não é tão romântica. Para entender isso, basta ver o lugar da Dell no mundo em comparação com o lugar da Apple. Na Dell, você tem uma empresa que prioriza a inteligência analítica, mas tem uma enorme dificuldade de conquistar o coração dos clientes. Na Apple, você tem uma empresa que prioriza encantar os clientes, o que ela faz repetidas vezes – e, em consequência, gera lucros muito maiores do que a Dell.

Steve Jobs foi uma das pessoas mais inovadoras do planeta, mas era reconfortantemente conservador quando se tratava de utilizar a inteligência analítica. Ele exigia todas as informações que pudesse obter e as digeria aos poucos – mas tudo era analisado no contexto.

Ele nunca perdia de vista o fato de que, no fim das contas, a tecnologia gira ao redor de pessoas: o que estimula a imaginação das pessoas, o que as satisfaz, o que as faz sorrir. Ele jamais sacrificaria esse tipo de conexão em favor de uma decisão para conseguir alguns cliques a mais no site da Apple.

Steve via a dedicação servil aos números como o comportamento de uma grande empresa. Ele jamais se deixaria dominar pelos números, por mais que a Apple crescesse. Ele consumiria avidamente os dados à sua disposição, mas, no final, tomava suas decisões com base na cabeça e no coração – como todo bom ser humano deveria fazer. Isso mantém as coisas simples.

Steve utilizava um tema recorrente em suas apresentações públicas. Ele dizia que a Apple se posiciona na intersecção entre a tecnologia e as artes – e essa era a essência de Steve. Aquele era o espírito que ele usava na avaliação do design dos produtos e o espírito que ele usava para fundamentar suas decisões de marketing. Ele nunca confiaria cegamente nas estatísticas nem avaliaria o valor de uma ideia com base nos números contidos em uma planilha. As ideias eram tudo para Steve e ele sabia que grandes ideias normalmente não surgiam de maneira tradicional.

Steve conhecia a diferença entre um fato e uma emoção. Ele sabia que o intangível e o improvável podem ser os elementos mais importantes na construção de uma marca. A ideia de conduzir sua empresa só com base na inteligência analítica era tão absurda para Steve quanto a ideia de perguntar às pessoas na rua que tipo de produto gostariam que a Apple criasse.

Em várias ocasiões, Steve mencionou uma citação famosa de Henry Ford: "Se eu perguntasse às pessoas o que queriam, elas teriam dito que queriam um cavalo mais rápido." Na cabeça dele, cabia à Apple inventar coisas que as pessoas nem conseguem imaginar. Steve sabia que, uma vez que elas tivessem um excelente produto em mãos, não conseguiriam imaginar a vida sem ele. Em uma entrevista de 1998 para a *BusinessWeek*, Steve afirmou:

É muito difícil criar produtos com base em grupos de foco. Muitas vezes, as pessoas não sabem o que querem até você lhes mostrar o que elas querem.

A Apple não tem interesse algum em utilizar grupos de foco para inspirar a criação de novos produtos nem se interessa em utilizar grupos de foco para desenvolver suas mensagens de marketing. Por respeito à Simplicidade, Steve confiava que seu pequeno grupo de pessoas talentosas realizaria o melhor trabalho possível. Ele não se embasava na validação de outsiders.

Dá para sentir daqui o leitor se contorcendo ao ler isso. "Que maluquice", você pode estar pensando. "Como alguém pode investir milhões de dólares sem algum indicativo de sucesso?" "É simplesmente irresponsável."

Bem, mais uma vez, se alguém precisar de provas de que os métodos da Apple resultam em um trabalho melhor, essas provas se fizeram mais do que evidentes com o retorno de Steve à Apple em 1997. O marketing da Apple supera repetidamente o de qualquer outra empresa do setor e provavelmente 95% das empresas de outros setores. Os anúncios da Apple são bem pensados, agradam e divertem o público em geral, são perfeitamente focados e são 100% livres da influência de grupos de foco.

Como todas as empresas, a Apple é perfeitamente capaz de encher uma sala com marqueteiros sagazes. Como poucas empresas, a Apple se dispõe a permitir que a decisão final fique na sala. Considerando os resultados atingidos ao passar os últimos 15 anos seguindo esse caminho, seus clientes não aceitariam menos que isso.

A Apple não se interessa por ideias que tentam agradar a todos. Esse tipo de ideia acaba despojado de personalidade e nos parece calculado e, pior ainda, menos humano.

Capítulo 9

Pense cético

Em meus primeiros dias trabalhando na publicidade da Apple, na época em que John Sculley era o CEO, um dos redatores da agência criou uma mensagem e a pendurou na porta de sua sala. A mensagem dizia:

Quando® os© advogados™ vagavam pela† Terra.℠*

Eu teria achado mais graça se eu mesmo não tivesse sido vítima das forças jurídicas, que, muitas vezes, criam um turbilhão sugando clientes e agências. Depois de apenas um ou dois anos na área, eu me vi testemunhando em juízo sobre um anúncio que eu havia elaborado para a Chiat em nome de uma companhia aérea sediada em Nova York. Eu era inocente, juro.

Os advogados exercem um enorme papel no marketing. Eles são bastante úteis quando uma empresa é processada por alguns bilhões de dólares. Também são úteis para se certificar de que os sujeitos amalucados do departamento de criação não façam nada que possa prejudicar a empresa. Na verdade, o pessoal de criação muitas vezes é pressionado dos dois lados, já que normalmente há uma equipe interna de advogados, na agência, e uma equipe de advogados do cliente. Todo anúncio produzido deve receber o aval dos advogados de ambos os lados, cada um visando proteger os próprios interesses.

Apesar de conhecer bem o processo, eu me surpreendi quando recebi um e-mail dos advogados da Apple sobre um anúncio de jornal que seria publicado em apenas três dias. Ele já tinha sido aprovado pelos advogados da agência e por Steve Jobs. Agora, aos 45 minutos do segundo tempo, os advogados da Apple estavam dizendo que tinham algumas objeções ao anúncio.

O anúncio em questão, antes de a Apple ter adotado os processadores Intel, alegava que os novos computadores Power Macintosh apresentavam um desempenho superior até aos mais velozes PCs equipados com processadores da Intel e apresentava alguns dados de testes para provar a alegação. Os advogados viam problemas em quatro pontos do texto, temendo que a publicação do anúncio levasse a um processo legal por parte da Intel.

Em vista dessa situação, eu diligentemente enviei uma mensagem a Steve avisando que havia uma pedra no meio do caminho – sua própria equipe jurídica. Descrevi brevemente os quatro pontos problemáticos e pedi orientação.

Felizmente, Steve não estava disposto a permitir que a Complexidade fizesse seu trabalho sujo. Apenas alguns minutos depois de eu ter clicado no botão "enviar", recebi uma mensagem dele na minha caixa de entrada. Não foi o e-mail mais verborrágico que já recebi, mas a primeira frase bastou para colocar as coisas em perspectiva:

Fodam-se os advogados!

Aceite recomendações, não ordens

Vamos fazer uma pequena pausa para digerir essas palavras. Eu, sem dúvida, fui inspirado por elas ao longo dos anos.

Elas conseguem traduzir com alto grau de precisão o ceticismo inerente de Steve – um enorme aliado da Simplicidade. Se ouvisse uma opinião contrária às suas próprias crenças ou incompatível com sua visão, ele instintivamente duvidava de sua validade. Afinal, como o mundo podia não funcionar como ele desejava?

Vou chamar a isso de "ceticismo saudável", porque a verdade é que muitas das opiniões de experts que ouço no mundo dos negócios são desnecessariamente restritivas. Elas podem ser ditas por alguém que não ponderou o suficiente sobre a situação, não conhece todas as nuances ou está apenas sendo muito mais cauteloso do que você gostaria – como Steve acreditava ter sido o caso de seus advogados naquela ocasião.

Tenho certeza de que muitos de nós já sentiram a frustração de trabalhar com um líder que está longe de ser cético o suficiente – alguém que aceita cegamente as opiniões de seu departamento jurídico, por exemplo, e trata as sugestões mais como um mandado judicial do que como meras recomendações.

Isso não quer dizer que o ceticismo de Steve o tenha levado a ignorar as recomendações de seus especialistas. Só quer dizer que ele ponderaria o conselho no contexto de outras evidências, de suas metas mais amplas para a empresa e do Bom Senso.

À medida que a Apple ia se tornando cada vez mais bem-sucedida e a concorrência se intensificava, Steve provavelmente passou a considerar seus advogados tão essenciais quanto seus engenheiros. Ele contava com a expertise e a capacidade de julgamento de sua equipe jurídica para ajudar a Apple a proteger sua propriedade intelectual e marcas registradas ao redor do mundo.

Mas, como todos nós sabemos, Steve também estava comprometido com sua visão e acreditava na própria capacidade de julgamento. Apesar de respeitar enormemente a opinião de um advogado, ele não esperava que um advogado dominasse as nuances do marketing ou compreendesse outros fatores que poderiam ter justificado determinada decisão. Dessa forma, ele não pensava duas vezes antes de vetar uma orientação conservadora quando acreditava que determinado grau de risco se justificava – como fez no caso acima. Eu, pessoalmente, adorei o fato de ele ter feito isso com tanta rapidez e com tanto estilo.

Um verdadeiro amigo da Simplicidade pelo menos permanecerá aberto à possibilidade de rejeitar a recomendação de um especialista depois de ponderar outros fatores em oposição a implementar irrefletidamente o conselho.

Caso você esteja se perguntando quais foram as consequências da decisão de Steve rejeitar os conselhos de seus advogados e publicar aquele anúncio anti-Intel sem alterações, não houve consequência alguma. O anúncio foi publicado de acordo com a programação, a Apple transmitiu sua mensagem, a Intel ficou um pouco irritada e ninguém foi preso. Steve, mais uma vez, tinha razão.

iPhone *versus* iPhone

Aquele seria um dos eventos mais importantes da história da Apple e Steve não via a hora de subir ao palco e anunciar: "Este é o iPhone."

O produto estava pronto. Os anúncios estavam prontos. Tudo estava perfeito – exceto o irritante detalhe de a Cisco já estar vendendo um aparelho com o mesmo nome. É claro que, hoje em dia, não se ouve muito falar do iPhone da Cisco, mas só porque Steve exercitou seu ceticismo quando foi informado de que a marca registrada da Cisco seria um impedimento em seu plano.

O nome iPhone era bastante apropriado para o dispositivo da Cisco, que era um telefone capaz de se conectar a uma rede doméstica de Internet sem fio e permitir fazer ligações pelo Skype e serviços similares. Ele também era capaz de fazer uma série de outros truques, como acessar músicas e fotos.

Steve, como você pode imaginar, não ficou nada contente ao saber que a Cisco estava usando o nome iPhone para seu aparelho em grande parte inexpressivo quando acreditava que seria um nome tão perfeito para o dispositivo revolucionário da Apple. Tudo bem que a Cisco estava fazendo o que tantas outras empresas decidiram fazer no departamento de determinação de nomes – tomar de empréstimo o "i" da Apple para surfar na onda do *i*. Sem dúvida, o assunto levou a muitos debates sobre o que fazer, considerando que, para nós, do marketing, à medida que a data do lançamento se aproximava, em um dia estava certo que o nome seria "iPhone" e, no dia seguinte, recebíamos outra instrução:

"Rápido, precisamos de algumas alternativas." Pelo que tudo indicava, prosseguir com o anúncio do iPhone deixaria a Apple vulnerável a um grande processo judicial.

De acordo com algumas declarações de fontes da Cisco, um acordo com a Apple tinha sido fechado e documentos foram enviados à Apple para serem assinados nas vésperas do lançamento do iPhone. Mas a Apple nunca assinou esses documentos. Na manhã seguinte, Steve subiu ao palco e deu início à revolução do iPhone revelando o dispositivo – sem nunca ter resolvido a questão com a Cisco.

De acordo com a Cisco, eles ficaram chocados com a decisão de Steve e se voltaram à preparação de um processo contra a Apple. No entanto, outra versão dos eventos também veio à tona. Segundo essa versão, a Cisco registrara o nome iPhone em 1999, mas a marca registrada caducara em 2005, por falta de uso – antes de a empresa de fato ter começado a distribuir seu iPhone. É possível que, diante dessa situação de certa forma nebulosa, apesar de Steve ter chegado a um acordo com a Cisco, ele decidiu não assinar a documentação no último minuto. Ele atiraria primeiro e faria perguntas depois.

A Cisco realmente abriu um processo judicial imediatamente após o lançamento do iPhone, mas logo chegou a um acordo com a Apple cujos termos jamais foram revelados. Dizem que a Apple concordou em realizar algumas ações de marketing em parceria com a Cisco, embora ninguém jamais tenha visto algo parecido acontecer. Se Steve Jobs teve algum envolvimento pessoal nisso, teria sido muito interessante assistir às negociações.

No entanto, o mais importante é que Steve viu um valor extremamente alto no nome "iPhone" e não se deixou impedir pelo caminho jurídico potencialmente pedregoso adiante. Ele manteve em vista o que ganharia com o lançamento do dispositivo com aquele nome e os benefícios de longo prazo de ter uma submarca chamada iPhone. Ele estava decidido a empenhar todos os esforços em uma situação na qual a maioria teria seguido o caminho mais seguro e escolhido outro nome.

Todo mundo sabe como essa história se desenrolou. O valor do nome iPhone hoje é incalculável, reduzindo o custo dessa aventura jurídica à mais completa insignificância. Como uma submarca, o iPhone atualmente é quase tão forte quanto a própria marca Apple – por todas as razões pelas quais Steve lutou pelo nome. Ele é simples, óbvio e fácil de lembrar. E tudo porque Steve acreditou que o nome era viável mesmo diante de um cenário tão negativo.

Agora, pare por um momento para pensar em sua própria empresa ou nas empresas com as quais você trabalhou. Numa situação similar, prestes a lançar um produto aguardado com expectativa pelo público, incapaz de assegurar o nome e diante de riscos legais significativos, qual seria a decisão da empresa? Pois é...

Esse foi um exemplo de Steve lutando com unhas e dentes pelo que queria. Será que a Chiat ou o próprio pessoal da Apple não se sairiam com outro nome isento de riscos? Absolutamente. E eles de fato propuseram algumas alternativas. Mas, na cabeça de Steve, o nome iPhone era perfeito demais para ser abandonado e foi praticamente por pura força de vontade que a Apple o conquistou.

Apesar dos altíssimos riscos implicados na decisão, os mesmos princípios se aplicam às nossas decisões mais cotidianas. Tudo é uma questão de avaliar as recomendações num contexto e ter a coragem de seguir adiante quando as recompensas excedem os riscos.

Em reconhecimento aos advogados céticos

O pessoal de criação na área da publicidade normalmente não tem muita simpatia pelos advogados. Muitas excelentes ideias foram mortas (ou gravemente feridas) por departamentos jurídicos, e as cicatrizes muitas vezes ainda são vistas. Mesmo assim, isso não significa que não podemos ser profundamente gratos quando o ceticismo de um advogado ajuda a impedir o avanço de uma má ideia.

Em uma de nossas reuniões habituais de marketing, cerca de um ano após o lançamento do iMac, Steve entrou na sala todo empolgado com uma nova ideia. Podia ter sido a ideia de outra pessoa, mas ele não fez essa distinção. Naquele dia, era ele quem estava vendendo uma ideia ao resto da sala, e não o contrário.

De acordo com os cálculos da Apple, o milionésimo iMac estava prestes a ser vendido. Era uma notícia grandiosa. Lembre-se de que a Apple tinha passado por um período bastante difícil e o iMac foi o primeiro novo computador a ser lançado por Steve após seu retorno à empresa. A venda de 1 milhão de iMacs em um período relativamente curto provava que algo tinha dado muito certo e que o fato merecia uma grande badalação.

A ideia de Steve era organizar uma promoção como a de Willy Wonka no filme *A fantástica fábrica de chocolate*. Steve queria incluir na caixa do iMac um certificado dourado representando o milionésimo computador e divulgar o fato com grande alarde. A pessoa que encontrasse o certificado receberia seu dinheiro de volta e ganharia uma visita à sede da Apple em Cupertino, onde ela (e supostamente sua família) seria levada em uma visita pelas instalações da empresa.

Steve já tinha instruído seu grupo de criação interno a criar o protótipo de um certificado dourado, que ele nos mostrou. Mas o problema é que Steve queria levar a analogia até o fim. Ele queria receber o felizardo vestido de Willy Wonka – uma fantasia completa, incluindo a cartola e o casaco.

Foi uma daquelas ideias que provocaram risadas de todos na sala, talvez ainda mais porque Steve parecia tão empolgado. Ele enxergou o potencial de gerar um enorme buzz para o iMac e a Apple, e estava mais do que disposto a fazer sua parte se fantasiando de Willy Wonka. Diferentemente do filme, contudo, o vencedor não se tornaria o novo proprietário da Apple. Ele nem chegaria a ser contratado como assistente júnior do CEO. Seria só uma diversão, além das grandes e saborosas manchetes.

Saímos daquela reunião com instruções para avaliar a viabilidade prática e os aspectos legais da ideia. Felizmente, as questões legais eram extremamente restritivas. Em primeiro lugar, as leis da Califórnia exigiam que a iniciativa fosse classificada como um sorteio, o que implicava uma provisão do tipo “nenhuma compra necessária”. Seria impossível viabilizar a ideia do certificado dourado de acordo com essas regras, de forma que deveria ser algo mais parecido com um sorteio. Isso significava que qualquer pessoa poderia ganhar o sorteio e muito provavelmente o vencedor nem teria comprado um iMac. Diante das restrições apresentadas pelos advogados, Steve decidiu que não valeria a pena.

Todos nós respiramos aliviados e o mundo perdeu a chance de ver Steve em sua fantasia de Willy Wonka.

Sob o jugo dos advogados

Uma das campanhas publicitárias mais questionáveis de que participei acabou se tornando um dos melhores exemplos de recomendações legais sendo seguidas às cegas.

A Intel solicitou à sua agência, na qual eu trabalhava na ocasião, que criasse uma ampla campanha incluindo todas as suas linhas de processadores. Na época, o relacionamento entre a agência e a Intel já estava mostrando sinais de desgaste. Dessa forma, diante de riscos cada vez maiores e com a agência perdendo espaço de manobra, nosso presidente decidiu não se arriscar. Ele expandiu nosso pequeno grupo de pessoas talentosas convidando um de seus profissionais de criação favoritos para participar do processo de brainstorming e convidou o CEO da Intel para se unir a ele no processo de aprovação. Fomos instruídos a fazer todo o necessário para "acertar o alvo" dessa vez.

Depois de uma semana trabalhando como loucos, a equipe inteira do projeto – o pessoal de criação, o pessoal da contabilidade e a administração da agência – se reuniu na sala do presidente.

Depois de avaliarmos várias ideias para a campanha, nosso convidado especial da área de criação se levantou para vender sua ideia. Seu sotaque escocês era cativante e, de certa forma, reforçava sua reputação de excentricidade. Ele não estava usando um kilt, o que fazia em algumas ocasiões. Sua apresentação se desenrolou como uma visão de Hollywood de como deveria ser uma apresentação publicitária – apesar de essas representações raramente serem precisas. Nosso amigo escocês contou uma história sobre a Intel que descrevia a atitude positiva da empresa, sua capacidade de superar obstáculos e conceder até os desejos mais difíceis a seus clientes etc. A história foi direcionada até chegar à sua conclusão lógica: tudo na Intel era uma questão de empowerment;

a empresa fazia exatamente o que se decidia a fazer, mesmo diante das maiores adversidades. Dessa forma, o espírito da Intel poderia ser descrito por uma única palavra: uma das palavras mais comuns da língua inglesa mas uma palavra com o poder de redefinir a marca Intel. Essa palavra todo-poderosa e ultrassedutora era...

Sim.

Os outros profissionais de criação presentes na sala reagiram como você provavelmente acabou de reagir. Para nós, o que deveria ser o auge da apresentação não passou de uma enorme decepção. Mas o nosso presidente e o CEO da Intel adoraram a ideia de se apropriar da palavra "sim" e adoraram o logotipo que acompanhava a ideia. Aquela palavra mágica foi aplicada sobre uma grande pastilha de silício redonda e azul (a matéria-prima na fabricação dos chips) e o logo seria apresentado em tela cheia ao fim de cada comercial.

A ideia foi desenvolvida, aprovada e transformada em uma série de comerciais para a televisão. Infelizmente, logo no início da vida da campanha, um problema legal surgiu na Alemanha. Uma empresa obscura alegava ser proprietária da ideia do "sim". (Engraçado, porque, para proteger nossa reputação na comunidade publicitária, muitos de nós estávamos ocupados em fazer justamente o contrário: afirmar que não tínhamos absolutamente nada a ver com a ideia.) Esse, naturalmente, é um dos problemas enfrentados por qualquer grande empresa multinacional. Como a Apple, a Intel atraía processos judiciais como a luz atrai mariposas. Os que abrem processos em casos como esse muitas vezes o fazem na esperança de a empresa processada preferir abrir a carteira para fechar um acordo e fazer o caso desaparecer.

A Intel não decepcionou. A empresa alemã recebeu seu pagamento e a Intel seguiu em frente com sua vida. A campanha continuou a ser divulgada na Alemanha e no mundo todo. No entanto, uma coisa havia mudado: agora o departamento jurídico da Intel estava assustado. Estávamos no meio do ano e ficamos sabendo que os advogados da Intel estavam matando a campanha, que não teria permissão de ser divulgada depois do fim do ano.

O pessoal da Intel nos explicou que, apesar de ainda acreditarem que o processo judicial alemão não se justificava, os advogados achavam que, se uma empresa havia descoberto um jeito de processar a Intel, outras poderiam fazer o mesmo. Isso apesar do fato de os mesmos advogados terem originalmente conduzido a due diligence e terem declarado a campanha legalmente segura e não suscetível a alegações de direitos autorais por parte de outras empresas.

Foi uma decisão surpreendente tanto para a agência quanto para o grupo de marketing da Intel. A Intel enfrentou um problema legal, livrou-se dele a um custo relativamente baixo, obteve permissão de prosseguir com a campanha na qual investiu – e agora estava nervosa demais para correr qualquer outro risco.

Diferentemente de Steve Jobs, que vetou a recomendação de seus advogados, aprovando a campanha na qual acreditava e se apossando do nome iPhone mesmo quando os direitos estavam sendo questionados, a Intel considerou o conselho de seus advogados mais como um veredito do que como uma recomendação.

Para a Simplicidade dominar, alguém na sala deve estar disposto a por a mão no fogo para defendê-la. Nesse caso, todos os participantes da cadeia alimentar estavam dispostos a suportar os meses de desenvolvimento criativo e testes necessários antes que uma campanha substituta pudesse ser escolhida. Ninguém parecia preocupado com os danos que duas campanhas diferentes em um mesmo ano poderiam causar à marca. Para o público, a Intel não seria percebida como uma grande amiga da Simplicidade.

A Complexidade merece o dobro dos créditos neste caso. A campanha nasceu de uma equipe mais do que pequena, com um número excessivo de tomadores de decisão, em um clima de pressão política. E foi sabotada por advogados corporativos que possivelmente não enxergaram o panorama geral de marketing. Dessa forma, em uma rara façanha, a Complexidade não apenas originou a campanha, como também foi responsável pela sua morte.

O final feliz dessa história é que a Intel nunca chegou a registrar legalmente a palavra “sim”. Você pode continuar utilizando-a livremente em suas conversas sem precisar pagar direitos autorais.

Ameaças de morte fazem maravilhas

Chega de "sim"; vamos passar para a palavra "não".

Quando alguém tem uma ideia no mundo dos negócios, "não" é uma palavra ouvida com frequência demais. Sempre há mil razões para não fazer algo – e só algumas delas não podem ser evitadas pelo pensamento criativo. Então, quando um colega ou fornecedor diz não, você deve tentar relativizar essa resposta. Com muita frequência, o que eles realmente querem dizer é que daria muito trabalho, não é assim que as coisas são feitas na empresa, seria caro demais ou uma série de outras desculpas.

Algumas vezes, o impossível é de fato impossível. Em outras ocasiões, o que se considera impossível é meramente improvável. Então, vale a pena passar as negativas pelo filtro do ceticismo antes de jogar a toalha. Algumas pessoas têm a capacidade inigualável de avaliar instantaneamente as possibilidades. Steve Jobs foi uma dessas pessoas.

Steve raramente tolerava uma resposta negativa quando queria algo feito. A menos que você fosse capaz de provar, sem sombra de dúvida, que o obstáculo no caminho era intransponível, ele esperava que o trabalho fosse realizado. Se você não conseguisse realizar o trabalho, ele encontraria outra pessoa – e isso não seria um bom prenúncio de seu futuro como parte do grupo.

Eu e meus colegas algumas vezes mergulhávamos em sessões improvisadas de psicanálise para explicar como Steve adquiriu essa relutância crônica a aceitar um *não* como resposta. Uma explicação é óbvia. Steve fundou a Apple em 1976, quando tinha apenas 21 anos. Antes disso, ele só tinha feito alguns bicos na HP e na Atari. Assim, diferentemente da maioria das pessoas deste mundo, Steve raramente se reportou a um superior. Durante praticamente toda a sua vida adulta, quem deu as ordens foi ele. Ele esperava que as coisas fossem feitas.

Steve era sempre exigente, em qualquer circunstância. Ele não era um bully; só não aceitava nada menos do que imaginava. Bastava frustrar uma vez as expectativas de Steve para saber o que se esperava de você e se certificar de que isso jamais aconteceria novamente. Tive a sorte de aprender logo minha lição e conseguir sair rapidamente da linha de tiro.

Na época do iMac, planejávamos lançar alguns novos modelos publicando um encarte de 16 páginas na revista *Time*. Depois de várias semanas de desenvolvimento, fotografia e redação, o encarte estava quase pronto. Steve nos disse que queria ver o encarte na *Time* em duas semanas. Quando transmiti essa mensagem à produtora gráfica da agência, ela praticamente rolou de rir.

Seria possível apressar a produção gráfica dos encartes, mas estaríamos à mercê da *Time*. As revistas semanais trabalham de acordo com um rigoroso cronograma de produção e os encartes exigiam semanas de preparativos para acomodar a logística de receber milhões de encartes e incorporá-los à tiragem na gráfica. De posse desse novo conhecimento, retornei a Steve com a informação. Eu disse que a *Time* não tinha como conciliar nosso cronograma e que, na melhor das hipóteses, levaria várias semanas para incluir nosso encarte.

"Absurdo", Steve declarou. E não quis ouvir mais nada. Ele observou que a *Time* publicava uma revista de cerca de 60 páginas toda semana com apenas alguns dias de preparação.

Expliquei todas as razões pelas quais era diferente no caso de encartes. Mas, enquanto eu defendia nossa posição, pude sentir meus argumentos perdendo a força. Foi quando Steve jogou a bomba no meu colo.

"Se vocês não conseguem, aposto que a Arnold vai dar um jeito de conseguir."

Você deve se lembrar de que a Arnold era a outra agência que Steve estava considerando contratar quando tinha acabado de voltar à Apple e estava em busca de uma nova agência. A Arnold se mostrara ávida para trabalhar com a Apple antes e estaria ainda mais ávida para entrar agora. A última coisa da qual precisávamos era ver a Arnold realizando o trabalho que afirmávamos não ser possível. É assim que as agências perdem clientes.

Então, em questão de minutos, eu estava falando com a produtora da agência e informando que a situação tinha acabado de passar de urgente a crítica. Precisávamos encontrar um jeito de publicar rapidamente o encarte na *Time* ou algo extremamente desagradável poderia acontecer. Ela se pôs a mexer seus pauzinhos enquanto eu cruzava os dedos.

Uma delicada combinação de súplicas, ameaças e choradeira foi o suficiente para convencer a *Time* a nos quebrar esse galho. Mandem logo o material e daremos um jeito de incluir o encarte em duas semanas, eles disseram.

Excelente notícia, mas agora eu precisava limpar minha própria sujeira. Eu tinha colocado minha credibilidade em risco dizendo a Steve que era impossível contornar as regras da *Time*. Steve não acreditou em mim, eu mantive a minha posição e agora precisava revelar que ele estava certo e eu, errado. Demos um jeito de fazer acontecer.

É verdade que eu havia baseado minha argumentação na opinião de uma especialista, mas cometi o erro de não confiar no meu próprio Bom Senso, como Steve fizera. Consegui reforçar a crença dele de que ele jamais deveria aceitar um *não* como resposta. Infelizmente, também lhe dei uma boa razão para pensar duas vezes antes de aceitar a palavra da agência sobre o que é possível e o que não é.

Tendemos a nos lembrar de nossas experiências traumáticas, de forma que essa história passou anos gravada na minha mente. Passei a desconfiar sempre que ouvia a palavra "não". Para fins de Simplicidade, é sempre uma boa ideia investigar profundamente ao deparar com uma negativa. Você pode estar apenas exigindo que alguém se empenhe mais do que o normal – mas é assim que se obtêm resultados excepcionais. Se existem regras, elas provavelmente podem ser transgredidas. Se você der mole a alguém, é a sua ideia que acabará enfraquecida.

Anos mais tarde, passei um tempo com um dos principais designers da Dell e ele me contou uma história parecida. Para manter o anonimato, eu o chamarei de Mick.

A história de Mick era sobre o nascimento do malfadado Dell Adamo, concebido para concorrer com o ultrafino MacBook Air. Apesar de o laptop ser destinado a não impressionar ninguém, lutar para ser notado e acabar sendo descontinuado dois anos depois, no início o lançamento gerou certa expectativa. Seria a primeira vez que a Dell criaria um computador daquele tipo.

Eu havia acabado de chegar do primeiro briefing da agência para o Adamo. Enquanto esperava o táxi para voltar ao hotel, encontrei Mick por acaso e nos sentamos para uma conversa informal no lobby da Dell.

A conversa nos levou a falar sobre eventualmente sermos forçados a cumprir prazos impossíveis, o que me fez lembrar o encarte da Apple na *Time*. Contei a Mick a história de como fui prejudicado por deixar de questionar o que realmente era possível naquela situação.

"Exatamente o que me aconteceu com o Adamo", Mick disse. E ele me contou sobre as reuniões que levaram à criação do computador ultrafino da Dell.

Muitos meses antes, Mick se reunira com Ron Garriques, então líder da divisão Consumidor da Dell. Como muitos no negócio de computadores, Ron estava ansioso para criar um computador capaz de gerar grande empolgação. Ele decidiu que a Dell deveria começar a trabalhar em um laptop ultrafino porque, agora que a Apple lançara o MacBook Air, estava claro que ser fino passaria a ser cada vez mais valorizado no setor. (A Dell não tinha nenhuma pretensão de ser a primeira em uma categoria.)

Garriques pediu que Mick elaborasse um cronograma para o projeto e lá foi Mick consultar seus engenheiros. As pessoas que de fato teriam de projetar e construir um laptop tão fino acreditavam que levaria cerca de um ano para lançar o novo produto no mercado. Criar um laptop ultrafino é muito mais difícil que projetar um desktop, demandando muita miniaturização em um feito de engenharia que costuma levar um bom tempo.

Mick levou a informação a Garriques – que não ficou nem um pouco satisfeito com a notícia. Apesar de Garriques ter pouco em comum com Steve Jobs, ele dominava um princípio da Simplicidade. Ele queria o que queria e não gostava de aceitar um não como resposta. E o que ele queria era um laptop ultrafino na metade do tempo que normalmente levaria. Mesmo pressionando ao máximo seus engenheiros, Mick foi informado categoricamente que o cronograma não poderia ser encurtado.

Frustrado com a notícia, Garriques resolveu acionar seus contatos. Ele tinha trabalhado, muito tempo atrás, no grupo de celulares da Motorola, onde a miniaturização era praticamente um estilo de vida. Se os engenheiros da Motorola conseguiam abarrotar toda aquela tecnologia incrível em um dispositivo que cabe no bolso, Garriques acreditava que eles seriam capazes de fazer milagres com um laptop. Seguindo essa lógica, ele se voltou para fora da Dell e trouxe alguns dos engenheiros com quem havia trabalhado na Motorola. Eles prometeram um laptop em seis meses.

Quando Garriques conseguiu o que queria, Mick se viu em uma posição na qual já me vi tantas vezes. Mick se transformou na pessoa que disse se tratar de um feito impossível, quando, na verdade, era possível.

Agora, se Garriques pôde se mostrar à altura do desafio da Simplicidade, recusando-se a aceitar um *não* como resposta, e conseguiu seu elegante laptop no prazo que queria, por que o Adamo acabou se mostrando um fracasso tão grande?

Lá no começo deste livro, mencionei que a Simplicidade era uma proposição do tipo tudo ou nada, e que não é possível escolher as partes *à la carte*. Garriques não era um discípulo da Simplicidade; era apenas um executivo que queria o que queria. Apesar de ter batido a porta na cara da Complexidade no início do projeto, ele aparentemente deixou a chave na porta. O Projeto Adamo afundou rapidamente em um mar de Complexidade, incluindo a determinação de preços, as questões relativas ao marketing e problemas de confiabilidade.

O Adamo foi um laptop de $2.500 de uma empresa conhecida por fabricar laptops de $600. Era um produto que o consumidor precisaria pegar na mão para ser valorizado, mas que só podia ser comprado pela Internet. Ele foi promovido com anúncios mais adequados a revistas como a *Vogue*, apresentando modelos que remetiam à alta-costura, mas que acabaram sendo publicados na imprensa de negócios, tanto on-line quanto off-line. Meses após ser lançado, o Adamo era vendido aos milhares, enquanto o MacBook Air era vendido aos milhões. Mesmo com um redesign um ano depois, o Adamo nunca conseguiu se recuperar e a Dell acabou abandonando o produto por completo.

Mas é verdade que eles o projetaram rapidamente.

De olho nos detalhes

As pessoas muitas vezes falam sobre a "experiência de desempacotamento" que acompanha a compra de um produto da Apple. O

YouTube tem inúmeros vídeos documentando, passo a passo e peça por peça, a retirada de um produto da Apple da embalagem. Para quem nunca passou pela experiência, os vídeos não passam de mais um exemplo de fanatismo por parte dos entusiastas da Apple. É só uma caixa, certo?

Para a Apple, uma caixa está longe de ser "só uma caixa". A empresa faz de tudo para garantir que toda a experiência do cliente, do começo ao fim, seja de alta qualidade – e que aquele primeiro momento, quando o cliente está tirando o produto da embalagem, seja uma parte significativa dessa experiência.

Dizer que a Apple leva sua embalagem a sério seria menosprezar em muito sua importância. O grupo responsável pelo design das embalagens na Apple trabalha a quatro paredes no escritório central de criação. O que eles fazem lá é tão secreto quanto o que os engenheiros fazem em seu próprio refúgio sagrado. Faz sentido, considerando que a embalagem revela mais sobre as especificações do produto do que qualquer vislumbre do produto em si.

É interessante notar que a Apple tem alguns momentos sombrios na história de sua embalagem. Algumas pessoas se lembrarão de que, durante o exílio de Steve, a empresa instituiu algumas grandes iniciativas de corte de custos. Isso levou a empresa a abandonar as caixas brancas com acabamento brilhante e impressão a cores e adotar caixas simples de papelão marrom com apenas uma ou duas cores. Eu tenho uma dessas caixas horrendas no meu sótão e me recuso a jogá-la fora, por ser um lembrete tão interessante da mudança de estilo da Apple. É uma antiga caixa do PowerBook, contendo apenas algumas peças de cartolina moldada projetadas para proteger as várias partes do produto. É uma das embalagens menos elegantes e mais tediosas imagináveis.

À medida que os valores e as prioridades da Apple foram evoluindo – graças ao retorno de Steve Jobs –, esse tipo de detalhe viria a retomar sua importância. Até o ponto de levar pessoas de outra forma racionais e inteligentes a filmarem o processo de desencaixotar os produtos da empresa – e outras pessoas a assistir.

As pessoas que projetam as embalagens da Apple são incrivelmente talentosas. Mas, é claro, elas não fabricam fisicamente a embalagem em sua sala secreta. Elas precisam contar com vários fornecedores para ajudá-las a realizar seus sonhos. E também precisam lidar com pessoas que declaram: "Sinto muito, isso é impossível."

Alguns anos atrás, um designer sênior de embalagens da Apple contou uma história sobre até que ponto a Apple se importa com o design das embalagens.

A razão para isso, naturalmente, é que a Apple quer que os clientes tenham aquela sensação de qualidade a partir do momento em que pegam a caixa. As pessoas podem nem chegar a processar intelectualmente os detalhes específicos, mas têm aquela sensação de "uau" que faz com que fiquem ainda mais ansiosas para começar a usar o produto. Nesse sentido, a embalagem funciona de maneira similar à Apple Store. As pessoas podem não chegar a registrar os detalhes específicos, mas sentem o design ponderado e elegante da loja. Cada detalhe importa, independentemente de ser notado ou não.

Cheio de orgulho, o designer de embalagens me contou como a Apple se recusara a aceitar um *não* como resposta quando um fornecedor afirmou que determinada característica da embalagem era problemática e precisaria ser alterada.

O designer tinha criado uma suntuosa caixa, digna de um novo dispositivo da Apple. Dentro da embalagem, o produto repousava em um compartimento embutido, apoiado por um minúsculo pedaço de isopor, tão delicado que estava causando problemas no processo de manufatura. O isopor derretia com o calor das máquinas de moldagem. O fornecedor informou à Apple que não era possível resolver o problema – a peça precisaria ser reprojetada para conciliar as leis da física.

A equipe de design da embalagem não ficou satisfeita. Eles tinham uma visão e, agora, forças externas estavam entrando no caminho. Além disso, Steve Jobs já havia aprovado o design, da mesma forma como aprovara todos os detalhes do produto em si. A equipe se viu diante de duas opções: contar a Steve que o design da embalagem teria de ser alterado ou pressionar o fornecedor.

Fiéis ao estilo da Apple, os designers não aceitaram concessões. Em uma ameaça não tão velada, eles disseram ao fornecedor que a Apple não ajustaria a embalagem e que o fornecedor é que deveria reprojetar suas máquinas. Se os moldes de metal estavam esquentando tanto, por que não fazer novos moldes de alumínio?

O fornecedor decidiu realizar os ajustes, apesar dos altos custos envolvidos, e em pouco tempo os pedaços de isopor estavam sendo produzidos à perfeição. Os proprietários daquele novo dispositivo da Apple puderam usufruir da experiência ideal de desempacotamento, apesar de, muito provavelmente, ninguém haver notado aquele pedacinho de isopor.

Os designers da Apple sabiam que, quando um fornecedor declara "É impossível", o que eles na verdade estão dizendo é que não é possível fazer sem um esforço extraordinário. É incrível o que as pessoas são capazes de realizar quando veem um bom cliente prestes a virar as costas e sair porta afora.

Ignore os negativistas: a invenção da Apple Store

O discurso de Steve Jobs na Stanford tocou tão profundamente as pessoas porque ele estava sendo muito sincero. Ele falou da importância de se descobrir um caminho que leva à verdadeira realização na vida. Foi uma tarefa bastante intimidadora para ele, já que ele estava falando para um grupo que havia acabado de se formar na faculdade e ele abandonara os estudos praticamente logo depois de entrar na faculdade.

Mas as palavras dirigidas àqueles futuros empresários e homens de negócios se aplicam igualmente a pessoas com décadas de experiência no mundo dos negócios:

> *Não permita que o ruído das opiniões alheias abafe a sua voz interior. E, o mais importante, tenha a coragem de seguir seu coração e sua intuição.*

Steve não estava se referindo apenas à escolha de uma carreira; ele estava descrevendo uma importante regra para vencer no mundo dos negócios. É uma regra que ele mesmo sempre seguiu e que o ajudou a repelir o espírito perverso da Complexidade por praticamente sua vida toda. Algumas vezes, é necessário ser especialmente forte para atingir uma meta quando os negativistas estão convencidos de que você está avançando pelo caminho da ruína.

A maior prova: as Apple Stores

Naquela época, quando a Apple estava começando a se recuperar de sua experiência de quase-morte, a empresa ainda tinha algumas montanhas extremamente íngremes para escalar. Steve estava certo de que, se as pessoas experimentassem um Mac com alguém mostrando como é fácil usá-lo, acabariam se convencendo sem muita resistência. O problema era encontrar um meio de proporcionar essa experiência. Na época, pouquíssimas lojas permitiam a um cliente entrar e se familiarizar com um Mac e ainda menos lojas contavam com que vendedores se importavam o suficiente para demonstrar adequadamente os recursos do computador. A Apple tinha acabado de abrir sua Apple Store na Internet, que oferecia praticidade, mas não uma experiência pessoal. O site não permitia à Apple conduzir conversas com as pessoas.

Diante disso, em 1997 Steve anunciou um acordo com a CompUSA, no qual a rede americana de varejo criaria uma "loja dentro da loja" dedicada à Apple. A parceria foi recebida com certo entusiasmo, já que daria aos clientes a possibilidade de experimentar os produtos da Apple por todo o país, em lojas de fácil acesso.

Mas a ideia não funcionou exatamente como o planejado. As pessoas agora tinham aonde ir, mas a presença da Apple na CompUSA foi restrita a um canto no fundo das lojas. Era preciso percorrer um verdadeiro labirinto de equipamentos de informática para encontrar a Apple. Se você perguntasse a um vendedor da CompUSA qual era a diferença entre o iMac e um PC, ele ficaria mais do que contente em lhe mostrar um novo computador da HP a uma fração do preço de um iMac. Ele não tinha muito incentivo para vender o iMac.

Não, o CompUSA não resolveria os problemas da Apple. Em um mundo de PCs, todos equipados com o Windows, a Apple era o estranho no ninho. Convencer um cliente de que a Apple tinha uma plataforma superior demandava mais do que um espaço exclusivo nos fundos de uma loja da CompUSA e vendedores indiferentes. Se a Apple quisesse começar a recuperar a participação de mercado que perdera durante seus anos sombrios, precisaria colocar em prática o conceito do "pense diferente".

E assim nasceu a ideia da Apple Store. Steve recrutou Ron Johnson, famoso por transformar a Target em uma rede de varejo descolada, para liderar o novo grupo de varejo da Apple e desenvolver o conceito da Apple Store.

Hoje em dia, é muito difícil encontrar alguém que não reconheça o valor das Apple Stores. Elas são consideradas um dos maiores sucessos de varejo da história e se tornaram o padrão ouro no mundo do varejo, rendendo mais por metro quadrado do que a Tiffany. Mas, apesar de isso ser mais do que claro agora, na época a ideia não passava de uma teoria.

Já havia urubus voando em círculos pelos céus do varejo. Na época, eles estavam se preparando para se banquetear na rede de lojas que a Gateway Country abrira em 1996. Mas não era difícil imaginá-los voltando seus ávidos olhos para as novas lojas de varejo da Apple quando voltaram a ficar com fome. A Apple precisou de muita coragem para entrar tão deslumbrada por aquele caminho quando outra rede de computadores fracassava tão claramente.

A Apple não tinha experiência alguma no mundo do varejo e detinha apenas cerca de 3% do mercado de computadores (uma participação de mercado similar à da Gateway). Nesse contexto, ninguém se surpreendeu quando David Goldstein, presidente da Channel Marketing, fez a seguinte observação em uma entrevista para a *BusinessWeek*:

> *Dou a eles dois anos antes de abandonar um erro extremamente doloroso e dispendioso.*

A opinião extensamente divulgada do sr. Goldstein fez dele o garoto-propaganda de um prognóstico terrivelmente impreciso.

A *Bloomberg Businessweek* não se mostrou uma vidente melhor quando publicou um artigo intitulado "Sinto muito, Steve: veja por que as Apple Stores não darão certo".

Hoje, a Apple tem mais de 350 lojas em alguns dos pontos comerciais mais cobiçados do mundo. É impressionante pensar que o número total anual de clientes que entram nas Apple Stores ao redor do mundo chega a ser maior que o número combinado anual de visitantes dos quatro maiores parques temáticos da Walt Disney Company. Em meados de 2011, as Apple Stores responderam por mais de $3 bilhões de receita anual. O melhor ainda é que mais da metade dos visitantes é nova no mundo do Mac – de forma que a presença de varejo da Apple se tornou sua arma mais poderosa para reconquistar participação de mercado. Apenas alguns anos atrás, a ideia de que a Apple poderia virar o jogo contra os PCs era absurda – e agora é uma realidade. Em meados de 2011, o crescimento do número de Macs distribuídos superou o de PCs distribuídos pelo vigésimo trimestre consecutivo.

A Apple confiou que, se construísse seus templos à Simplicidade em locais de alto tráfego, seria possível desenvolver os relacionamentos pessoais que estavam faltando. A meta era proporcionar uma experiência de compra de qualidade tão elevada quanto a de seus produtos.

Mesmo que você também se convencesse de que construir as Apple Stores era a coisa certa para a Apple fazer, a empresa foi além e abriu as lojas de maneira surpreendente e arriscada. Em vez de seguir o exemplo da Gateway, com pontos de venda similares às lojas de departamentos da Sears, a Apple decidiu embarcar direto na primeira classe.

A Apple contratou arquitetos e designers brilhantes e só usou materiais da mais alta qualidade para concretizar sua visão, mesmo que isso significasse transportar materiais de países distantes. E a empresa foi coerente. À medida que dezenas de Apple Stores começaram a ser inauguradas, cada qual era construída seguindo os mesmos altos padrões, com as lojas mais importantes beirando o espetacular. A Apple Store da Quinta Avenida em Nova York, por exemplo, viria a se tornar um importante ponto de referência em uma cidade de arranha-céus, apesar de ter apenas 10 metros de altura.

Naquela loja, o piso foi feito com ladrilhos de uma qualidade que só poderia ser encontrada em um lugar no planeta: uma pedreira na Itália. O aço inoxidável que sustenta as colunas foi desenvolvido com um processo exclusivo, em Tóquio. Os componentes de vidro foram criados por uma empresa de design alemã.

Os críticos da Apple, sem dúvida, desaprovaram a decisão da empresa de investir tanto em um plano que vinha acompanhado de riscos tão claros. O que eles não perceberam foi que a Apple estava construindo uma representação física de sua marca. A marca Apple representava qualidade, design e Simplicidade, e as Apple Stores concretizavam todos os três elementos. As lojas eram organizadas e convidativas, e cada detalhe foi pensado à exaustão.

Se for possível dizer que a Apple tem um foco que transcende todos os outros, esse fator é a experiência do cliente. A meta é dar ao cliente uma experiência repetidamente excelente no decorrer de todo o relacionamento com a empresa. A Apple visa proporcionar os mesmos valores e falar no mesmo tom em todos os contatos com o cliente – desde um anúncio na televisão, passando pelo site da empresa, pela experiência de compra, pelo processo de desempacotamento do produto, pela utilização no dia a dia até o suporte técnico.

Antes da criação das Apple Stores, essa sequência estava desprovida de uma parte: a experiência de compra. Ela não apenas estava ausente, como também estava completamente fora do controle da Apple. Isso deixava a empresa na incômoda posição de depender da qualidade de distribuidores para compensar a própria deficiência. O suporte também não era ideal, já que os clientes só podiam comunicar-se com a Apple por telefone ou por meio de pontos de assistência técnica de propriedade independente.

Se a Apple quisesse proporcionar aos clientes uma melhor experiência de compra e utilização, ela precisaria botar a mão na massa e resolver o problema. As Apple Stores proporcionariam o elo perdido. A Apple via os críticos com ceticismo e nada seria capaz de impedir a empresa de acreditar em seus planos para o varejo.

É raro no mundo dos negócios uma ideia que não encontre alguma forma de oposição, seja interna ou externa à organização. Steve Jobs aprendeu cedo que, se você tiver uma grande ideia, precisa ignorar a negatividade e se concentrar em avançar.

Você também precisa fazer de tudo para garantir a sobrevivência dessas grandes ideias.

Capítulo 10

Pense guerra

"Quer saber, realmente podemos ser processados por isso", Steve disse. "E talvez não seja tão mau assim."

Era 1998. Sobre a mesa, diante de Steve, estava uma nova campanha publicitária elaborada para intrigar profundamente as pessoas. Em duas páginas cheias de um jornal, via-se a imagem gigantesca de um caramujo, carregando nas costas o que era o chip mais rápido da Intel a equipar os PCs na época. Como se a imagem não fosse ofensiva o suficiente, o anúncio complementava um comercial na televisão que vinha sendo exaustivamente exibido nas principais redes de televisão. A maior parte dos 30 segundos do anúncio apresentava um close-up do mesmo caramujo, cruzando penosamente a tela com o mesmo chip da Intel nas costas.

Os dois anúncios alegavam com insolência que o chip dos novos Macs era literalmente duas vezes mais veloz que o chip da Intel.

Steve tinha razão. A Intel não toleraria isso – e esse era exatamente o plano. Sabendo que a Simplicidade está eternamente em guerra com a Complexidade, há momentos em que ela deve agir com beligerância apropriada.

Lembre-se de que tudo isso ocorreu apenas alguns meses após o retorno de Steve à Apple e muito antes de a empresa decidir equipar toda a sua linha de computadores com chips da Intel. Os anúncios da campanha *Pense diferente* estavam por toda parte, mas o iMac ainda estava sendo incubado na engenharia da Apple.

Naquela época, os PCs dominavam 97% do mercado global de computadores. Praticamente todos os PCs eram equipados com um processador da Intel, ao passo que os Macs vinham equipados com o chip PowerPC, fruto de uma parceria entre a IBM e a Motorola. Considerando o declínio público da Apple e o fato de que os chips PowerPC não eram tão velozes, a percepção do público era que os PCs eram capazes de atordoar os Macs com sua agilidade. No entanto, tínhamos acabado de receber uma arma poderosa nos últimos relatórios da engenharia da Apple. Recebemos benchmarks provando que o novo chip do Power Mac G3 era realmente mais veloz que o chip da Intel.

Sabíamos muito bem que a Intel teria muitas opções caso decidisse retaliar e que um processo judicial seria a primeira opção. "Dá para imaginar o artigo da *BusinessWeek*?", Steve perguntou. Ele já vislumbrava como seria um artigo daquela revista, com uma grande foto do chip da Intel montado no caramujo ilustrando um longo texto sobre a Intel levando a Apple ao tribunal. Ele adorava a ideia. Ele também sabia que a Intel precisaria tomar muito cuidado para não abusar de seu poder contra a pobrezinha da Apple, que estava entre a vida e a morte. E a Intel precisaria ponderar muito bem se valeria a pena optar por qualquer tipo de ação judicial, já que isso só serviria para dar ainda mais publicidade à Apple.

A campanha do caramujo, batizada de *Snail*, foi só a salva inicial de tiros na guerra unilateralmente declarada contra a Intel. A equipe de criação por trás daquele anúncio, o diretor artístico Michael Rylander e o redator Tom Witt, criou mais dois ataques. Logo veio a campanha *Burning Bunny*, na qual literalmente tostamos um dos "bunny men" da Intel – os personagens vestidos de macacões coloridos de astronauta, que a Intel usava nos próprios anúncios. Nesse anúncio, a Apple pedia desculpas à Intel por "torrá-la em público" com benchmarks tão superiores. Para completar a trilogia, a Apple lançou a campanha *Steamroller*

– rolo compressor –, em que uma fileira de laptops era esmagada como uma metáfora para o poder esmagador encontrado nos laptops PowerBook da empresa.

Os fãs dos PCs, como era de se esperar, sentiram-se ultrajados. Como a Apple ousava fazer essas alegações? "Todo mundo sabe que os Macs não são tão rápidos quanto os PCs." "Eles devem estar forjando os números." A Intel de fato reagiu, mas se limitou a publicar um teste de benchmark no próprio site para refutar as alegações da Apple. Não houve nenhum processo judicial. E as discussões provocadas pelas campanhas só ajudaram a Apple a atingir sua meta. Mesmo que as pessoas não acreditassem nos números, de repente se viram falando sobre os Macs. Não era mais tão fácil zombar dos Macs.

Para Steve, a missão tinha sido cumprida. Ele demonstrou a destreza técnica da Apple e mostrou ao mundo que a empresa continuava enérgica como sempre. As grandes revoluções, a começar pelo iMac, ainda estavam por vir.

Mas declarar guerra contra a Intel não passou de um aquecimento, com Steve de volta ao comando. Muitas outras boas brigas aguardavam a Apple no futuro.

É bom ter inimigos

A Simplicidade permite que as pessoas se concentrem em apenas uma coisa. Inversamente, concentrar-se em apenas uma coisa também ajuda a atingir a Simplicidade. Declarar guerra contra a Intel, como a Apple fez, foi um modo bastante eficaz de levar as pessoas a se concentrarem em apenas uma coisa: levar os Macs a sério como uma alternativa ao PC.

A Apple tem uma rica história de se direcionar a inimigos específicos, apesar de alguns desses impulsionadores terem sido mais eficazes que outros. Um desses momentos foi a campanha que mencionei em um capítulo anterior, quando a Apple foi atrás da Microsoft, comparando o "jeito fácil" do Macintosh com o "jeito difícil" do Windows. Mas é não é fácil derrubar o gigante, e a iniciativa não levou os usuários do Windows a fazer filas às portas da Apple.

Quando Steve Jobs voltou à Apple, em 1997, disse aos funcionários que eles precisariam mudar sua forma de pensar. Em outro grande momento para a Simplicidade, Steve resumiu o conceito dizendo: "Precisamos tirar da cabeça a ideia de que, para vencermos, a Microsoft precisa perder." Ele prosseguiu: "A batalha pelo desktop chegou ao fim. Nós perdemos." O inimigo da Apple na época era a própria empresa. Ela precisava concentrar todas as energias na criação de excelentes produtos sem se preocupar com os outros. Eles poderiam se ocupar disso mais tarde – mas só se a Apple sobrevivesse.

Tendo excluído a Microsoft da lista de inimigos da Apple, Steve fez o que pôde para se aproximar do ex-arqui-inimigo. No primeiro Macworld após o retorno de Steve, ele anunciou uma nova parceria com a Microsoft. Em troca do abandono de um processo judicial da Apple contra a Microsoft, Bill Gates prometeu dar suporte ao Microsoft Office para o Mac nos próximos cinco anos e investiu $150 milhões na Apple. Algumas pessoas se perturbaram durante o anúncio (e gemeram de forma audível) quando viram Steve Jobs falando diante de uma tela gigantesca que transmitia um vídeo ao vivo de Gates em Seattle. Gates mais parecia o Grande Irmão do famoso comercial *1984* da Apple, e lá estava Steve, todo sorridente, fechando um acordo com ele. Para muitos, parecia que Steve estava entregando os pontos. Com efeito, na biografia de Steve Jobs escrita por Walter Isaacson, o próprio Steve descreve aquele momento como o pior erro de apresentação que já cometeu. A imagem gigantesca de Gates se avultando por trás de Steve fez a Microsoft parecer mais importante que a Apple.

Logo que Steve voltou à empresa, muitas pessoas duvidaram de que ele conseguiria melhorar a situação. Uma dessas pessoas foi Michael Dell. Quando lhe perguntaram o que faria se fosse o CEO da Apple, ele respondeu: "Eu fecharia as portas e devolveria o dinheiro aos acionistas." A Apple não precisou sair atrás de um inimigo – Dell assumiu naturalmente esse lugar quando fez aquela declaração. Em um evento da Apple apenas um mês mais tarde, Steve projetou uma grande imagem de Michael Dell na tela de sua apresentação, sobrepondo um alvo sobre ela. "Estamos indo atrás de você, parceiro", ele disse, em uma declaração que energizou as tropas da Apple.

Foi uma decisão fácil escolher a Intel como inimigo. Os chips da Intel equipavam os PCs dos principais fabricantes e a Intel era uma enorme anunciante, com sua campanha *Intel Inside* – e, na prática, estabeleceu o padrão para toda a indústria de PCs. Atacar a Intel nos permitiu atacar todos os fabricantes de PCs ao mesmo tempo sem precisar mencionar nenhum deles. E atraiu a atenção para a Apple porque à primeira vista a alegação soava inacreditável.

Sabendo o que sabemos hoje, é irônico o fato de a Apple ter escolhido a Intel como o inimigo. Vários anos mais tarde, uma das manobras mais dramáticas de Steve seria abandonar a plataforma PowerPC e passar para o lado da Intel. Quando Steve fez o anúncio, Paul Otellini, CEO da Intel, subiu com ele ao palco. Paul levou consigo o velho anúncio *Burning Bunny* da Apple e o exibiu no início de seu discurso, só para provar que a Intel levava tudo numa boa – e mostrar até que ponto as duas empresas mudaram desde a criação daquele comercial.

Apesar de a Simplicidade ter provocado uma guerra contra a Intel, equipar os Macs com processadores da Intel se tornou um enorme elemento simplificador para Steve. Com aquela manobra, ele eliminou por completo um dos maiores argumentos contra a Apple. De repente, Macs e PCs eram iguais em termos de processamento. Em vez de tentar destruir velhas percepções, a Apple pôde concentrar-se em promover suas vantagens: inovação, design e Simplicidade.

Nos anos que se seguiram, a Apple sairia à caça de um novo inimigo e, naquele ponto, teve o prazer de reciclar um velho adversário. Da mesma forma que a Intel servira como o padrão para toda a indústria de PCs, a Microsoft entraria em cena para fazer a mesma coisa. Afinal, o acordo entre Steve Jobs e Bill Gates tinha expirado há muito tempo.

A nova guerra contra a Microsoft tomou forma na campanha *Mac vs. PC*, lançada em 2006. Por meio dos diálogos elaborados à perfeição entre os personagens representativos do Mac e do PC, os pontos fracos do Windows, seguidos das fraquezas do Vista, foram expostos um a um. Vírus, quedas do sistema, problemas de upgrade... a Apple foi implacável. A campanha se tornou tão popular que cada novo episódio passou a ser tema de conversas em escritórios e encontros sociais. Com efeito, a popularidade da campanha *Mac vs. PC* começou a pesar tanto na reputação da Microsoft que a gigante decidiu retaliar com a própria campanha, que apresentava uma variedade de pessoas exclamando alegremente: "Sou um PC." Poucas pessoas chegam a se lembrar daquela campanha, enquanto os anúncios *Mac vs. PC* até hoje são vistos no YouTube.

O que a Apple descobriu ao longo dos anos é que pode ser divertido ter um inimigo. E, se for feito do jeito certo, pode até ser bastante lucrativo.

Use todas as armas disponíveis

Em uma tarde de domingo, liguei para Steve Jobs para conversar sobre um anúncio que estava sendo criado. Ele estava em casa e, durante a nossa conversa, recebeu outro telefonema. Ele me deixou na espera e voltou dizendo: "Ligo de volta em 10 minutos." E desligou.

Conforme o prometido, meu telefone tocou 10 minutos depois. "Sabe quem era?", ele perguntou. O tom de voz indicava que (a) eu jamais seria capaz de adivinhar; (b) ele mal podia esperar para me contar.

Como manda o figurino, retruquei: "Não, quem?"

"Bill Clinton."

Aquilo teria sido demais até hoje em dia, mas na ocasião Clinton era o presidente dos Estados Unidos. Steve tinha um bom relacionamento com os Clinton. Apesar de a família Jobs morar em uma casa relativamente modesta, Steve tinha uma propriedade muito maior onde os Clintons ficavam hospedados quando iam à cidade para participar de vários eventos. A propriedade ficava no alto de um morro, em um terreno enorme – justamente o tipo de local que facilitava em muito o trabalho do Serviço Secreto.

A razão pela qual Clinton ligou naquele dia era que Steve lhe pedira um favor e Bill estava telefonando com o resultado. Mas, para entender melhor o envolvimento de Clinton, precisamos voltar a uma situação que começara a se desenrolar semanas antes.

A campanha *Pense diferente* estava em pleno vapor e estava sendo divulgada em inúmeros anúncios em revistas e outdoors, cada um deles apresentando um "herói" diferente. Em nossas reuniões quinzenais com Steve, era comum conversarmos sobre possíveis novos heróis para a campanha.

Não faltavam ideias para novos heróis. A agência se manteve pesquisando novas possibilidades e, à medida que a campanha foi se tornando cada vez mais conhecida, chegamos a ser abordados por celebridades que queriam fazer parte dela. Mas, em uma reunião, Steve Jobs entrou com a própria grande ideia: ele queria Nelson Mandela.

Falamos sobre como Mandela era uma pessoa extraordinária e que seria uma grande honra tê-lo em nossa campanha. Não foi algum estratagema mercenário para criar mais buzz para a Apple. Steve sinceramente queria homenagear alguém que admirava.

Só havia um problema. Na época, Mandela era o presidente da África do Sul. Por mais que fôssemos capazes de viajar na maionese, não parecia provável que o líder de qualquer país aceitaria avidamente a chance de aparecer em um anúncio da Apple. Mas dissemos a Steve que daríamos uma sondada para ver se a ideia tinha alguma chance de se concretizar. Não demorou muito para obtermos a resposta "não, obrigado" do pessoal de Mandela, que imediatamente repassamos a Steve.

Steve não ficou bravo, mas ficou decepcionado. Seguindo as leis da Simplicidade, ele se recusou a aceitar um *não* como resposta. Ele teve uma ideia.

"Posso ver com Bill Clinton se ele pode ajudar", ele conjecturou.

Certo. O presidente. É claro. Como não pensamos nisso antes? Steve disse que perguntaria a Clinton se ele poderia contatar Mandela, em nome da Apple, e nunca mais ouvimos falar a respeito.

Isso nos leva de volta àquele domingo fatídico, quando eu estava ao telefone com Steve ao mesmo tempo que o líder do mundo livre ligava para reportar o resultado de sua missão.

Não sei dizer se Clinton de fato conversou pessoalmente com Mandela ou só falou com o "pessoal dele" – mas, novamente, a resposta foi negativa. Steve explicou que Mandela poderia até considerar a possibilidade, mas só depois de pelo menos seis meses fora do cargo. Ele já tinha expressado em público sua intenção de passar o bastão, mas ainda faltavam vários meses para o fim de seu mandato.

Dessa forma, a campanha *Pense diferente* foi forçada a prosseguir sem a presença de Nelson Mandela. O pobre Nelson teria de lidar com o fato de ser substituído por alguém como Charlie Chaplin. Steve continuou decepcionado, mas pelo menos ficou satisfeito por ter usado o velho trunfo presidencial.

E o mais importante: ele seguiu até o fim um dos princípios mais importantes da Simplicidade. Ele não desistiu. Usou todas as armas de seu arsenal para atingir sua meta. Ele não conseguiu, mas não foi por falta de tentar.

Utilize uma força avassaladora

Se meu palpite estiver correto, você pode não ter acesso direto ao presidente dos Estados Unidos. Infelizmente, é possível que você nem possa pedir um favor de um político influente.

No entanto, o que você de fato pode fazer costuma ser o suficiente. Você pode se certificar de que, ao implementar suas ideias, nada seja deixado ao acaso.

Isso significa pecar pelo excesso. Ao não se restringir, ao usar apenas as armas mais poderosas de seu arsenal, você dará às suas ideias as melhores chances de sobrevivência. Pense nisso como uma guerra (porque é) e prossiga com toda a graciosidade de um comandante militar – utilizando uma força avassaladora.

Quando se lida com as forças da Complexidade, a última coisa que se deseja é uma luta equilibrada. Grandes vitórias são muito mais atraentes do que vencer por pouco, e também servem como marcos para influenciar batalhas futuras. Em resumo: nunca use um estilingue se tiver acesso a um canhão.

Cada um tem circunstâncias diferentes, de forma que só você sabe quais recursos pode explorar. Você pode firmar alianças em preparação para uma reunião decisiva, a fim de contar com aliados e não ter de defender suas ideias sozinho. Você pode usar pesquisas ou evidências para sustentar seu ponto de vista e neutralizar críticas. Você pode entrar com a cara e a coragem na sala de seu CEO em busca daquele aceno de cabeça em aprovação que pode ajudar a superar um obstáculo intransponível antes mesmo de ele surgir. Você pode contratar um consultor para reforçar seu poder de fogo e sua credibilidade.

E o mais importante: precisa fazer o possível para que seu trabalho seja representado até o topo. Se os geradores de ideia tivessem uma Declaração de Direitos, essa provavelmente seria a primeira cláusula. Quando seu trabalho é representado por outras pessoas em um nível superior do cliente ou em um nível superior na sua própria organização, elas só raramente terão o mesmo nível de paixão que você. Se a pessoa que representa seu trabalho deparar com oposição, normalmente se mostrará muito mais disposta a jogar a toalha do que você ou a fazer concessões com as quais você jamais concordaria. Faz parte da natureza humana.

Dessa forma, você deve incorporar o hábito de nunca ceder. Você também não deve se contentar com um empate, porque, nesse jogo, a Complexidade sempre ganha no empate. E não deve entrar em uma troca de fogo com um armamento leve. Não basta dar uns tapinhas na mão da Complexidade – você deve exterminá-la. O que está em risco é ao mesmo tempo sua ideia e sua reputação na empresa.

Se você não entrar com força total, corre dois riscos – e nenhum deles é agradável. Em primeiro lugar, a possibilidade de fracasso aumenta. E depois você ainda vai passar noites em claro se perguntando o que poderia ter acontecido se tivesse usado artilharia pesada.

Cada novo plano e cada nova ideia devem romper uma camada de resistência. Essa camada pode ser constituída dos negativistas que desejam manter o *status quo*, de pessoas que acreditam que o plano ou a ideia é inviável ou pessoas que não estão comprometidas o suficiente para se envolver na iniciativa.

É mais fácil romper as camadas de resistência utilizando força total. Jamais se envergonhe de admitir que não tem como fazer sozinho. Até Steve Jobs reconhecia os limites de sua autoridade. Ele não via problema algum em pegar o telefone para realizar alguma coisa – mesmo que fosse para ligar para um homem ocupado demais administrando um país.

Simplicidade: a arma definitiva

Sabemos que a Simplicidade é algo frágil. Ela precisa de um defensor para garantir sua passagem incólume pelos processos necessários em qualquer projeto ou empreitada.

Adotar uma atitude bélica é muito útil, por facilitar transpor os obstáculos que a Complexidade põe no seu caminho. Identificar um inimigo e utilizar força total podem ser ferramentas eficazes em seu arsenal. Mas o objetivo disso tudo é permitir que a Simplicidade brilhe – porque a Simplicidade em si é a maior arma de negócios de todos os tempos.

Para provar isso, direciono sua atenção ao lançamento do iPhone original.

Colocando uma grande variedade de recursos avançados literalmente na ponta de seus dedos, o iPhone foi a incorporação física da Simplicidade. Ele foi criado em uma empresa que havia acabado de provar seu valor ao revolucionar outro dispositivo eletrônico. E conseguiu posicionar-se em uma categoria na qual os clientes estavam fartos do *status quo*.

Em outras palavras, o iPhone foi uma "tempestade perfeita" de Simplicidade.

As coisas poderiam ter sido diferentes se a Apple estivesse apenas fabricando Macs num dia e lançasse um smartphone no próximo. Mas, ao longo dos seis anos que levaram ao lançamento do iPhone, a Apple não apenas teve um sucesso estrondoso com o iPod e o iTunes, como literalmente mudou o mundo. No processo, a empresa conquistou o coração de usuários tanto de Mac quanto de PCs, demonstrando sua capacidade com a criação de dispositivos portáteis verdadeiramente sedutores. Juntos, o iPod e o iTunes mudaram o mundo – abrindo os olhos de dezenas de milhões de pessoas para o que a Apple era capaz de fazer.

Em termos tecnológicos, a Apple se consolidou como mestre da miniaturização. Em termos filosóficos, ela se consolidou como mestre da Simplicidade.

Dessa forma, quando começaram a surgir rumores de que a Apple estava trabalhando em um celular, o buzz se intensificou e se expandiu por conta própria. Mas não foi um buzz como outro qualquer. Ele foi multiplicado várias vezes pelas atitudes dos clientes no que se refere a seus celulares atuais e companhias telefônicas. Os celulares em geral variavam de deselegantes a monótonos, e os fabricantes eram percebidos como monólitos que não se importavam muito com os clientes. As pessoas toleravam seus celulares, mas não os amavam. Com a intensificação do buzz, o iPhone não apenas foi visto como um novo entrante na categoria, como também foi percebido como o salvador – o smartphone que nos libertaria da opressão.

O mundo que a Apple estava prestes a invadir com o iPhone era dominado pelo BlackBerry. O produto conquistara seu status de excepcional por fazer uma coisa bem: proporcionar acesso a e-mails em qualquer lugar, a qualquer momento. Na Apple, como em grande parte do mundo dos negócios, muitos dependiam de seu BlackBerry para se manter informados no trabalho – inclusive o pessoal da equipe de desenvolvimento do iPhone.

No entanto, como devotos da Simplicidade, a equipe da Apple não tinha dificuldade alguma de enxergar as fraquezas do BlackBerry. Ele era complicado. Ele tinha algumas boas funcionalidades – mas seus recursos estavam tão profundamente enterrados sob inúmeros menus que nem os usuários mais experientes em tecnologia chegavam a utilizá-los. A ideia da Apple foi pura Simplicidade. Ela criaria um smartphone capaz de fazer e receber ligações e enviar e receber e-mails, mas que também incorporaria um iPod e uma experiência completa na Internet. E o mais importante: a Apple tornaria todos esses recursos tão fáceis de usar – e tão naturais – que sua utilização seria quase instintiva. No estilo típico da Apple, o manual de instruções seria supérfluo.

Considerando a expertise comprovada da Apple com o iPod e o iTunes, um mercado global potencial de bilhões (em grande parte, formado por clientes alheios insatisfeitos) e um dispositivo capaz de entregar forma e funcionalidade muito além do que qualquer smartphone disponível na época, o setor de eletroeletrônicos de consumo nunca viu uma tempestade tão perfeita.

E o iPhone atendeu às expectativas.

A tecnologia comprovou a capacidade do iPhone, mas foi a Simplicidade que fez as pessoas se apaixonarem por ele. A Apple se saiu com uma combinação extremamente convidativa e uma arma superpoderosa.

Esse tipo de poder viria a ser muito útil, já que a Apple não estava apenas declarando guerra contra um monólito chamado BlackBerry. Ela estava entrando em guerra em uma categoria repleta de poderosos monólitos. Ela estaria enfrentando os titãs que passaram décadas investindo substancialmente no *status quo*, incluindo fabricantes como a Motorola, a LG e a Nokia, bem como as operadoras de telefonia.

Logo após o lançamento do iPhone, vimos até que ponto a Simplicidade pode ser uma arma poderosa. A palavra "revolução" soa fraca em comparação. O iPhone não apenas foi recebido de braços abertos pelos adeptos da tecnologia, como também seduziu os tecnofóbicos – provavelmente porque eles sabiam como utilizar o aparelho antes mesmo de pegá-lo nas mãos. Nascido do amor da Apple à Simplicidade, o iPhone não agia como um computador – apesar de ser exatamente isso.

Para muitos, foi fácil apaixonar-se pelo iPhone, que oferecia design elegante com uma funcionalidade incrível. Era o tipo de dispositivo que o fazia sorrir sempre que você o tocava.

O iPhone, é claro, foi apenas uma extensão de todas as realizações da Apple ao longo de sua história. Dois anos antes de o iPhone ser anunciado, Steve comentou sobre a capacidade da empresa de simplificar o complexo em uma entrevista de 2006 para a *Newsweek*:

> *Quando você começa a tentar resolver um problema, suas primeiras soluções são muito complexas, e a maioria das pessoas para por aí. Mas, se persistir, se conviver com o problema e se for retirando mais camadas da cebola, muitas vezes conseguirá chegar a soluções bastante elegantes e simples.*

Em apenas algumas palavras, Steve resumiu com primor a diferença entre a Apple e tantas outras empresas. Quando a Apple tem a ideia para uma solução, isso é mais um início que um fim. É removendo as camadas de Complexidade que a Apple é capaz de criar sua "magia".

Você não precisa trabalhar na criação de produtos para aplicar esse princípio. A mesma abordagem pode ser utilizada na elaboração de apresentações, por exemplo. Ainda estou para ver um parágrafo que não poderia ser mais enxuto – mesmo depois de trabalhado e retrabalhado muitas vezes. Se você se empenhar mais e observar com mais atenção, sempre encontrará um detalhe desnecessário. É quando você chega à essência da sua ideia que tem algo do que se orgulhar.

Conclusão

Pense diferente

Ao acreditar no poder da Simplicidade você está, por definição, "pensando diferente". Você faz parte de uma minoria. A Simplicidade pode ser uma das forças mais poderosas do planeta, mas é uma arma para poucos.

Do ponto de vista dos negócios, essa é uma excelente notícia. Por ser uma commodity rara, a Simplicidade tem muito mais valor. As empresas que alavancam esse poder podem destacar-se dos concorrentes e as pessoas que dominam a Simplicidade são mais valorizadas em suas organizações.

A Simplicidade é sempre original

Antes de começar a praticar a Simplicidade no mundo real, é fundamental ter em mente um importante fato: uma ideia simples não é necessariamente uma ideia melhor. A qualidade é importante.

Se você começar com algo verdadeiramente inovador e convincente, a aplicação dos princípios da Simplicidade pode levá-lo a alturas fantásticas. No entanto, uma ideia ruim continua sendo ruim, por mais que se tente simplificá-la. E, infelizmente, ser um discípulo da Simplicidade não o livra de ter más ideias.

A própria Apple, apesar de se provar um bastião de Cérebros e Bom Senso, também cometeu alguns erros crassos que ficaram na história. Algumas ideias já nasceram ruins, enquanto outras foram boas ideias que degringolaram. Felizmente para a Apple, a empresa possui uma boa apólice de seguro: mais de $80 bilhões em reservas de caixa (em outubro de 2011). Como Steve Jobs explicou em uma ocasião, é isso que possibilita à Apple a liberdade de dar saltos tão imaginativos. É reconfortante para a Apple saber que, se as coisas derem errado, eles ainda terão uma boa rede de segurança.

Como a maioria de nós não tem nem um único bilhão no banco, é bom saber que a Simplicidade oferece o próprio plano B. Ao seguir seus princípios, você verá que é mais fácil recuperar-se dos erros e, algumas vezes, sair ainda mais forte.

O camundongo que não rugia

Um dos fracassos mais retumbantes e notórios da Apple foi o mouse redondo que acompanhou o iMac original e o Power Mac G3. Até os fanáticos pela Apple o odiaram. O problema do formato redondo é que não dá para saber para onde ele está apontando e os usuários muitas vezes viam seus cursores se movendo pela tela em direções inesperadas. Ninguém sabe como a Apple nunca percebeu isso antes de produzir e distribuir o mouse. O mouse redondo deu mais pano para manga aos críticos que argumentavam que a Apple era obcecada pela forma em detrimento da funcionalidade.

Quando o mouse redondo tinha alguns meses de vida, antes de um evento do Macworld em Nova York, Steve Jobs me convidou para subir a seu quarto de hotel em Manhattan a fim de repassarmos alguns anúncios em curso. Depois de rever os anúncios, passamos a conversar sobre outras coisas e não pude deixar de mencionar sobre o mouse. A imprensa estava ficando cada vez mais agressiva e, como um usuário do iMac, eu mesmo havia abandonado o mouse redondo e comprado um mais simples.

Dei a Steve uma amostra da franqueza brutal que ele tanto apreciava. Eu lhe disse que a marca estava sendo prejudicada pela aventura. Mas o que realmente me incomodava era a forma como estávamos tratando os usuários profissionais. Já era péssimo dar aquele mouse aos compradores do iMac (que eram, em grande parte, usuários domésticos), mas os compradores do Power Mac G3 eram profissionais. Para eles, aquilo era inadmissível. Um mouse tão desajeitado não seria uma ferramenta aceitável para pessoas que passam o dia inteiro refinando seu trabalho.

"Acho que esse mouse é um insulto aos usuários profissionais", declarei.

Steve ficou algum tempo em silêncio, com a expressão sisuda. Por um segundo, achei que tinha passado dos limites. Então, impassível, ele me olhou diretamente nos olhos e disse: "Fodam-se eles."

Ele me deu um ou dois segundos para digerir a declaração... e caiu na risada. Ele adorava seus clientes, profissionais ou domésticos, e só estava se divertindo um pouco com minha falta de jeito. Ele sabia muito bem que a Apple tinha cometido um erro e a empresa começara imediatamente a trabalhar no desenvolvimento de um mouse substituto. Então, Steve passou a me contar, absolutamente empolgado, sobre o novo mouse. Seria incrível, um mouse transparente, a laser e ultrapreciso. Os profissionais – e todos os outros usuários – adorariam o novo mouse. A Apple já tinha virado a página de seu erro, apesar de a solução ainda não ter sido divulgada.

Em uma entrevista, Steve Jobs disse:

> *Algumas vezes, quando se inova, erros são cometidos. É melhor admiti-los rapidamente e correr para melhorar as outras inovações.*

A Simplicidade não gosta de ficar presa em velhos problemas e prefere olhar adiante. Embora possa ser doloroso admitir os erros, os clientes valorizam esse tipo de franqueza. Quando o novo mouse foi revelado, o mouse redondo se tornou uma memória distante.

O Power Mac G4 Cube representou outra gafe histórica da Apple – apesar de ter sido um sistema tão elegantemente projetado que chegou a ser incluído na coleção permanente do Museum of Modern Art. O problema do Cube foi que ele era caro demais. Por mais que tentassem, os engenheiros da Apple não conseguiram reduzir o preço o suficiente. Steve recebeu a notícia pouco antes de uma de nossas reuniões e ficou visivelmente abalado. Ele se dedicara de corpo e alma ao G4 Cube, na esperança de que ele fosse acessível aos consumidores, mas o preço acabou sendo mais adequado a uma máquina profissional. Desalentado, ele reconheceu que isso facilmente levaria ao fracasso do produto. E, com efeito, o G4 Cube acabou sendo descontinuado apenas um ano depois de ser revelado ao público.

Aquele foi outro exemplo de como a Apple agiu rapidamente para reparar um problema e seguir adiante. O G4 Cube não passou de uma pequena mancha na história da Apple e o vácuo deixado foi rapidamente preenchido com outras inovações.

Recheando a conta no banco da marca

Sabendo que uma empresa provavelmente vivenciará tanto o sucesso quanto o fracasso ao longo de sua existência, Steve Jobs sempre foi um firme adepto do conceito do "banco de marca".

Ele acreditava que a marca de uma empresa é como uma conta bancária. Quando a empresa acerta, com o lançamento de um produto de sucesso ou uma excelente campanha, um depósito é feito no banco da marca. Quando a empresa enfrenta derrotas, como um mouse tenebroso ou um computador caro demais, um saque é feito na conta da marca. Quando o saldo no banco da marca é saudável, os clientes se mostram mais do que dispostos a se esquecer dos momentos difíceis. Com um saldo baixo, podem se sentir mais tentados a sair correndo e procurar um concorrente.

Steve falou repetidas vezes sobre a importância de construir uma marca forte para a Apple. E se beneficiou muitas vezes de um bom saldo no banco da marca. Um dos incidentes mais negativos dos últimos anos para a Apple foi a famosa controvérsia do "Antenagate". Quando o iPhone 4 foi lançado, a Apple foi duramente criticada por jornalistas e blogueiros influentes sobre o que foi percebido como um design defeituoso da antena. Apesar da enorme repercussão negativa e da zombaria por parte de apresentadores de programas na televisão, os clientes da Apple permaneceram fiéis. Hoje em dia, esse episódio só é lembrado como um exemplo de uma reação exagerada e praticamente não teve nenhum impacto de longo prazo.

Faz toda a diferença ter uma conta gorda no banco da marca.

Explorando o poder da Simplicidade

O que a Apple realizou apenas nos últimos 10 anos é quase inimaginável.

A empresa conta com um grupo de engenheiros, designers, fabricantes e marqueteiros brilhantes que fazem milagres por meio de uma rara combinação de habilidades tecnológicas, sensibilidade artística e muita ousadia. Eles se impõem padrões absurdamente elevados, exigindo a perfeição em todos os detalhes.

Então, como a Simplicidade pode ajudá-lo a construir a próxima Apple? Isso só acontecerá se você puder contar com alguns milhares das melhores pessoas do setor. Será que a Simplicidade pode ajudá-lo a atingir resultados espetaculares para sua empresa? Sem dúvida alguma. Porque a Simplicidade não é a meta, mas sim o princípio norteador que pode ajudar uma empresa a atingir suas metas. É quando você aplica os princípios da Simplicidade ao seu trabalho e aos processos de negócios de sua empresa que é possível perceber o poder do conceito.

É o que a Apple tem feito. Ela adotou um conceito que tem um poder tão básico que pode ser aplicado com sucesso a todas as áreas da empresa. O que a Apple faz é dificílimo – mas é possível devido à sua implacável devoção à Simplicidade.

Na qualidade de um defensor da Simplicidade, suas metas devem ser definitivamente elevadas. A Simplicidade pode ajudar a impelir a sua empresa a grandes alturas e pode ajudá-lo a desenvolver uma habilidade extremamente valorizada.

Como os seres humanos são naturalmente predispostos à Simplicidade, cada um de nós tem a capacidade inerente de utilizar esse poder.

Agora que já vimos como a Apple segue os princípios da Simplicidade, chegou a hora de começar a pensar em algumas dicas práticas para você fazer o mesmo:

Pense brutal. Não há necessidade de ser cruel; só brutalmente franco – e aproveitar para evitar as verdades tendenciosas. Incentive as pessoas com as quais você interage a fazer o mesmo. As pessoas serão mais focadas, mais positivas e mais produtivas quando não precisarem adivinhar o que você está pensando. Faça a franqueza, positiva ou negativa, fundamentar todas as suas interações. Com isso, você evitará desperdiçar tempo e energia valiosos mais tarde.

Pense pequeno. Jure lealdade ao conceito dos pequenos grupos de pessoas talentosas. Mantenha-o sempre em mente ao criar novos grupos de projeto. Esse é um componente fundamental da Simplicidade e você deve defendê-lo com unhas e dentes. Pequenos grupos de pessoas talentosas levam a melhores resultados, maior eficiência e moral mais elevado. Além disso, suspeite de qualquer plano de projeto que não inclua a participação ativa do principal tomador de decisões. Isso é fundamental. Permitir que o tomador de decisões se restrinja a uma participação especial no final do processo é garantia de frustração e mediocridade.

Pense mínimo. Saiba que, a cada vez que tenta comunicar mais de uma coisa, você está diluindo a atenção de seu público – independentemente de o público ser composto de clientes ou colegas. Se for necessário transmitir várias mensagens, encontre um tema em comum a todas e concentre-se em promover essa ideia. Você quer que as pessoas se lembrem da sua mensagem e, quanto mais tentar apinhar em sua comunicação, mais dificultará essa tarefa para elas.

Lembre-se de que um mar de escolhas significa nenhuma escolha. Quanto mais puder minimizar sua mensagem, mais atraente ela será.

Pense movimento. O cronograma perfeito para um projeto é quase tão elusivo quanto o Santo Graal. Não é tarefa fácil, mas, se conseguir, você terá criado um modelo para promover o sucesso. Você pode não ser a pessoa encarregada da elaboração do cronograma, mas pode tentar influenciar os responsáveis. Esse é o tipo de coisa que a maioria das pessoas se limita a aceitar, mas não deveria. Determinar o cronograma correto é tão importante quanto ter as pessoas certas. Desconfie sempre do cronograma "tranquilo" – a realidade é que certo grau de pressão é necessário para manter as coisas avançando com um senso de propósito. Caso se permita tempo demais, você só estará abrindo as portas para mais opiniões e mais oportunidades de ver suas ideias sendo corroídas até a morte. Mantenha-se sempre em movimento.

Pense icônico. Mesmo que você não trabalhe na área de marketing, será útil cristalizar sua forma de pensar em uma imagem que simbolize sua ideia, ou o espírito dessa ideia. E, se estiver na área de marketing, você não tem outra escolha a não ser pensar dessa forma. Não importa o que você estiver apresentando, quais produtos estiver vendendo, quem estiver tentando convencer – nunca se esqueça do poder que uma imagem possui de cativar o público. Observe que há uma enorme diferença entre encontrar uma excelente imagem e enfeitar uma apresentação de PowerPoint. O mundo já tem adornos demais e, em geral, eles são inúteis. Encontre uma imagem conceitual que de fato represente a essência da sua ideia. Seja simples e resoluto.

O mesmo princípio se aplica independentemente de você estar falando com colegas ou para o público em geral. Com o tempo, uma imagem conceitual proporciona às pessoas um jeito fácil de identificar sua empresa, sua ideia ou seu produto. Imagens memoráveis muitas vezes se comunicam com mais eficácia do que palavras – e é por isso que aqueles que valorizam a Simplicidade tendem a recorrer a elas.

Pense frasal. Esta é uma área na qual praticamente toda empresa precisa se empenhar mais. Palavras são poderosas, porém aumentar o número de palavras não aumenta necessariamente o poder – em geral, isso só serve para confundir as coisas. Saiba que, nos processos internos de sua empresa e nas comunicações com seus clientes, longas dissertações não são necessariamente provas de inteligência. Na verdade, isso tende a afastar as pessoas.

Apesar de muitos escritores nunca parecerem entender isso, usar palavras pedantes não faz você parecer necessariamente mais inteligente. A melhor maneira de fazer você ou sua empresa parecerem mais inteligentes é expressar uma ideia com total simplicidade e clareza. Não importa quem seja seu público, é mais eficaz comunicar-se naturalmente com as pessoas. Em frases simples. Usando palavras simples. A Simplicidade em si é uma forma de perspicácia: dizer muito com poucas palavras.

O site da Apple é um excelente exemplo de inteligência nas comunicações. Todos os textos são perspicazes, mas grande parte da sensação da "inteligência" da Apple resulta da brevidade e da objetividade do texto. Em um mundo no qual pessoas demais se empenham demais, a Simplicidade pode ser extremamente revigorante.

O mesmo pode ser dito da determinação de nomes de produtos. Nomes simples e naturais ficam gravados na memória, enquanto é fácil esquecer jargões e números de modelos. Se você deseja que as pessoas formem um vínculo com seu produto, ele precisa de um nome ao qual as pessoas possam associar-se naturalmente. A determinação de nome de produtos é uma área na qual a Simplicidade rende retornos imediatos.

Pense casual. Faça o que Steve Jobs fez: livre-se dos ornamentos das grandes corporações. Operar como uma empresa menor e menos hierárquica aumenta a produtividade de todos – e aumenta as chances de se tornar uma grande empresa. Reuniões coreografadas e apresentações formalizadas podem transferir informações de uma pessoa a outra, mas não inspiram nem aproximam uma equipe. Aceite o fato de que é possível realizar muito mais conversando com as pessoas, e não apresentando algo a elas. Você ainda terá muitas oportunidades de se vestir formalmente e fazer as coisas do jeito tradicional. Mas, internamente, no dia a dia, com seus clientes, o melhor a fazer é livrar-se das formalidades.

Muitas grandes ideias criativas nascem desse tipo de briefing informal, quando palavras ou expressões chamativas surgem de um bate-papo descontraído entre as pessoas. Algumas das palavras mais cativantes que a agência levou à Apple foram geradas assim. Se você quiser colher os benefícios da Simplicidade, pense grande – mas não aja como se fosse grande. Como Steve Jobs bem provou, uma das maneiras mais eficazes de se tornar uma grande empresa é manter a cultura de uma pequena empresa.

Pense humano. A menos que você esteja no negócio de esterilização, uma empresa não é um bom lugar para ser estéril. Tenha a ousadia de ir além dos números e planilhas e permita que seu coração influencie suas decisões. Mantenha em mente que os fatores intangíveis são tão reais quanto as métricas – muitas vezes ainda mais importantes. O jeito mais simples – e mais eficaz – de se conectar com seres humanos é falar com uma voz humana. Pode ser necessário no seu negócio se comunicar com grupos específicos, mas mantenha sempre em mente que todo grupo é composto de seres humanos, que naturalmente reagem bem à Simplicidade.

O melhor conselho é: só respeite a natureza da espécie.

Pense cético. Espere que a primeira reação das pessoas seja negativa. As forças da Complexidade inevitavelmente lhe dirão que algo não pode ser feito, mesmo que, na verdade, sua proposta somente requeira um empenho adicional. Você provavelmente atingirá resultados melhores se acreditar mais no talento das pessoas de fazer milagres do que nas pessoas que não pensam duas vezes antes de lhe dar respostas negativas.

Não permita que o desânimo alheio imponha concessões às suas ideias. Pressione. Se uma pessoa ou fornecedor não lhe der o que você quer, passe para o próximo. Essa é uma área na qual Steve Jobs desenvolveu a merecida reputação de ser impossível. Ele era implacável na execução das ideias e sempre exigia um bom desempenho das pessoas.

Você também deve se orgulhar de sua independência e objetividade. Analise os fatos e as opiniões no contexto. Leve em consideração a expertise das pessoas que estão lhe oferecendo aconselhamento, mas avalie essas recomendações em relação a outros fatores que podem estar além do campo de visão desses especialistas – como as suas metas de longo prazo. Steve Jobs sabia que o custo no curto prazo, mesmo sendo alto, muitas vezes é superado pelo benefício futuro. Verdadeiros líderes têm a capacidade de enxergar o contexto e tomar suas decisões de acordo. A Simplicidade não tem medo de se guiar pelo Bom Senso, mesmo quando depara com a opinião contrária de um especialista.

Pense guerra. Tempos extremos exigem medidas extremas. Um momento extremo é quando suas ideias se veem em uma situação de vida ou morte. Como um soldado na batalha, você não pode ser dar ao luxo de levar ao menos um tiro – então, certifique-se de atirar primeiro. Use todos os meios possíveis. Lembre-se de que, quando a vida de sua ideia está em jogo, a última coisa que você quer é uma luta justa. Use todas as armas disponíveis. Se possível, beneficie-se da vantagem desleal. E nunca se esqueça do que pode muito bem ser sua arma mais eficaz: sua paixão pela ideia.

Preconizando a religião da Simplicidade

É natural para as pessoas resistirem às mudanças, grandes ou pequenas, de forma que pode ser difícil tentar mudar atitudes em uma organização. No entanto, o legado de Steve Jobs facilitará sua tarefa.

Steve criou uma organização tão notável e atingiu um sucesso tão espetacular que conquistou o respeito até de seus concorrentes mais ferozes. Suas realizações não são fascinantes apenas para as pessoas das áreas da tecnologia e do marketing; elas são fascinantes para pessoas de praticamente qualquer área. Isso porque praticamente o mundo todo foi influenciado pelas inovações da Apple e a vida de Steve, por si só, foi digna de nota.

Então, quando você estiver pregando sobre o valor da Simplicidade, não estará divulgando alguma teoria excêntrica sustentada por algum guru obscuro da administração, mas estará falando sobre uma poderosa ferramenta empunhada por uma das pessoas mais bem-sucedidas e importantes da história dos negócios. Se você pesquisar os benefícios usufruídos pela Apple em virtude da adoção da Simplicidade e traçar os paralelos apropriados com sua própria empresa, será capaz de elaborar um argumento bastante convincente.

Você poderá divulgar a religião da Simplicidade em um projeto após o outro, interagindo com uma pessoa após a outra e um grupo após o outro. Ainda melhor seria organizar um grupo ou um encontro da empresa toda para conversar sobre como sua organização pode alavancar o poder da Simplicidade. Em encontros desse tipo, você pode revigorar as tropas e pedir que elas deem ideias para simplificar a organização de todas as maneiras possíveis, de políticas do escritório à maneira como as equipes de projeto são criadas e capacitadas, da forma como os produtos e serviços são criados e desenvolvidos ao modo como sua empresa interage com os clientes. Forçar as pessoas a seguir novas regras é sempre uma batalha difícil, mas convencê-las a se envolver em um conceito a ponto de contribuir voluntariamente com as próprias ideias pode literalmente criar um poderoso movimento dentro de uma organização.

A Simplicidade pode ser contagiante. Se você convencer as pessoas de suas vantagens, ela pode até se tornar uma obsessão – e, como no caso da Apple, permitir que sua empresa mude o mundo.

O monumento de Steve Jobs à Simplicidade

Como a Apple exemplifica com tanto brilhantismo, a Simplicidade pode assumir muitas formas. Ela pode ser uma ideia ou um produto acabado. Pode ser a inspiração ou o resultado final, ou o processo que leva de um ao outro.

Isso ocorre porque a Simplicidade é um conceito, mais do que qualquer outra coisa. É uma maneira de analisar cada parte do seu trabalho, do trabalho das pessoas ao seu redor e das operações de sua empresa inteira. Quando começar a ver o mundo através das lentes da Simplicidade, você ficará surpreso com o número de oportunidades existentes para melhorar o funcionamento de sua organização.

Você pode açoitar partes selecionadas do seu negócio com o Chicote da Simplicidade. Mas o verdadeiro poder da Simplicidade é sentido quando, como ocorreu com a Apple, ela se torna uma obsessão da empresa toda. Foi o efeito combinado de várias partes da empresa sendo orientadas pela Simplicidade que levou a Apple a se erguer milagrosamente das cinzas. Steve inculcou a religião da Simplicidade profundamente na alma da empresa, de forma que a Apple possa continuar a prosperar ainda por muitos anos.

Nesse sentido, a maior realização de Steve não foi um Mac, um iPod, um iPhone ou um iPad. Ele conquistou algo que ninguém jamais havia contemplado antes. Steve Jobs construiu um monumento à Simplicidade.

Esse monumento é a própria Apple.

A Apple é ao mesmo tempo um testamento ao poder da Simplicidade e um exemplo a ser seguido. A Simplicidade só requer sua compreensão, seu comprometimento e sua paixão – apesar de certo grau de implacabilidade *à la Jobs* poder ajudar bastante.

Não será fácil, considerando que você vive e trabalha em um mundo complicado. Mas valerá a pena pela mesma razão. Em um mundo no qual há muita Complexidade, os defensores da Simplicidade sempre se destacarão.

Feliz simplificação!

O simples pode ser mais difícil que o
complexo. Você precisa dar duro para
esclarecer seu pensamento e simplificá-lo.
Mas no final acaba valendo a pena,
porque, quando chegar lá, você terá
o poder de mover montanhas.

Steve Jobs

[illegible] pode ser mais difícil que [illegible]
[illegible] complexo. Você precisa dar duro para
esclarecer seu pensamento e simplificá-lo.
Mas no final acaba valendo a pena,
[illegible] porque, quando chega lá, você
pode [illegible] montanhas.

[illegible]

O design [illegible] dispositivo da Apple. Dentro da caixa [illegible] compartimento embutido [illegible] tão delicado que [illegible]. O isopor [illegible] dor informou [illegible] precisaria ser reprojetad[illegible].

A equipe de design da embalagem [illegible] uma visão e, agora, forças externas [illegible]. Além disso, Steve Jobs já havia aprovado o design da [illegible] aprovara todos os detalhes do produto [illegible]. A [illegible] de duas opções: contar a Steve que o design da embalagem [illegible] alterado ou pressionar o fornecedor.

Fiéis ao estilo da Apple, os designers não aceitaram [illegible]. [illegible] uma ameaça não tão velada, eles disseram ao fornecedor que a Apple não ajustaria a embalagem e que o fornecedor é que deveria reprojetar

Índice

Índice

Índice

[illegible] para novos heróis. A agência se manteve pesquisando [illegible] e, à medida que a campanha foi se tornando [illegible], chegamos a ser abordados por celebridades [illegible]. Mas, em uma reunião, Steve Jobs entrou [illegible] ele queria Nelson Mandela.

[illegible] era uma pessoa extraordinária e que [illegible] em nossa campanha. Não foi algum es[illegible] para criar mais buzz para a Apple. Steve sincera[illegible] que admirava.

[illegible]. Na época, Mandela era o presidente da Áfri[illegible] de viajar [illegible] e, não po[illegible] de qualquer país aceitaria [illegible] a chance [illegible] da Apple. Mas decidimos [illegible] que [illegible] uma das [illegible] que se concre[illegible] obtivemos a resposta: [illegible] obrigado [illegible]

[illegible]

"Posso ser [illegible], mas ele pode ajudar", ele conjecturou.

[illegible]. Como não [illegible] Steve [illegible] perguntar a Clinton se ele poderia contatar Mandela [illegible] e nunca mais ouvimos falar a respeito.

Isso nos leva de volta àquele domingo fatídico, quando eu estava ao telefone com Steve ao mesmo tempo que o líder do mundo livre ligava para reportar o resultado de sua missão.

Não sei dizer se Clinton de fato conversou pessoalmente com Mandela ou só falou com o "pessoal dele" — mas, novamente, a resposta foi negativa. Steve explicou que Mandela poderia até considerar a possibilidade, mas só depois de pelo menos seis meses fora do cargo. Ele já tinha expressado em público sua intenção de passar o bastão, mas ainda [illegible] vários meses para o fim de seu mandato.

Dessa forma, a campanha *Pense diferente* foi forçada a prosseguir sem a presença de Nelson Mandela. O pobre Nelson teria de lidar com o fato [illegible] substituído por alguém como Charlie Chaplin. Steve continuou

CONHEÇA OUTROS LIVROS DA ALTA BOOKS!

Negócios - Nacionais - Comunicação - Guias de Viagem - Interesse Geral - Informática - Idiomas

Todas as imagens são meramente ilustrativas.

SEJA AUTOR DA ALTA BOOKS!

Envie a sua proposta para: autoria@altabooks.com.br

Visite também nosso site e nossas redes sociais para conhecer lançamentos e futuras publicações!

www.altabooks.com.br

/altabooks • /altabooks • /alta_books

ALTA BOOKS
EDITORA

KUNST GRÁFICA

Este livro foi impresso nas oficinas da
Gráfica Kunst, em Petrópolis/RJ